高若海——著

美的寻踪

复旦大学出版社

图书在版编目(CIP)数据

美的寻踪/高若海著. —上海:复旦大学出版社,2019.3
ISBN 978-7-309-14140-5

Ⅰ.①美… Ⅱ.①高… Ⅲ.①美学-文集 Ⅳ.①B83-53

中国版本图书馆 CIP 数据核字(2019)第 006785 号

美的寻踪
高若海　著
责任编辑/邵　丹

复旦大学出版社有限公司出版发行
上海市国权路 579 号　邮编:200433
网址:fupnet@fudanpress.com　http://www.fudanpress.com
门市零售:86-21-65642857　团体订购:86-21-65118853
外埠邮购:86-21-65109143　出版部电话:86-21-65642845
当纳利(上海)信息技术有限公司

开本 890×1240　1/32　印张 16.375　字数 284 千
2019 年 3 月第 1 版第 1 次印刷

ISBN 978-7-309-14140-5/B·685
定价:88.00 元

如有印装质量问题,请向复旦大学出版社有限公司出版部调换。
版权所有　侵权必究

序

吴中杰

高若海兄于20世纪60年代中期毕业于复旦大学新闻系，留系执教了一段时期，到了70年代末，才转到哲学系从事美学教学和研究工作。新闻学和美学，虽然同属文科，都以文字来表达自己的研究成果，但差距还是很大。新闻工作关心的是时事，以报道和时评写作为主，而美学则探寻生活和艺术中美的因素，所写的是理论和鉴赏文字，完全是两副笔墨。

但高若海兄很快就适应了这种研究对象和文笔的转换，工作做得很切实。20世纪80年代，就在《复旦学报》和《美学与艺术评论》等刊物上发表美学论文，我看后觉得质量很高，不是感想式文字，不是泛泛之谈，而是经过深入研究后的论说，资料丰富，说理透彻。90年代我与一批博士生一起研究中国古代审美文化，就请若海兄做副导师，一起来指导博士生做研究工作。他也愉快地接受了邀请，只是那时他升任了复旦大学出版社总编辑，工作十分繁忙，只做了一年副导师，就未能继续下去。

大学出版社自从企业化之后，要应付各方面的关系，领导人并不好当。他们一面要与众多作者联络感情，便于将好的稿件组织过来；另一面还要与书商洽谈生意，为了打开书籍的销路，应酬之多，也是题中应有之义。但若海兄还想要在这繁忙的生活中挤出点时间来研究美学，所以晚上时间就很少参加聚会。他的许多美学论文，就是利用晚上业余时间来完成的。这实在很不容易。

新中国成立后，曾经出现过两次美学热：第一次是在1956年中央提出"双百方针"之后；第二次是在"文革"结束之后的70年代末到80年代初。但这两次美学热的兴起，原因有所不同，因而内容也就有点两样。

第一次美学热，是中宣部为贯彻"双百方针"而有意抓的试点，既要有所争鸣，又不能触及文艺现状，所以讨论局限在美的本质方面，有美在主观派，有美在客观派，有美在主客观统一派，还有强调美的客观性在于社会性的。一时间争论得甚为激烈，却因为并不触及现实文艺问题，所以有点悬空的感觉。但也正因为如此，虽然偶有帽子飞出，结果都还相安无事，与胡风案、雪峰案截然不同。

第二次美学热，是群众自发产生的，原因是对"文革"中文化禁锢主义的反拨。因为没有人为的调控，所以谈得相当自由，但也相当泛滥。有些人为了赶时髦，凑热闹，什么都往美学上扯，一时间，美学成为显学。但正如钱锺书先生所说：一为显学，便为俗学。美学与非美学的界限也渐渐模糊起来，反而失却了美学。当然，这段时期，也有一些认真的美学著作出版，对中国现代美学的发展起了推动作用。

高若海兄正是在第二次美学热兴起之时，从新闻学转向美学研究的。但他并没有受"俗学"的影响，不写那种泛美学的文章，却是沉下心来认真研究；而且，也不像有些学者那样，动不动就写美学史、美学通论，而是从一些专书研究和专题研究开始。专书研究，如《〈考工记〉与美学》《〈周易〉美学思想的历史地位》，还有一些画论的提要；专题研究，如对虚白、喜剧、滑稽、幽默、讽刺、怪诞、阳刚、阴柔、节奏等范畴的专文论述，都很有质量。而无论是专书研究还是专题研究，他的文章都呈现出一个明显的特点，就是逻辑与历史的结合。他在谈历史著作时，总能提出一些理论问题来探讨，而在分析范畴时，却很注意到这个范畴的历史内涵和演变情况。史中有论，论中有史，史论结合，是研究美学，也是研究一切学问的好方法。这种方法的运用，显然受惠于马克思和黑格尔，这与他从马克思的《1844年经济学哲学手稿》和黑格尔的《美学》入手进行研究有关，这就是所谓取法乎上也。

此外，他还为《哲学大辞典·美学卷》写了《中国美学大事年表》，这是从事美学史研究的基础工作，不可缺失，却是很少有人肯去做的。

若海兄的研究，以中国古典美学为主，同时也涉及西方美学，《十九世纪英法美学概览》就写得很有功力。几篇范畴论，也是从中西结合的观点来论述的。生也有涯，知也无涯，学术研究当然要有重点，世上通才毕竟甚少，我辈常人，能做好一件工作就很不错了。但视野必须开阔，如果没有世界眼光，那么中国美学史也是研究不好的。

美学史、美学通论是宏观研究，专题和专书论述是微观研究。必须有扎实的微观研究，才能在这基础上进行宏观研究，否则就容易发空论。因此，相对而言，微观研究就显得更加重要。宗白华先生在美学领域里散步了一辈子，写了一些很有见解的中国美学专论，却没有去写中国美学史，大概也是不愿发表空论或者人云亦云的缘故；而有些缺乏微观研究的基础而匆匆写出的中国美学史，热闹过一阵子之后，就为人所忘却，则是一个教训。

若海兄今年七十有余，已经退休好几年了。当官的人在退休之后常有失落感，这也难怪，落差太大之故也；但我辈学人，退休之后却正是做自己所愿做之事的好时机。若海兄利用退休的岁月，整理出这本《美的寻踪》，就是明证。古人说，人生七十古来稀；今人说，人生七十小弟弟。我觉得，古来稀也罢，小弟弟也罢，只要身体条件许可，做一点自己感兴趣之事，其实也是养生之道。希望能再读到高若海兄的美学新作。

十年读书 "美"不胜收
——学习美学的记忆（代前言）

费了好大力气，总算把这本小册子编完了。看着这些量少又非深奥的文章，不禁汗颜。

吾生也愚钝，虽然一生劳于文字工作，但多是为公事或他人，到了自己写点什么的时候，反而怠惰生倦，能拖则拖了。及至到了古稀之年，已无力新撰，才痛感可用的东西，竟然少到可怜。可我思之再三，还是听从好友之劝，把它们整理出来。郑伟宏学友对我说，"应当敝帚自珍"，想想也对。这些文字绝非敷衍马虎而得，都是灯下苦读、耗尽心思之作，虽未能颠覆出新，但总是力求有点别人尚未讲到的意思，用到别人尚未注意的材料，在总结旧意、融会新知上有所前进。

整理这些文章时，回想起我1980年代学习、研读、讲授美学的逝去岁月，想起遇难克难、砥砺自强的历程，想起有助于我的良师与益友，令人感恩与难忘。

一

我学习美学，始于1978年。当时百废待兴，中断多年的许多学科正待恢复，哲学系也酝酿着开设美学课。那时，我调入哲学系不久，总支书记倪大齐先生征求可以开什么课，并告诉我要成立美学伦理学教研组，于是，美学就成为我当时的可能之选。

选择美学既是无奈，又是幸运。哲学系原有的教研组马哲史、西哲史、中哲史均是强项，余源培教授、辛敬良教授、刘放桐教授、潘富恩教授领衔，人才济济，我自知基础薄弱，不能勉强。而美学组的教师只有樊莘森教授一人，正是用人之际，前些年学科研究停顿，有利于重新开始。拨乱反正之后的学科建设潮起，给了我研读美学的机会与鞭策。"天行健，君子自强不息。"我能否胜任，关键还在于自己。

记得1978年的4月，春末一个宁静的夜晚，章培恒教授带着上海古籍出版社新出的《聊斋志异会校会注会评本》（全四册）来陋舍，当章先生叩开寒门时，我喜出望外，看到书中新序为章先生所撰，他以大作和新书赐予处境不佳的我，顿觉暖涌全身。

得识章先生，是由朱永嘉先生的介绍。"文革"中，我曾在文科试点班负责教学工作。朱永嘉先生非常强调学生读书，他要求请最棒的老师给学生上课，在古典文学方面，就亲点了刘大杰与章培恒先生。他告诉我，章先生学术功底深厚，于"胡风事件"中受到牵连，他于1965年发表在《光明日报》上的关于清末谴责小说的文章，是毛主席看过的，毛主席说，他把这个问题讲清楚了。这自然使得我对章先生格外尊重，从而养成了遇到学业问题向他请教，乐于听他教诲的习惯。

章先生的到来，使得小屋春末增春，我向章先生谈起想涉足美学，但又心存顾虑，担心能否胜任。章先生听后，给我诸多鼓励。他告诉我，中文系的教师施昌东先生，被错打成"右派"，但施先生在"文革"中坚持不懈地研究美学，撰成《美的探索》，上海人民出版社的编辑欣然采纳，书稿已经出版。他还说，上海某先生是一种小语种的专家，开始他的这种语言并不是很好，但他挑起建设专业的重任，终成上海紧缺的专家。章先生讲的成事之例，背后都蕴含着有志者事竟成的哲理，这种点拨，滴滴入心，溶入脉流，直到现在回想起来，还恍如昨日。

另一位指点我研读美学的是蒋孔阳先生。了解蒋先生的美学思想，首先是从读先生的书学得的，那时蒋先生所著的《德国古典美学》《美在创造中》《先秦音乐美学论稿》，译著《近代美学史评述》，是我案头的常读书，从书中，我体味到蒋先生的博大精深与有容乃大。后来，我陆续参与了先生主持的一些编书活动，更得到先生耳提面命之教。

《美学与艺术评论》是蒋先生主编的学术丛刊。我因为负责丛刊出版工作，与蒋先生接触多了起来。先生平易近人，待人和蔼可亲，然而对稿件的学术质量要求甚严，每篇稿件均由编委轮流审读两遍，最后由先生定夺。记得一次编委会上，一位老师说，外地一位名气不小的教授投来一篇长文，写得并不理想，然而退稿又恐得罪方家，举棋不定、取舍犯难之际，是先生果断回答还是不用。这种不唯名而求实的学风，给我留下深深印象。先生关注国内外美学研究动态，他要求每期都要有国外美学论文的译文，介绍国外新出的美学书籍，刊登国内美学著作的书评。我曾向先生汇报，读到过一些美学论文，生吞活剥学术新词，晦涩难懂，不知所云。先生说是他们自己还没有读通。好的文章应当是深入浅出，明白如话。做到这一点并不容易，必须有深厚的学术功底才行。我想，先生的理论文章，都能达到使人明白的境界，这就是理论大家的不同凡响之处。

蒋先生应上海辞书出版社之邀，担任《哲学大辞典·美学卷》主编，我有幸参与条目的撰写工作。我们完成的稿子，都是先交辞书社的编辑初、复审，他们通过后再请蒋先生过目。令我感动的是，有一次，先生竟然到寒舍对我布置任务。那时复旦宿舍还未给私人安装电话，那天我从出版社下班回来，突然看到蒋先生到来，我既高兴又感到惶恐，先生年事已高，让先生登上我所在的五楼陋室实在不安。奉茶后先生稍事休息，便与我谈起词典编撰事，先生告诉我，词典撰稿大体完成，要找几个人分别看看稿子：美学原理部分，邱明正先生；外国美学史，樊莘森先生、朱立元先生；中国美学史，就交给社科院林同华先生和我（后来书上的名称为"协助主编定稿者"）。先生谈到，还要补写一些长条目，"自然"这个条目就让我来写。先生说条目要分两层意思写，一层是中国美学所说的自然，指艺术创作的风格，另一层意思写西方美学讲的自然，是艺术摹写对象。最后，先生又让我为词典附录部分撰写中国美学大事年表。我明白，先生给我的任务，是我学习的极好机会，自当尽心尽力完成。谈话结束后，我搀扶先生步下楼梯，送先生回到第九宿舍的家里。经过几天努力，我把写成的"自然"条目送先生审阅，先生说可以，我才如释重负。

樊莘森先生是我教研组的领导。他原先研究西方美学，由于"文革"前美学课废止，改上西方哲学史，哲学系恢复美学课后，他上西方美学史，让我讲美学原理，以后有条件再开中国美学史。樊先生的安排，使我的目标相当明确。樊先生性格豪爽，喜饮白酒，我每次去他家，他都要请我饮酒。1981年秋季，他叫我去他家，告诉我福建人民出版社约写一本通俗美学著作。他考虑书名可以定为《美与审美》。我觉得这个书名不错，涵盖了审美的客体、主体，以及主客体之间的关系，我们一边饮酒，一边讨论提纲，酒助豪性，很快提纲就定了下来。几个月笔耕不辍，初稿完成了，送樊先生改定。福建人民出版社动作很快，1982年7月就把书印出来了。所惜的是书稿排出后，并未让我们校对，而当时手写稿可能字迹不清，以致发现文字有错漏。出版社答应我们的要求，按校正本出二次印刷本，封面也重新设计了。那时新一轮美学热方兴未艾，我们这本小册子，只是应时较早的一本。后来伍蠡甫先生主编《山水与美学》（1985年上海文艺出版社出版），收入我们书中的自然美一章。在这前后，我们共同署名，还发表了一系列美学随笔：《从"仰画飞檐"和"以大观小"的争论谈起》《审美与心境——看电影〈蝴蝶梦〉一得》《节奏美漫议》《阴柔之美与阳刚之美》等，分别发表在《文艺研究》《电影艺术》《社会科学战线》等刊物上。

二

我是新闻学系的学生，没有学过美学，一旦确定了这个方向，就必须从头补起。从而开始了十余年的读书生涯。

读经典原著，是打好美学基础的重要一步。刚好，1979年出版了马克思《1844年经济学哲学手稿》，1981年出版了朱光潜先生翻译的黑格尔《美学》三卷四册。然而这些经典之书是相当难读的。马克思手稿中关于异化、对象化、自然人化、人的对象化、异化劳动、美的尺度等论述，对于我来说，都显得十分陌生，一遍、两遍读下来，还如云里雾中。恰巧随着手稿的出版，国内出现了研读手稿热，研究、解释的著作渐渐多起来。幸运的是，哲学系辛敬良教授也写了阐释手稿的著作，刚好我担任责任编辑，我一边读书稿，一边学原著，在反复阅读中，才理解为什么手稿是实践论美学思想的基石，才慢慢体味到马克思手稿的丰富蕴含与深远魅力。

美学是哲学的分支学科，读黑格尔《美学》，没有对黑格尔哲学体系、理论框架的了解，就不会明白"美是理念的感性显现"的真正含意。作为西方哲学基础甚薄的我，读起来困难重重，也是自然的事。我没有却步，一遍不懂，就再读一遍，配合阅读有关讲解德国古典哲学的书籍，读蒋孔阳先生的《德国古典美学》以帮助理解黑格尔原著。在《美学》书上，我用铅笔、红笔分别画出不同次阅读的重点，在书旁记下论述要点、段落提要，或者记下黑格尔说理的正、反、和的逻辑层次，以及尚待弄懂的地方。即使读了多遍，仍感到有许多地方一知半解。

黑格尔《美学》是西方美学的集大成者，要加深理解，还要读前此或其后的美学原著。柏拉图的《文艺对话集》、亚里士多德的《诗学》、鲍姆嘉通《美学》、康德《判断力批判》、歌德《文艺对话集》、席勒《美育书简》、雨果《克伦威尔序》、尼采《悲剧的起源》、车尔尼雪夫斯基《生活和美学》、普列汉诺夫《没有地址的信》都是要读的。后来,我担任朱立元先生所著《黑格尔美学论稿》的责任编辑,在认真阅读书稿的过程中,我发现他的理解,不少地方比我深入得多。这使我在编辑工作中,又得以重温《美学》这部经典著作。

跟上国内学者的研究脚步,是阅读的另一个方面。朱光潜先生、蔡仪先生的文集,宗白华先生的《美学散步》,李泽厚先生的《美学论集》《美的历程》《批判哲学的批判》,高尔泰先生的《论美》,蒋孔阳先生的著作,使我对国内各派代表人物的观点有了基本的了解。新出的书籍、刊物、论文也一一予以关注,为着了解学者研究处于何等水平,有什么新的发现与进步,一来可以使自己的讲课不断充实新的内容,二来使自己的研究不要重复别人的工作,力求有所新见。

80年代中后期,国外后现代新观点、新方法研究美学的著作陆续译介过来,为美学研究打开新视野、拓展新领域,已出版的译著有:格式塔心理学美学代表人物阿恩海姆的《艺术与视知觉》、符号学代表人物苏珊·朗格的《情感与形式》、阐释学美学伽达默尔的《真理与方法》、接受美学尧斯的《接受美学与接受理论》、门罗《走向科学的美学》、巴特《符号学美学》、贝尔《艺术》、桑塔亚那《美感》，新著迭出，使人目不暇接。自己力求有所了解，跟上学术更新的步伐。

中国古代并不像西方那样有系统的美学著作，美感的直观快乐与人生的感悟相互渗透，艺术创作的体验与欣赏品评往往结合在一起，就使得中国诗论、文论、曲论、剧论、书论、画论，成为闪烁着美学思想光华的宝库。这些图书，都是不同时代审美意识的诗性与思性相糅的表达，但海量的文献，使人望洋兴叹。在里面寻觅美学的资料，前人、今人已经做了许多淘寻工作，我只能做个读书人，对已整理的成果，尽可能涉猎览读。

读书是乐事，买书也就成为嗜好。凡是出版的美学经典著作，像《马克思恩格斯论文艺与美学》、黑格尔《美学》、康德《判断力批判》、鲍桑葵《美学史》、布克哈特《意大利文艺复兴时期的文化》、丹纳《艺术哲学》、普列汉诺夫《普列汉诺夫美学论集》、阿恩海姆《艺术与视知觉》，国内几大家的专著，均是出一部买一部。《西方文论选》《西方美学史资料选编》《文心雕龙》《中国历代文论选》《近代文论选》，郭绍虞先生编的《宋诗话》《清诗话》，中国戏曲研究院编的《中国古典戏剧论著集成》，上海古籍出版社影印的"四库艺术丛书"中的《古画品录（外二十一种）》《画史（外十一种）》等文献资料也是我喜欢的书籍，看到就要收到我的书架上。80年代初期，我们的工资还较微薄，伟宏介绍我去杨浦俱乐部上美学课，空军政治学院也邀我讲了一学期美学课，空政听课的学生分坐在好几个教室，据说有四百人。讲课的收入，除了贴补家用，重要的开支就是买书了。那时出书的信息不像现在这样可以网上查询，逛书店就成为一大乐趣。我宁愿挤公交车到图书品种较全的南京东路新华书店，因为那里可以看到最新出版的美学书籍。每获新书，都甘之如饴。

随着90年代中期担任出版社总编，社里编务越来越重，我的美学的阅读便逐渐减少，不知不觉间停止了，一旦不进，则再也跟不上，实属可惜。

三

收在这本小册子的文章，大都是发表过的，并不是有体系的写作，把这些庞杂的文章汇在一起，书名拟定就成为难事。刚好记起了宗白华先生的一篇文章：《美从何处寻?》，顺此思路，就将其定为《美的寻踪》。虽然读起来并不上口，但还是较恰当地概括了书中的内容。宗先生是让人们从生活、从艺术中寻美，启发我从前人关于艺术品鉴、美的创造的记载中寻找美的踪迹。间或可以看出自己研习美学的踪迹。

集中所收文章大致有几个板块。

一个板块是中国古典美学的考察，涉及从祭祀、占筮、器物制作中，寻找美的踪迹。除了《先秦美学范畴演绎》外，均是发表过的。《先秦美学范畴演绎》一篇，是在为哲学大词典美学卷撰写词目的基础上，敷衍成文的。

一个板块为西方近代美学，这个部分只有一篇文章。蒋孔阳先生在主编《二十世纪西方美学名著选》后，我们请蒋先生继续主编《十九世纪西方美学名著选》，蒋先生认为19世纪不像20世纪那样可以按流派来编，应当按国别来选，于是提出分为两卷，一卷为德国卷，一卷为英法美卷。德国卷有很多重要文章需从德文译出，因此请北大懂德语的李醒晨先生主其事，英法美卷选译的组织工作安排我做，先生就让我做副主编，并叫我写一篇导言。在先生认可之后，载于先生所写前言的后边。这就是收入小册子的《十九世纪英法美学概览》，权作为我在先生指点下学习美学的记录。

又一个板块是一组有关美学范畴的文章。其中虚白、怪诞是发表过的，关于喜剧性、滑稽、幽默与讽刺三篇均为原来的讲稿，考虑到时下喜剧盛行，但多有恶俗丑劣之表演，简单把喜剧性混同于可笑，这是黑格尔等美学家所不赞成的，由此把它们整理出来，以求教于方家。

再一个板块是十二篇画论（包括画品、画史）的提要，是按照《中国学术名著提要》的统一格式撰写的，缺少变化，在所难免，权可作为自己读书之笔记。另收有散文诗、书画评论、摄影作品赏析等文，作为"艺林采撷"之得。

最后的三篇短文，原收入章培恒先生主编的上海辞书版《古文鉴赏辞典》，由于我写时都是从美学角度考虑，也以自由、辞辩、比喻等生活美为题，一并收入，为适应独立成篇，另起了篇名，文字略有改动。

从70年代末到90年代中期，十余年的美学研读，仅有如此少的作业，倍感惭愧，虽与后来我全力转入编辑行当有关，但还是用功不够，能力有限所致。尽管如此，学习美学这段自我砥砺、潜心读书的记忆，却让我觉得美好，久久难忘。如今又过了二十余年，不觉已白发苍苍，皤然一老翁矣，所幸思路尚清晰，记忆还未曾褪去，很快在键盘上敲出如上文字。有好友问，如许年纪何不休息，所谓何求？我也说不清，但铭记感恩是不会磨灭的，自强自勉也是需要的，遂将其置于卷首，以述心迹。

目 录

序 / 吴中杰 / 1

十年读书 "美"不胜收
　　——学习美学的记忆（代前言） / 1

古典溯源

从"望秩于山川"到"悦山乐水"
　　——我国古代关于山水自然美观念的演进 / 3

《考工记》与美学 / 26

《周易》美学思想的历史地位 / 64

　附：《周易》提要 / 82

先秦美学范畴演绎 / 92

1980 年代中国美学史研究述评 / 114

中国美学大事年表（公元前—1988 年）
　　——为《哲学大辞典·美学卷》而作 / 135

涉望西学

19 世纪英法美学概览
　　——《十九世纪西方美学名著选·英法美卷》导言 / 187

范畴之廊

"虚"能生美
　　——中国艺术中的"空白"与美学上的"虚实相生"说 / 217

喜剧美简论 / 246

滑稽作为审美范畴的发生、发展史 / 267

幽默与讽刺的审美特性 / 286

怪诞的美学意义 / 305

阳刚、阴柔孰为美？ / 334

节奏：生命之律动 / 352

艺林采撷

艺林掇英
　　——《中国学术名著提要·艺术卷》前言 / 369

《魏晋胜流画赞》提要 / 372

《画山水序》提要 / 376

《叙画》提要 / 381

《古画品录》提要 / 385

《续画品》提要 / 390

《唐朝名画录》提要 / 394

《历代名画记》提要 / 397

《五代名画补遗》提要 / 405

《宋朝名画评》提要 / 407

《益州名画录》提要 / 411

《图画见闻志》提要 / 414

《林泉高致》提要 / 419

慧眼觅诗趣　诗心著妙文
　　——《蔡旭散文诗五十年选》读后漫议 / 425

稚拙老辣，率性自然
　　——雨湖张家厚的书画艺术 / 443

笔性墨情，本于人之性情
　　——序陶上谷《中国名诗百首行楷字帖》/ 460

行摄山水间
　　——张发懋摄影作品赏析 / 463

生活之美

自由之美
　　——庖丁解牛之道赏析 / 487

辞辩之美
　　——晏子舌战赏析 / 491

比喻之美
　　——宋玉论乐赏析 / 495

编后记 / 499

古典溯源

从"望秩于山川"到"悦山乐水"
——我国古代关于山水自然美观念的演进

观赏我们伟大祖国的壮丽山河，对每一个人来说，都是一件赏心乐事。那巍巍泰山，涛涛黄河，莽莽长江，能引起人们多少审美遐想！然而，这些名山大川并不是一开始就作为审美对象纳入人们的眼界的。它们曾经是人们顶礼膜拜的祭祀对象，物质生活依存的实用对象；只是经过漫长的历史过程之后，人们才渐渐把审美活动扩展到山川自然之上。从"望秩于山川"的巫术礼仪活动，到"悦山乐水"的登临观赏活动，便标志着人们对待山水自然美的观念的演变。

一、山川之"望"

在我国古代文明的初期阶段，山川之"望"，是人们与高山大川发生联系的一种重要活动。翻开先秦的经史典籍，可以看到许多有关的记载。《虞书·舜典》中的"望于山川"

之典，《诗经》中的《时迈》《般》，《春秋》中的鲁僖公"犹三望"，以及《周礼》述及的"四望"，都为我们了解山川之"望"，提供了重要材料。

所谓山川之"望"，乃是古代的宗教祭祀活动。在那时，山川与天地、祖宗一样，都是人们的祭祀对象。《礼记·曲礼》云："天子祭天地，祭四方，祭山川，祭五祀，岁遍。""诸侯方祀，祭山川，祭五祀，岁遍。"[①]其中祭祀山川的礼节，名称便叫作"望"，又称为"望祀"。

从有关"望"的记载来看，情况是多种多样的。"望有常、有不常之祀也"[②]。但归纳起来，大体上又可分为三种类型：

一种举行于天子"郊天"之后。据《虞书·舜典》所载，"正月上日，受终于文祖，在璇玑玉衡，以齐七政。肆类于上帝，禋于六宗，望于山川"[③]。这里说的是舜在接受尧的禅位之时，举行祭天大典与山川之祀。文中的"上帝""六宗""山川"均为祭祀对象，而"类""禋""望"，则是相应的祭名。以后，历代天子不仅在即位时祭天地、山川，而且每年"郊天"后，都要举行"望"礼。所以人们又往往把"望"同祭祀天地的礼节"郊"同等看待。《左

---

① 《礼记·曲礼》，《十三经注疏》，中华书局1980年版，第1268页。
② 引自《文献通考·卷八十三社郊考十六》。
③ 《虞书·舜典》，《十三经注疏》，中华书局1980年版，第126页。

传》曰："望，郊之细也。"① 又曰："望，郊之属也。"② 即是证明。

一种举行于天子巡守之时。舜即位后，"岁二月，东巡守，至于岱宗（泰山），柴，望秩于山川"③。所谓"柴"，即积柴加牲其上以燔之；而"望秩"，即按山川的尊卑次秩望祭之：五岳的牲礼视三公，四渎的牲礼视诸侯，其余伯、子、男。《礼记·王制》也载，"天子五年一巡守，岁二月，东巡守，至于岱宗，柴而望，祀山川，……五月南巡守，至南岳，如东巡守礼"，西巡守、北巡守亦如此。郑玄指出："五岁者，虞夏之制也，周则十二岁一巡守。"④ 究竟一年巡守一岳，还是遍及五岳，学者看法不一，但巡守必行"柴、望"之礼，则是确定无疑的。《诗经·大雅·时迈》，即为周天子巡守时"柴、望"山川的颂歌。《毛传》云："《时迈》，巡守告祭柴望也。"唐孔颖达疏："武王既定天下，而巡行其守土诸侯，至于方岳之下，乃作告之祭，为柴望之礼"，周公"述其事而为此歌焉"⑤。可见，"望"不仅举行于郊天之

---

① 《左传·鲁僖公三十一年》，《春秋左传集解》，上海人民出版社1977年版，第400页。
② 《左传·鲁宣公三年》，《春秋左传集解》，上海人民出版社1977年版，第545页。
③ 《虞书·舜典》，《十三经注疏》，中华书局1980年版，第127页。
④ 《礼记·王制》，《礼记集解》，中华书局1989年版，第326页。
⑤ 《诗经·时迈》，《十三经注疏》，中华书局1980年版，第589页。

后,还举行于巡守之时。

还有一种情况是国家遇到灾难也要举行"望"祀。《周礼·春官·大宗伯》云:"国有大故,则旅上帝及四望。"① "旅",也是祭礼,"四望"据郑玄解释,为"五岳、四镇、四渎"。人们正是用山川之祀,祈求免去遭遇到的祸害。鲁哀公六年,楚昭王有疾,卜者卜得是黄河作祟,大夫"请祭诸郊"②,便属于这一类。

既然山川祭名为"望",那些被祭的名山大川便被称为某某的"望"。按照当时人们的观念,天子王有四海,因此可以总祭天地,"祭天下名山大川",而"诸侯祭名山大川之在其地者"③。泰山在鲁地,鲁公当祭,因而成为鲁公"三望"之一,而季氏不是诸侯,故"泰山不享季氏之旅"④,梁山在晋,故称"梁山,晋望也"⑤。正因为诸侯必须恪守"在其地则祭之,亡其地则不祭"的祭法⑥,楚昭王才以"江、汉、睢、漳,楚之望也","祭不越望"为由,拒绝了大夫请祭黄河的劝告。

---

① 《周礼·春官·大宗伯》,《十三经注疏》,中华书局1980年版,第764页。
② 《左传·鲁哀公六年》,《春秋左传集解》,上海人民出版社1977年版,第1741页。
③ 《礼记·王制》,《十三经注疏》,中华书局1980年版,第1336页。
④ 《风俗通义·祀典》,上海古籍出版社1990年版,第56页。
⑤ 《尔雅·释山》,《十三经注疏》,中华书局1980年版,第2618页。
⑥ 《礼记·祭法》,《礼记集解》,中华书局1989年版,第1194页。

把境内名山大川视作自己的"望"这一事实，充分表明人们还没有从自然崇拜的原始宗教观念下解放出来。现实的高山大川，完全被抵御自然能力低下的人们虚幻地"神化"了。悬崖峭壁，危岩矗立，江河咆哮，浊浪排天，在当时人们看来都是神秘而又可怕的，而随时可能发生的山洪暴发、江河泛滥，更会给人们带来灭顶之灾。"汤汤洪水方割，荡荡怀山襄陵，浩浩滔天"①，是一种多么可怕的图景！相传盘庚古居在耿，而耿地迫近山水，水患频繁竟成了他动员百姓迁殷的一个原因。躲之还恐不及，哪来的心思观赏？在这种情况下，人们把山川神化，对它顶礼膜拜，视它为自己的荫庇者就毫不足怪了。"崧高维岳，骏极于天，维岳降神……维周之翰"②，"夫国必依山川，山崩川竭，亡之征也"③。都是人们在高山大川面前诚惶诚恐的心理写照。

所以，山川之"望"，实为祈福于神。舜典曰："望于山川，遍于群神"，《诗经·时迈》曰："怀柔百神，及河乔岳"，都表明祭祀山川与祭神的一致性。《礼记·祭法》就说得更清楚了："山林川谷丘陵能出云，为风雨，见怪物，

---

① 《虞书·尧典》，《十三经注疏》，中华书局1980年版，第122页。
② 《诗经·大雅·崧高》，《十三经注疏》，中华书局1980年版，第565页。
③ 《国语·周语上》，《国语》，上海古籍出版社1978年版，第27页。

皆曰神。"① 在《山海经》中，我们便可看到人们怎样想象出"龙头人身""龙身人面""龙身人首"等形形色色山神，以及祭山、祭神的诸多礼节：

山	山 神	祠 法
南次二经	龙身鸟首	毛用一璧瘗，糈用稌
南次三经	龙身人面	一白狗祈，糈用稌
西次三经	羊身人面	用一吉玉瘗，糈用稷米
东山经首	人身龙首	毛用一犬祈，䘏用鱼

据说，尧之子叫丹朱，他十分喜欢戏谑，在禹治理洪水以后，常常坐在舟中，不分昼夜地让人推着他在浅水中玩耍，想来当与后代人们划船游水相类似，但在当时，却成了一桩罪过。舜就指责他："无若丹朱傲，惟漫游是好，傲虐是作。罔昼夜频额，罔水行舟。"② 简直要把丹朱作为异端来问罪了。可见在这样的时代，人们还不可能把高山大川当作能够愉悦身心的审美对象来看待。

但是，山川之"望"与观山览水的审美活动，也并不是截然没有联系的。这可从以下几个方面看出。

第一，祭祀山川的礼节取名为"望"，本身就包含着"望而祭之"的含义。唐张守节在《史记正义》中云："望

---

① 《礼记·祭法》，《礼记集解》，中华书局1989年版，第1194页。
② 《虞书·益稷》，《十三经注疏》，中华书局1980年版，第143页。

者,遥望而祭山川也。"①颜师古也云:"望,谓在远者望而祭之也。"②而《后汉书》李贤注则讲得更为明显:"山林川谷能兴致云雨者皆曰神。不可遍至,故望而祭之。"③这种"遥望"虽然还谈不上是观赏,但其为后来带有审美性质的观山赏水开了先河,当无疑义。诗曰:"泰山岩岩,鲁邦所詹。"④这里的"詹"字古与"瞻"通,要说对泰山的瞻望与泰山之"望"没有联系,恐怕与理不通。

第二,伴随着对山川的祭祀,实际上形成了一种登山涉水的活动。《诗经》中的《周颂·般》,便描绘了周人登山而祭的情景:"于皇时周,陟其高山,隋山乔岳,允犹翕河。"⑤这可算作登高而祭的一种典型。郑玄笺云:"巡守其所至,则登其高山而祭之。"始皇出游,"行至云梦,望祀虞舜于九疑山"⑥,也是一例。至于封禅,更是一种大规模的登临泰山的活动了。《白虎通》云:"必于其上,何?因高告高,顺其类也,故升封者,增高也。"⑦人们在登临山水的活

---

① 见《史记》,中华书局1982年版,第25页。
② 见《汉书》,中华书局1996年版,第1192页。
③ 见《后汉书》,中华书局1996年版,第23页。
④ 《诗经·鲁颂·閟宫》,《十三经注疏》,中华书局1980年版,第617页。
⑤ 《诗经·周颂·般》,《十三经注疏》,中华书局1980年版,第605页。
⑥ 《秦始皇本纪》,《史记》,中华书局1982年版,第260页。
⑦ 《白虎通义·封禅》。

动中,势必能增进对山水自然习性的了解,势必会为后来观赏它们的美创造条件,这一点也是可以理解的。我们从《九歌》祭神的歌辞中,就可体味到这一点。"荒忽兮远望,观流水兮潺湲。""袅袅兮秋风,洞庭波兮木叶下。"①"令沅湘兮无波,使江水兮安流。""石濑兮浅浅,飞龙兮翩翩。"②歌辞对秋日洞庭波光及潺潺流水的描绘,不都表明人们正是在祭祀江神的活动中,增进了对江水自然风貌的把握么!

第三,在祭祀山川的过程中,同时要伴随着音乐、舞蹈等礼仪,"乃奏蕤宾,歌函钟,舞大夏,以祭山

九歌图

---

① 《湘夫人》,《楚辞直解》,复旦大学出版社1996年版,第60页。
② 《湘君》,《楚辞直解》,复旦大学出版社1996年版,第56页。

川","乃奏姑洗,歌南吕,舞大磬,以祭四望。"① 舞师"帅而舞山川之祭祀"②。这些礼仪,不仅成为我国音乐、舞蹈的最初形式,而且音乐、舞蹈的融合,又创造了一种特殊的氛围,使山川之"望"包蕴着陶冶人们性情的因素,这也不能不对后代人们观赏山川的审美活动产生影响。

二、"致用"与"比德"

在人们用宗教观点看待山川的同时,用功利观点看待它们的现象也日渐增多起来,从而导致了人们把名山大川当成实用的对象、"比德"的对象,并萌发了望山观水的愿望。孔子说的"君子见大水必观焉"③,荀子说的"百仞之山竖子冯而游焉"④,都是人们开始把山水纳入审美视野的表现。

大自然对人一方面是那样神秘莫测,令人畏惧;一方面又具有莫大的吸引力量。因为它为人类的衣食住行提供着取之不竭的物质资料。"人们在物质上只有依靠这些自然物——不管表现为食物、燃料、衣着、还是居室等等——才能生活"。正如马克思所说:它是"人的无机的身体"。这就决定

---

① 《周礼·春官·大司乐》,《十三经注疏》,中华书局1980年版,第789页。
② 《周礼·地官·舞师》,《十三经注疏》,中华书局1980年版,第721页。
③ 《荀子·宥坐》,《二十二子》,上海古籍出版社1986年版,第358页。
④ 《荀子·宥坐》,《二十二子》,上海古籍出版社1986年版,第358页。

了人们在把高山大川当成一种至高无上的威力来迷信、崇拜的同时，又竭力想从它的怀抱中获取想获得的一切。

人类改造自然的活动，可以说一时一刻也没有停止过。诗曰："奕奕梁山，维禹甸之。"①便是对"禹治梁山除水患"的歌颂。禹所说的"予乘四载，随山刊木"②，也反映着人们征服山川的智慧与成就：水行乘舟，陆行乘车，山行乘樏，泽行乘辀（此为"四载"）；"今夫水，博而跃之，可使过颡；激而行之，可使在山"③，更显示了人们治水有方。人们改造山川的每一个胜利，都促使着人对物质生活需求的发展，并逐步确立起山川"致用"的观念。

《国语》云："及天之三辰，民所以瞻仰也，及地之五行，所生殖也，及九州名山川泽，所以出财用也。是非不在祀典。"④诸侯、天子舍得耗费巨额资财与诸多人力大兴山川之祀，究其实，不过因为财用乃"九州名山川泽"所出罢了。因此，人们在用宗教观点看待名山大川的背后，实际上也包蕴、潜伏着功用的考虑。

正是凭着实用这个中介，人们就得以把山川同美联在了一起。应当指出，在人类审美意识的发展史上，美的观念是

---

① 《诗经·大雅·韩奕》,《十三经注疏》,中华书局1980年版,第570页。
② 《虞书·益稷》,《十三经注疏》,中华书局1980年版,第141页。
③ 《孟子·告子上》,《十三经注疏》,中华书局1980年版,第2748页。
④ 《国语·鲁语上》,《国语》,上海古籍出版社1978年版,第270页。

伴随着实用观念而来的。在相当长的一个阶段内，人们还没有把事物审美的属性同实用的属性区分开来。凡实用的就是美的，凡美的就是实用的，便是当时一种素朴、幼稚的审美观念。在《考工记》中，就有这类将美与实用等同起来的观点的明确反映："天有时，地有气，材有美，工有巧。"何谓"材之美"？据书中解释："燕之角，荆之幹，妢胡之笴，吴粤之金锡，此材之美也。"①据后代学者考证，所谓荆之幹，妢胡之笴，皆为荆楚一带善于作弓箭的原料，以质优而著称，而燕之角，吴粤之金锡，也都是这些地方的特产。显然，"材之美"者，"材之优"也。范蠡说的："唯地能包万物以为一……美恶皆以养生"②，孟子说的"五谷者，种之美也"③，李斯说的"四时充美"④，也都是这个意思。

随着社会实践的发展，人们对山川功用价值的认识也日趋加深。《山海经》中的《山经》，不就保存有大量山藏河蕴、物产动植的记载吗？它说明人们对于山川既迷信它又想利用它的双重态度，反映着当时人们正处于对它从"神化"到"人化"的转变与过渡之中。而战国时期成书的《禹贡》，则以完整的结构、严密的体系，记叙了名山大川的方位走向、

---

① 《考工记·卷上》，《十三经注疏》，中华书局1980年版，第906页。
② 《国语·越语下》，《国语》，上海古籍出版社1978年版，第644、645页。
③ 《孟子·告子上》，《十三经注疏》，中华书局1980年版，第2753页。
④ 《谏逐客书》，《文选》，上海古籍出版社1986年版，第1755页。

物产资源，标志着人们对山川自然认识的深化。

于是，一个演绎逻辑很自然地在古人心目中形成了：凡实用的都是美，山川实用，山川可以为美。人们不仅看到山上可以产"美玉""美石"（见《山海经》），而且视山川为美。荀子提出的"山林川谷美"即是这种观念的一种体现。荀子在《王制》篇中说："天之所覆，地之所载，莫不尽其美，致其用。"就是把"尽美"与"致用"当成同义语看待的，从中人们不难窥见他把山川视为美的缘由所在。

社会生产力的发展，使人们同山川的联系不再囿于物质功用方面，一种精神功利的观念发展起来了，这就是"比德"说的出现。

在复杂的社会实践中，人们对高山大川的认识逐渐加深了，人们感到这些自然事物不但能给自己带来财用之利，而且能为人们的社会生活提供活动的场所，为人们的精神生活提供对象和丰富的原始材料。自然界的高山大川同人们社会生活的联系变得更加广阔了，对于人类的社会生活有了多方面的象征意义。人们用"如江如汉，如山之苞，如川之流，绵绵翼翼"[1]，形容军旅的浩浩荡荡；用"如彼泉流，无沦胥以亡"[2]，形容国家沦亡如泉流之易；用"节彼南山，维石岩

---

[1] 《诗经·大雅·常武》，《十三经注疏》，中华书局1980年版，第577页。
[2] 《诗经·小雅·小旻》，同上书，第449页。

岩"①，形容君子的威严；用"如临深渊，如履薄冰"②，形容君子谨小慎微、惧祸及身。这些，都说明人们对高山大川认识上的演进。首先，人们对山川自然风貌的认识更具体了：山之高，岩之峻，江之阔，流之急……人们不但能从形象上来描述它们，而且已经能从自然事物联想到人们的社会生活，并运用于文学创作上，这就是"比"与"兴"的手法。比也好，兴也好，都是把自然事物同人的社会生活联在一起。总之，自然界的山山水水，统统被赋予人的特征，成为社会生活与道德精神的比喻与象征。这又为人与山川的联系开拓了另一条新的渠道。

在春秋战国之际，人们关于美的概念与关于善的概念往往混杂在一起。善为美，美也被视为一种善。所谓"里仁为美"（孔子），"充实之为美"（孟子），"君子崇人之德，扬人之美"，"身尽其故则美"（荀子），都属美、善不分的表现。而荀子所说的"私其所积，唯恐闻其恶也；倚其所私以观异术，唯恐闻其美也"③，以美、恶相对，更是将善说成为美。这种情况虽然反映着人们关于美的概念还不甚明确，对于美的认识尚且幼稚，但比起以实用为美的观念，毕

---

① 《诗经·小雅·节彼南山》，《十三经注疏》，中华书局1980年版，第440页。
② 《诗经·小雅·小旻》，同上书，第449页。
③ 《荀子·解蔽》，《二十二子》，上海古籍出版社1986年版，第339页。

竟前进了一步。既然自然山水可以象征人们的道德情操，而凡是善的又被看作为一种美，于是人们又通过这种渠道把自然界的山山水水同美联系在一起，为"比德"说奠定了基础。

所谓"比德"，就是用山水的自然特性来比喻人们的美好德性，而正因为名山大川可以作为人们美德的一种象征，人们就很乐意游山观水，把它作为一种美来欣赏。这种观念最明显地表现于孔子所说的"仁者乐山""智者乐水"上。当子贡问他君子见到大水为什么"必往观焉"的时候，他回答水有许多美好的德性："遍予无所私，似德；所及者生，似仁；其流卑下句倨皆循其理，似义；浅者流行，深者不测，似智；其赴百仞之谷不疑，似勇；倬弱而微达，似察；受恶不让，似包蒙；不清以入，鲜洁以出，似善化；主量必平，似正；盈不求概，似度；其万折必东，似志。是以君子见大水观焉尔也。"[①]水是否真的能够象征这许多美德权且不论，孔子认为水可以"比德"则是毋庸置疑的。

将名山大川作为"比德"的对象，为了"比德"而去观赏名山大川，实际上回答了人们应当如何对待山水自然美的问题。自然美的存在虽然离不开它的自然属性，但更重要的却是它同人类社会生活的种种联系，正是这种联系以及它与

---

① 《说苑·杂言》，《新序 说苑》，上海古籍出版社1990年版，第148页。

社会生活的某些相似的特征，决定了它可以成为生活美的特殊形式的表现。车尔尼雪夫斯基说过："自然界的美的事物，只有作为人的一种暗示才有美的意义。"① 他又说自然事物之所以美，就在于它们能使人们想起生活。如果我们把车尔尼雪夫斯基的观点与"比德"说稍作比较，便不难发现二者的一致。它们都是主张从自然事物同人类社会生活的联系中来发现自然对象的美学意义，都主张从自然事物对生活的比附、象征、暗示来观赏自然美。这种观赏态度直到今天依然是适用的。"比德"说的积极意义便在这里。

从以物质功利为满足的实用观念，到以精神功利为目的"比德"说，使人们对山川自然的欣赏上富于人情味，这种着重从对象所体现的人的精神意义来欣赏名山大川的观念，应该说是古代关于自然美的观念的重大演进。人们再也不把划船游水视为劣迹，而是看作君子的一种爱好。孔子面对大川，发出"逝者如斯夫，不舍昼夜"②的感叹，范蠡游于五湖，屈原涉于沅、湘，他们对水的爱好，都是和他们的君子之风联系在一起的。总之，人们观赏山川的活动，开始具有了审美的意义。难怪荀子要说："百仞之山竖子冯而游焉。"

---

① 车尔尼雪夫斯基《生活与美学》，《西方美学家论美和美感》，商务印书馆1980年版，第244页。
② 《论语·子罕》，《论语解注合编》，黄山书社1994年版，第153页。

三、"观澜"与"畅神"

自然美的特征不仅在于它可以对人类社会生活起某种寓意、象征作用,而且在于它的形式胜于内容,是一种侧重于形式的美。如果说"比德"说正是对前一特征的把握,那么后一特征在人们观山览水的活动中,也逐渐被把握到了。孟子说的"观水有术,必观其澜"①,便是人们开始从形式上把握山川之美的表现。

人们把山川作为一种形式美来欣赏,必须具备下述基本条件:一、对于山川的功用考虑(无论是物质的,还是精神的),都不能再居于主要地位;二、具备了从形式上观赏自然美的能力。而这两者的形成,都离不开人们对山川的以功利为目的的观赏活动。

对山川的非功利态度,正是导源于功利态度的。当人们怀着功利目的观赏名山大川的时候,就会发现同一个自然对象,人们用它来象征生活的特征却大不一样。水不就可以比喻人的许许多多美好德性吗?自然对象同人们社会生活联系的广泛性、多样性,带来了对它观赏的不确定性,人们可以从这方面去观赏它,又可以从那一方面去观

---

① 《孟子·尽心上》,《十三经注疏》,中华书局1980年版,第2768页。

赏它。联系的泛化，导致了联系的弱化。经过无数次的观赏活动，人们渐渐形成了一种观念：一旦名山大川作为观赏对象出现在人们面前，对它的功用考虑、"比德"要求都变得无关紧要了，首先要掌握的是它们的自然风貌。因为人们首先直观到的是它们的具体形象、形式的特征，自然而然地会萌发出把它们当作形式美来看待的观念：观水"观澜"。

当然，人们对自然形式的掌握的能力，也是在社会实践中逐渐发展起来的。在与山川接触的过程中，无论是祭祀或者开发，还是以"比德"为出发点的观赏，人们都增进了对其自然特征、形式外貌认识的能力。在《诗经》中，人们就可以看到许多对山水风貌的描述，涉及山、水的多种习性。仅以河水为例，就既有"河水清且涟猗""河水清且直猗"这类微风清波的状况，又有"河水浟浟""河水浼浼"这类苍茫浩渺的状况，又有"河水洋洋，北流活活"这类滚滚东流、奔腾澎湃的状态。这些描述虽然是作为人们活动的场所，或作为兴起人们某种情感的触发物而写下的，还不是对于独立的自然美的赞颂，但确实反映出人们对这些自然物的把握已经相当具体，描绘极为准确。值得注意的是，这种对于山川形象、风貌的把握，是作为人类历史文化的成果，历史地积淀在人们的心理功能之中，形成人们特有的对于山川的形象直觉能力。庄周对于"秋水时至，百川灌河；泾流之大，两岸渚崖之间，不辩牛马"①的描绘，对于海涛"白波若山，海水震荡，声侔鬼神，惮赫千里"②的描绘，表明人们不仅能区分水流的疾、徐、动、静，而且善于从水与周围事物的联系上（水与岸、水涨与两岸牛马不辨、波高如山、惮赫千里）来把握它们，这种形象直觉能力比起《诗经》中反映出来的，就是一个进步了。所以，没有人们长期的观山览水的经验积累，就不可能有对它们的形象直觉能力。

如果说，观水"观澜"还是孟子的一种理性的概括的话，那么现实中的这种审美活动则是实际的证明。先秦时代的南方民歌《沧浪歌》就可使我们感受到这一点。"沧浪之水清兮，可以濯我缨；沧浪之水浊兮，可以濯我足。"③民歌的欢快节奏，洋溢着沧浪之水给人们内心带来的喜悦，这种对于沧浪之水"清""浊"的歌咏，恐怕就属于一种观水之澜吧？而八月观潮，就更属于一种观水之澜的活动。汉代的枚乘在《七发》中就曾提及这类活动。吴客云："将以八月之望，与诸侯远方交游兄弟，并往观涛乎广陵之曲江。"楚太子问："涛何气哉？"想了解的就是江涛的壮丽景象；吴客说："至则未见涛之形也。""涛之形"者，水之澜也。可

---

① 《庄子·秋水》，《庄子集释》，中华书局1981年版，第561页。
② 《庄子·外物》，同上书，第925页。
③ 《孟子·离娄》，《十三经注疏》，中华书局1980年版，第2719页。

见，无论吴客还是楚太子，都认为"涛气""涛形"是应当观赏的主要内容。吴客对江涛的描绘："其始起也，洪淋淋焉，若白鹭之下翔；其少进也，浩浩溰溰，如素车白马帷盖之张"，以及"沌沌浑浑，壮如奔马"，"纷纷翼翼，波涌云乱"①，也都是人们所观赏到的涛形的变幻，是自然对象的形式在人们视觉上的反映。这里，人们显然是把广陵之曲江作为形式美、自然美来欣赏的。

对山的观赏也一样。"登景夷之台，南望荆山，北望汝海，左江右湖，其乐无有。"②《七发》中的这段文字，大概是根据战国时楚王登京台，南望猎山，以及长江、洞庭而来的。吴客把这类"浮游览观"作为"无有过之者"的快乐，评价实在不低。事实上，一旦山水的自然形式及其特征成为人们观赏的主要内容，作为这种观赏的结果——自然形式所引起的快感就成为具有美学意义的美感。据吴客所述，观潮客面对着潮水接地连天、呼啸而来的雄伟景象，会产生一种"澡溉胸中，洒练五脏"的感觉。这种愉悦感，既不同于获得某种物质享受时的愉快，又不同于道德满足时的欣慰，而是一种超功利的然而又能陶冶性情、愉悦身心的快感，亦即美感。正因为自然界的山水能使人获得这种美的享受，后来

---

① 枚乘：《七发》，《汉魏六朝赋选》，上海古籍出版社1979年版，第22页。
② 同上书，第14页。

人们提出"悦山乐水"①，就一点不难理解了。

人们把高山大川作为一种自然美、形式美来观赏，影响到人们对自然美的观念的进一步演变。魏晋南北朝时期提出的"畅神"说，可以说是人们对自然美的观念趋向成熟的表现。晋代孙绰"居会稽，游放山水十有余年"，他提出"借山水"以化心中"郁结"，"一日永足，百年当溢"。南朝画家宗炳在《画山水序》中写道："峰岫峣嶷，云林森眇，圣贤暎于绝代，万趣融其神思，余复何为哉？畅神而已。"这种为"畅神"而游览山水的观点，同我们现在游览山水的观念基本接近了。宗炳一生多次游览名山大川，他常说："余眷恋庐、衡，契阔荆、巫，不知老之将至。"到了年老多病

兰亭集序

---

① 见《后汉书·党锢列传》，《后汉书》，中华书局1996年版，第2195页。

不能远游时,还终日沉醉山水画中,"卧以游之"①。

魏晋南北朝之际,游山逛水已成为相当普遍的社会风气。顾恺之自会稽还,人问山川之美,他答曰:"千岩竞秀,万壑争流,草木蒙笼其上,若云兴霞蔚。"②王子敬云:"从山阴道上行,山川自相映发,使人应接不暇。"③"山阴道上行,目不暇接"这一名句,既反映出人们在玩赏自然风光时难以尽述的丰富的感受,又是人们对观赏山川之美的向往与追求。

从山川之"望"的宗教礼仪活动,到以"致用""比德"为目的的登临观赏活动,到把自然山川作为"畅神"的审美对象,反映着我国古代人们对于山水等自然对象的审美意识的转变,表明它是如何经过同原始宗教观念的分离,以及功利观念(物质的、精神的)这个中介,发展、演进成独立的、成熟的关于山水自然美的观念。宗教的观点、功利的观点、审美的观点,是人们对待山川等自然物的三种不同的观点,由于实际情况的复杂,我们虽然很难机械地划分某一历史时期人们采用某一种观点,或者在什么时候完成从一种观点到另一种观点的转变(在历史上,往往可以看到几种观

---

① 宗炳:《画山水序》,见《中国美学史资料选编》,中华书局1982年版,第177页。
② 《世说新语》,《世说新语笺疏》,上海古籍出版社1993年版,第147页。
③ 同上书,第145页。

马远对月图

点并存的状况，如汉代人们已开始用审美的观点看待山川，"模山范水"，同时又常常举行大规模的山川之祀）；但是，这几种观点又确实代表着人们关于山水自然美的观念发展史上的不同阶段和一般的发展次序。

马克思曾指出："人的感觉、感觉的人类性——都只是由于相应的对象的存在，由于存在着人化了的自然界，才产生出来的。"[1] 从宗教观点到功利观点到审美观点的演变，说到底又是源于自然对象从被"神化"到被"人化"的演变，是人们能动地改造自然对象的胜利，亦即自然被"人化"的过程在主体上的反映。审美意识的发生、发展是社会实践的产物，是历史的成果，我国古代人们关于山水等自然对象审美意识的发生史，再一次雄辩地证明了这一点。

（1983年8月，载于《复旦学报》1983年第四期）

---

[1] 《1844年经济学哲学手稿》，人民出版社1979年版。

《考工记》与美学

《考工记》并不是一部美学著作。然而人们研究中国古代美学思想史、中国古代艺术发展史,却往往给它以一定的地位。朱光潜先生曾说它"是研究中国美学史的重要资料"①,宗白华先生也高度评价过它所体现的美学原则②。一些研究美术、工艺品的专著,也曾提到它。如王伯敏的《中国绘画史》、沈从文的《中国古代服饰研究》等。

一部并非美学著作的《考工记》,竟然同美学发生如此密切的联系,原因何在呢?这是一个很有趣味的问题,也是一个相当大的题目,因为它涉及《考工记》所记述的金石、绘画、音乐、建筑等诸多方面,涉及这些方面的诸多美学问题。本文没有能力对这些问题一一尽述,只能将一些极为粗浅的零零散散的认识记录下来,以就教于美学界的前辈和同好。

---

① 朱光潜:《中国古代美学简介》。
② 宗白华:《中国美学史中重要问题的初步探索》,载《美学散步》,上海人民出版社1981年版,第26—57页。

"度"之"巧"：黄金分割

《考工记》是春秋末年齐人所记的官书，内容为"百工之事"。"百工"，是殷、周时管理手工业营造的低级官吏，也就是王官。早在商代，手工业生产已经有了相当的发展，形成了颇细的技术分工。从殷墟遗迹来看，王宫西南、西北侧，就有石工、玉工、铜工、骨工工作的场所，甲骨文中的有关文字，也反映着当时已出现制陶、制革、缝纫、纺织、绘画、雕镂、车舟制造、土木经营等工种。这些工种的技术奴隶，聚集在官府营造的场所，由匠人统领进行营造，而匠人就称为"百工"。周代继承了这一套"百工"管理工奴的生产组织，使手工业生产有了进一步发展，出现"百工居肆，以成其事"的局面[①]。《国语·周语》曾讲道："天子听政，使公卿至于列士献诗，瞽献曲，史献书，师箴，瞍赋，矇诵，百工谏。"韦昭注："百工，执技以事上者也。"[②] 这些"百工"既为王官，又有世传的手工业技术，是手工业劳动的直接参加者和工奴劳动的组织者，所以《考工记》虽为官书，却有着反映劳动者实践经验的价值。

高尔基说过，"艺术的奠基人是陶匠，铁匠，金匠，男

[①] 《论语·子张》，《论语解注合编》，黄山书社1994年版，第324页。
[②] 《国语·周语》，《国语》，上海古籍出版社1978年版，第10页。

女纺织工，石匠，木匠，木骨刻匠，铸造武器的匠人，油漆匠，男女裁缝，一言以蔽之，手工艺者。"① 高尔基所说的这些匠人，差不多《考工记》都有所反映。它所记的三十个工种，几乎遍及当时手工业生产的所有种类。正是这些匠人的辛勤劳动，创造了举世瞩目的物质文化，并逐渐积累起按照美的规律塑造物体的经验。当然，他们不可能像先秦诸子那样建立起自己的学术派别和思想体系，也没有对美与审美做出抽象的理性的概括，只是以朴素的直观的形式，记下了自己对于美的造形、对于装饰艺术的见解与追求。其中关于尺度、比例的论述，就是颇为闪光的一个方面。

戴东原在《考工记图》中曾说，"考工诸篇高庳广狭有度"。确实，《考工记》通篇讲"度"，其对于"度"的论述是多种多样的：直接规定手工业制品的大小尺寸，是"有度"的一种表现。比如车前弯曲的车辕叫辀，《辀人为辀》章就规定了国马、（郑玄注："国马，谓种马，戎马，齐马，道马。"）田马（狩猎之马）、驽马（能力低下的马）之辀的三种不同尺寸，称为"辀有三度"。

又如玉人琢璧，"璧羡度尺，好三寸以为度"②。据《尔雅》所释，璧孔称好，璧边称肉，"肉倍好，谓之璧；好倍

---

① 见《高尔基论文学》。
② 引文未注明出处者，均引自《考工记》，见《十三经注疏》中的《周礼注疏》，中华书局1980年版，第905—937页。

肉，谓之瑗；肉好若一，谓之环。"① 璧孔为三寸，璧肉应为六寸，加起来共长九寸，而璧羡延伸为一尺，则宽狭缩为八寸，呈椭圆形。这里，三寸与一尺为璧羡之"度"。

制作要符合规矩，使"圜者中规，方者中矩，立者中悬，衡者中水"，是"有度"的另一种表现。轮人制造车轮，就要"规之以眡其圜也，萭之以眡其匡也，悬之以眡其辐之直也，水之以眡其平沈之均也"，凡能做到"可规、可萭、可水、可悬"者，才可以称为国之名工。其对于"度"的重视，可见一斑。

然而，细加推敲起来，《考工记》的"有度"，还有着更为深刻的含义，那就是要掌握对象形式、结构上的比例关系。它大量讲到的正是这后一种。

> 凡任木任正者，十分其輈之长，以其一为之围；衡任者，五分其长，以其一为之围。小于度，谓之无任。

> 磬氏为磬，倨句一矩有半，其博为一，股为二，鼓为三，三分其股博，去一以为鼓博，三分其鼓博，以其一为之厚。

---

① 《尔雅·释器》，《十三经注疏》，中华书局1980年版，第2601页。

> 戈广二寸,内倍之,胡三之,援四之。

上述材料中,第一条讲的是做辀。从车杠末端到车箱底板下的两兔(钩住车轴的木头,形似伏兔,又叫作檕)称为当兔,当兔之围必须与辀长保持确定的比例,才能持任之正。"小于度,谓之无任。"第二条讲的是磨磬。面宽的一边为股,面狭的一边,用作敲击处称鼓。如以股博作为参考长度,定为一,那么股即为二,鼓为三。股博的三分之二为鼓博,鼓博的三分之一为磬的厚度。这种比例的真实性,在湖北曾侯乙墓出土的编磬上得到了证实。编磬的大小虽然不一,但股博、股与鼓之间的比例,与《考工记》所记完全相符。第三条讲的是造戈。"广""内""胡""援"为横、直刃的不同部位,它们之间的比例也要符合规定。如果横刃的宽("广")为二寸,那么直刃中连柄的部分("内")应为四寸,横刃长("胡")应为六寸,直刃中不连柄部分("援")为八寸。

这一系列比例的对错与否,自然属于物理学家研究的范围,但其为匠人长期劳动实践的总结,不属于毫无根据的臆想,则可以肯定。因为这些比率是积无数次成功与失败的经验教训才得来的。设想,如果造戈时不经过"内"长"内"短的比较,怎么能认识到"长内则折前,短内则不疾"呢?如果揉辀时没走过或深或浅的弯路,又怎么能体会到"辀深则折,浅则负"呢?

诚然,匠人对比例关系的把握,首先是从功利目的出发的。造戈的长短得当,是为了戈之利,揉辀的深浅适中,是为了辀之善,以使其引车时灵活、耐用,"进则与马谋,退则与人谋,终日驰骋,左不楗(左骖不寋倦);行数千里,马不契需;终岁御,衣衽不敝"。匠人对器物比例的苦苦探求,不过是想把它们作为"度"确定下来,以统一营造的标准,提高考工诸器的效用。但是,也不能否认,匠人的劳动实践,使他们自觉不自觉地接触到了创造美的对象的比例关系。因为,从美产生的历史过程来看,正是人们的劳动生产实践促使着实用向审美的转化。人们不但创造了产品的实用价值,而且创造出它的审美价值,并且使它从对实用价值的依附中逐渐分离出来,成为独立的价值。

手工业劳动者是自发地倾向于唯物、务实的。他们要把玉石、陶泥、木料、铜锡、皮革、羽毛加工成适合人们物质生活和精神享受需要的礼器、乐器、兵器、日用器具,就不能不遵循物种的固有尺度。《考工记》云:"凡揉辀欲其孙而无弧深。"又云:"欲弧而无折,经而不绝。"据郑玄注:"孙,顺理也。""经,亦谓顺理也。"都是强调顺从自然之势,不能随心所欲地蛮干。不蛮干,就要讲"巧",而"巧"正是"百工"的基本点。"巧"方可为"工","工"必有"巧"。"巧",既是人们对实用(符合真、实现善)的追求,又包含着对审美的考虑，"巧"正是实用与审美的统一，真、善与美的统一。《考工记》说："智者创物，巧者述之、守之，世谓之工。""天有时，地有气，材有美，工有巧。"轮人为轮，"三材既具，巧者和之"。画缋之事"杂四时五方之位而章之，谓之巧"。可见《考工记》对于"巧"是强调到何等重要的地步。这里的"巧"，就包括着造形、装饰之巧。《说文解字》释"工"时也指出，"工，巧饰也"。"饰"，即为刷、拭。段玉裁注："凡物去其尘垢，即所以增其光彩，故刷者饰之本意。而凡踵事增华皆谓之饰。"又工的古字为 Σ，"彡，毛饰画文也。"段注："饰画者，叡而画之。毛笔所以画者也，其文则为彡。毛之列多不过三，故以彡象之也，所饰画之文成彡。"这说明，古代做"工"，就应当"踵事增华"：拭其外形，去其尘垢，饰画成文，增其光彩。这样的"巧饰"，是否蕴含着美的创造呢？当然是。

从春秋手工业生产的实际来看，当时已经非常重视器物的造形与装饰，已经能制造出相当精致的艺术品来。早在商代，工匠已善于在青铜器、石器上铸、刻精细的花纹。云纹、雷纹、蝉纹、饕餮纹，都是常见的饰纹。殷墟出土的大石磬，磬面刻有虎形花纹，线条圆熟刚劲，堪称精美艺术品。到了春秋之际，手工业制品的装饰更趋富丽豪华。《考工记》就讲到"饰车欲侈"。墨子也抨击过"饰车以文采，饰舟以雕镂"①的时尚。《周礼》还规定了王车之五路：玉路、金路、象路、革路、木路。贾公彦疏："言玉路、金路、象路者，皆以玉、金、象为饰。"②对装饰艺术的崇尚，促使着手工业技艺的进一步发展、成熟。我们所见的春秋时期的一些工艺美术珍品，都说明匠人在按照美的规律造形方面，比原先更加自由了。《考工记》作为那时手工业营造的全面总结，势必要反映这个实际。

事实上，《考工记》所记的种种比例，确有一些与美相关联着。比如它在确定器物各边之间的比例关系时，往往采用下述办法：以被比线段作为一，然后用三分法截去三分之一，使剩下的三分之二与原来的一段成二与三之比，如此连续分割，而二与三之比不变。诸如：

造车："三分轸围，去一以为轵围；三分轵围，去一以为较围；三分较围，去一以为轵围；三分轵围，去一以为轐围。"

铸钟："以其鼓间为之舞修，去二分以为舞广。以

---

① 《墨子·辞过》，《二十二子》，上海古籍出版社1986年版，第228页。
② 《周礼·春官·巾车》，《十三经注疏》，中华书局1980年版，第822页。

其轵之长为之甬长，其甬长为之围，三分其围，去一以为衡围。三分其甬长，二在上，一在下，以设其旋。"

前者说的是车箱前面供人凭依的横木（轼）、车箱两旁板上的横木（较）、车箱左右与较交结的直木（轵）、轼下横直交结的栏木（轛）之间的比例，即轸围：轼围＝轼围：较围＝较围：轵围＝轵围：轛围＝1：$\frac{2}{3}$＝3：2，如果以轛围为 OA，轵围为 OB，较围为 OC，轼围为 OD，轸围为 OE，则：$\frac{OA}{OB}=\frac{OB}{OC}=\frac{OC}{OD}=\frac{OD}{OE}=\frac{2}{3}$，正是用整数 2 与 3 表示的黄金分割的近似值。而兵车车箱底板两边分别为四尺四寸、六尺六寸，也合于二与三之比。后者说的是钟顶的短、长径之比，钟顶称"舞"，为椭圆形，其短径（"舞广"）为四，长径（"舞修"）为六，以这两径为边，可得宽长为二与三之比的长方形。钟柄（"甬"）的顶部（"衡"）与底部周长之比，亦为二比三。这些比例还不是黄金分割率，但比值毕竟与黄金分割率相近。说它们是在当时条件下匠人对于近似于黄金分割率的比值的把握，恐怕不为过分。而且，有比例必然会带来器物造形的均衡、对称、和谐、寓杂多于统一。编磬的大小可以变化，音调高低可以不同，但诸边之比却有规则地不变，这就是寓杂多于统一，变中有不变。无疑，它们都会给手工业制品带来美。我们说《考工记》触到了美的造形的比例，原因就在这里。

不仅如此，匠人还认识到了钟、磬、鼓等打击乐器形体结构比例同它们所发声音之美的关系。这就更为可贵了。比如《凫氏为钟》章就分析了钟的厚度、钟口的广度对音律的影响。厚薄不当，会造成钟声或"石"或"播"的毛病，"已厚则石，已薄则播"；钟口宽狭不当，会造成钟声或"柞"或"郁"的毛病，"侈则柞，弇则郁"；钟柄过长，又会悬钟不当，使声音不正，即"长甬则震"。这些分析同《周礼·春官·典同》中关于钟声有十二病的记载（"侈声筰，弇声郁，薄声甄，厚声石"①）是完全一致的。既然"厚薄之所震动，清浊之所由出"，正确掌握厚薄、侈弇的尺度就至关重要了。《考工记》的办法是将大钟、小钟加以区别，"大钟十分其鼓间，以其

---

① 《周礼·春官·典同》，《十三经注疏》，中华书局1980年版，第798页。

一为之厚；小钟十分其钲间，以其一为之厚。""钟大而短，则其声疾而短闻；钟小而长，则其声舒而远闻。"在制鼓一章里，它也提出"鼓大而短，则其声疾而短闻，鼓小而长，则其声舒而远闻。"

更为难得的是《考工记》还提出了改变磬的厚度、宽度来调节音律的办法。由于玉石质料的差别和加工技术的不同，磨制出的磬与要求的音高往往会有差距，这就需要调节。磬氏告诉我们，"已上则磨其旁，已下则磨其端。"若嫌磬音太高（"已上"），就要磨它的两旁（磬面），通过减薄磬厚使其音高降低，若嫌磬音太低（"已下"），那就要磨它的两端，使磬博变短，磬音就会升高。匠人掌握了通过改变磬的厚薄、宽狭来调节音律的办法，才有可能准确地确定每只磬的声调，从而使制作不同声调的编磬有了可能。设想，如果匠人没有这样的认识和办法，曾侯乙墓音域高达三个八度

的编磬，又怎样造得出来呢？

　　古希腊的毕达哥拉斯学派，发现了数与悦音的关系，与他们时代相近的中国匠人，则发现了比例同悦音的关系，前者侧重研究振动频率带来的音调高低清浊，后者则是研究振动物体本身的结构比例（厚薄、长短、宽狭）对声音高低清浊的影响，同样为美学思想的发展作出了贡献，然而又各有千秋。

纹饰：从具象到抽象

　　匠人对美的追求，不仅表现在对青铜器、玉器、陶器等手工业制品造形比例的掌握上，而且创造了瑰丽而又奇特的器物纹饰，成为我国古代工艺美术史上独具丰采的纹饰之美。可惜，《考工记》对青铜器、陶器的饰纹绘画，没给我们留下直接的记载。但它所记的《画缋之事》，却可以使我们领悟一些饰纹绘画的奥妙。

　　《画缋之事》是记述绘画与绣衣两工的。这里的"缋"，并不像有些人所理解的是绘画，而是指的刺绣。该记云，"设色之工五"："画、缋、钟、筐、慌。"画是绘画，缋是刺绣，钟是染羽，筐是治丝，慌是漂丝。可见画与缋实属两工。当时君臣礼服分为上衣、下裳两类，衣用画，裳用绣，故工艺上有区别，不过二者又是相通的，因为刺绣须在绘画的基础上进行。贾公彦疏："凡绣亦须画乃刺之，故画、缋二工共其职也",又称它们为"别官同职"。

无论是画,还是绣,都有个设色布彩的问题。按《考工记》所述,要在衣上画彩必须杂五色而用之。青、赤、白、黑、黄,我国古代称为"五色",如果再加上天的颜色,又称为"六彩"("青与白相次也,赤与黑相次也,玄与黄相次也")。刺绣花纹,也离不开这五色。因为礼服上的花纹("黼黻文章"),不过是五色的不同搭配:"青与赤谓之文,赤与白谓之章,白与黑谓之黼,黑与青谓之黻。"故称"五彩备谓之绣。"

值得注意的是,《考工记》将"五色"与春秋时期流行的"五行"说联在了一起。按照当时一些思想家的观点,天有"六气":阴、阳、风、雨、晦、明;地有"五行":金、木、水、火、土。"五行"乃是构成大千世界的五种基本元素。史伯曰:"先王以土与金、木、水、火杂,以成万物。"① 展禽曰:"地之五行,所以生殖也。"② 金、木、水、火、土这五种有形的物质,承受了无形的天之"六气"的作用,便产生和形成了"五味""五色""五声"。"天有六气,降生五味,发为五色,征为五声"③。"则天之明,因地之性,

---

① 《国语·郑语》,《国语》,上海古籍出版社1978年版,第515页。
② 《国语·鲁语》,同上书,第170页。
③ 《左传·昭公元年》,《十三经注疏》,中华书局1980年版,第2025页。

出其六气，用其五行。气为五味，发为五色，章为五声。"①可见，"五色"不过是"五行"所表现出来的一种客观属性罢了。

那么，何种颜色与何种物质相对应呢？这取决于自然物质的特点及功用。据《尚书·洪范》所析，"水曰润下，火曰炎上，木曰曲直，金曰从革，土爰稼穑。"②水之性润万物而退下，火之性炎盛而升上，木可以揉曲直以为器，金可从人改更，销铸成器，土可以种可以敛。这些自然之性，制约着各自"味"的区别，形成了咸、苦、酸、辛、甘"五味"。"润下作咸，炎上作苦，曲直作酸，从革作辛，稼穑作甘。"它们发见于"色"，便成为白、赤、青、黑、黄"五色"。即金，味辛色白；木，味酸色青；水，味咸色黑；火，味苦色赤；土，味甘色黄。这种"味"与"色"同"五行"的关联，多少有着现实生活的根据，反映着五种自然物质本身的特性。这一点，连孔颖达也看到了。他在《左传》注疏中曾说："五色，五行之色也。木色青，火色赤，土色黄，金色白，水色黑也。木生柯叶则青，金被磨砺则白、土黄、火赤、水黑，则本质自然也。"肯定了春秋之际"五行"说源于对这些物质自身的认识。当然，其中联系牵强、对应机械的地方也是明显的。正是这些不科学的成分，

---

① 《左传·昭公二十五年》，同上书，第2107页。
② 《尚书·洪范》，《十三经注疏》，中华书局1980年版，第188页。

到了战国以后被进一步膨胀起来，发展成"五行相生""五行相胜""五德终始"的理论。这就不属本文讨论的范围了。

《考工记》中关于"五色"的阐述，正是受到春秋之际盛行的"五行"说的影响。它说的"土以黄"，就是源于"五行"中的"土色黄"，它所说的"天时变"，则指画天应随春、夏、秋、冬四时变换而变换颜色。它还把青、赤、白、黑四色同东、西、南、北联系在一起，认为青是东方色，赤是南方色，白是西方色，黑是北方色，进一步丰富了"五色"的内涵，增加了其对方位的象征意味。这说明即使像布色这样纯属装饰艺术的问题，也免不了受到当时流行的社会观念的影响，总是蕴含着一定的社会意味。虽然对工匠来说，重要的尚不是五色与天地、四方的对应，而是怎样运用五色绘、绣出令人悦目的美来。"杂四时五色之位而章之，谓之巧。""巧"乃是画、绣二工最基本、最重要的要求。只有杂用五色达到了"巧"的地步，才算达到了目的，其所绘、所绣才谈得上有艺术性。

"巧"表现在刺绣上，就是要在礼服上绣出美丽的花纹，即所谓"土以黄，其象方，天时变，火以圜，山以章，水以龙，鸟、兽、蛇"。由此可知，当时礼服上的花纹，大致有火、山、水、龙、鸟、兽、蛇以及前面讲到的文、章、黼、黻数种。这同《尚书·益稷》《左传》，以及后来《荀子》的有关记载是相符的。

《尚书·益稷》："予欲观古人之象，日、月、星、辰、山、龙、华虫，作绘；宗彝、藻、火、粉、米、黼、黻，絺绣，以五彩彰施于五色，作服。"①

《左传·桓公二年》："火、龙、黼、黻，昭其文也。"杜预注："火，画火也；龙，画龙也。"②

《荀子·非相》："观人以言，美于黼黻文章。"③

《荀子·富国》："为之雕琢刻镂，黼黻文章，使足以辨贵贱而已，不求其观。"④

在周代的礼仪中，吉凶礼服的花纹是有着严格的规定的，爵位的高低，决定着花纹的种类及章数的多寡。据郑玄所考，周天子衮服花纹九章："一曰龙，次二曰山，次三曰华虫，次四曰火，次五曰宗彝（虎蜼），次六曰藻（水），次

---

① 《尚书·益稷》，《十三经注疏》，中华书局1980年版，第141页。
② 《左传·桓公二年》，同上书，第1742页。
③ 《荀子·非相》，《二十二子》，上海古籍出版社1986年版，第296页。
④ 《荀子·富国》，同上书，第308页。

七曰粉米，次八曰黼，次九曰黻"，计衣五章，裳四章①。又据孔安国传《尚书》云："天子服日月而下，诸侯自龙衮而下至黼黻，士服藻、火，大夫加粉、米，上得兼下，下不得僭上。"②按照这种解释，则天子服九章，诸侯八章，大夫四章，士二章。所以服饰实际上成为尊卑贵贱的表识与象征。"车服，表之章也。"③"忧恐其有坠失也，故为车服、旗章以旌之"④，都强调的是这点。

但《画缋之事》所讲饰纹，毕竟不同于《周礼·司服》和《尚书·益稷》，它并不是要确定花纹的尊卑界限，而是从装饰艺术的角度，记述了花纹所蕴含的社会意味。

《考工记》所提及的花纹，大致有两种类型：一种属于写实性具象图纹，它们都是对于具体事物形象的描摹、写实，如山、水、鸟、兽、蛇、黼等。山、水、鸟、蛇皆为具象自不待言，黼形凸，《尔雅·释器》："斧谓之黼"，孙炎注："黼文为斧形，盖半白半黑，似斧刃白而身黑"⑤，这种黑白相间的黼纹，显然是斧形的摹拟。黻纹据今人沈从文考证，则是"两龙两兽纹样的对峙或相蟠，也即一般蟠虺蚪形

---

① 《周礼·春官·司服注》，《十三经注疏》，中华书局1980年版，第781页。
② 《尚书·益稷传》，《十三经注疏》，中华书局1980年版，第141页。
③ 《国语·鲁语上》，《国语》，上海古籍出版社1978年版，第171页。
④ 《国语·周语上》，同上书，第37页。
⑤ 《尔雅·释器》，《十三经注疏》，中华书局1980年版，第2601页。

象，古称'诸侯之棺必衣黼绣'，河南辉县发掘所得之残漆棺眉部彩绘装饰，即是典型的黼纹"①。这种从摹拟、写实而来的图纹，在我国古代器物饰纹上是常见的，青铜器中的"铸鼎象物"，旌旗中的"旗画成物之象"，都属于这一类。

另一种则为抽象的、符号化的花纹，一般称为几何纹。这种几何纹其实也不是凭空而来的，还是从生动的、多样化的具象图纹演变而来。《考工记》中所记的"土以黄，其象方"，"火以圜"均属于这一类。"土以黄，其象方"，大约是根据古人天圆地方的观念而来的，而"火以圜"，则表明匠人主张用圜形图纹来表现火的形象。据郑司农（众）解释："圜形似火也。"这大约就是"火以圜"的原因。

对郑众的这种解释，孔颖达是不以为然的。他在《尚书正义》中说："郑司农之谓圜形似火也，郑玄云形为半环，然记是后人所作，何必能得其真？"事实上，失其真的倒是孔颖达。因为《考工记》所记，是有事实根据的，是我们今天所看到的殷、周文物所能证明的。

浙江余姚河姆渡遗址出土的文物中，有一新石器时代的象牙雕刻，其物中央刻有一组大小不等的同心圆、圆周围刻有烈焰的形象，这可作为火与圜并存的一个实例。

在青铜器中，也有用圜形来表现火的图纹，名为囧纹。

---

① 沈从文:《中国古代服饰研究》。

其形象如图：

据《中国古代青铜器》所载，1974年出土于湖北黄陂盘龙城的兽面冏纹斝，腹饰六个冏纹（亦称圆涡纹），是商代早期青铜器纹饰之一，河南郑州洛达庙类型商代文化遗址中，出土有大型圆形的冏纹陶瓶，时代更早。

这个纹饰的结构与金文中明字所从的冏字结构完全相同。冏的意思是光，光必须发自火，所以冏纹实际上就是一团火的形象，也就是火纹。《考工记》记载画缋之事有"火以圜"，意思是火的图象用圜形来表现，可能就是这类纹饰。

应当指出，河姆渡象牙雕刻上的圆外烈焰，还有近似于写实，而冏纹中的图案，则更抽象化、规范化了。《考工记》中的"火以圜"，可能就是对这种圆形纹所象征的具体事物作出的解释。它告诉我们，抽象的几何纹虽然已经不属于对现实的描摹，但它的产生并不能脱离开现实生活的土壤，是人们把复杂多变的事物（形形色色的火），用整齐、划一的规范化的图纹表现出来的结果。这从窃曲纹也可看出，它来自兽面纹，是兽面纹的变形，即使是完全几何纹化了，那一对兽眼还是一望可知的。当然，它们更多地糅进了人的主观因素，其中有着夸张与变形、抽象与概括，如果人们没有一定感受形式美的能力，没有一定的艺术想象能力，这种抽象与概括是很难进行的。由此我们又可推知画、缋二工的艺术创造力已经达到相当的水平。

旗饰：象征意味

我国古代的旗饰，也是一种装饰美，显示出古代工艺美术的技艺与水平。《考工记》对旗饰也有所记，不过不是在《画缋之事》，而是在《辀人为辀》章中。其记为：

> 龙旂九斿，以象大火也。鸟旟七斿，以象鹑火也。熊旗六斿，以象伐也。龟蛇四斿，以象营室也。弧旌枉矢，以象弧也。

《考工记》所以会在车舆制作中讲到旗饰，是因为周代无论祭祀天地、宗庙、山川，还是征伐、朝贺、宴享，天子与诸侯出车都必设旌旗，以显示其行的威仪与显赫。《诗经》中就有不少车旗的描写："龙旂阳阳，和铃央央。"①"设此旐矣，建彼旄矣，彼旟旐斯，胡不旆旆？""出车彭彭，旂旐中央。"②"四牡骙骙，旟旐有翩。"③天子还动辄以旌旗作为对诸侯的一种赏赐。如"王赐韩侯，淑旂绥章"④，"赏服大辂，龙旂九旒，渠门赤旃"⑤。这样，车旗同服饰一样，也可作为公卿士大夫地位尊卑的一种象征。故而在周官中专门设置了"巾车""司常"等官职，"掌公车之政令，辨其用与其旗物，而等叙之，以治其出入"⑥。

《考工记》所记的"龙旂""鸟旟""熊旗""龟蛇"，均属于周代"九旗"之内。这九旗是："常""旂""旃""物""旗""旟""旗""旞""旌"。根据"司常"的记载，"日月为常，交龙为旂，通帛为旃，杂帛为物，熊虎为旗，鸟隼为旟，龟蛇为旐，全羽为旞，析羽为旌。"⑦可以看出，九旗中有四种不画异物：旃为赤色旗，物为镶白杂色旗，旞、旌都

---

① 《诗经·周颂·载见》，《诗经直解》，书林出版有限公司1992年版，第1107—1108页。
② 《诗经·小雅·出车》，《诗经直解》，书林出版有限公司1992年版，第545页。
③ 《诗经·大雅·桑柔》，同上书，第992页。
④ 《诗经·大雅·韩奕》，《诗经直解》，书林出版有限公司1992年版，第1026页。
⑤ 《国语·齐语》，《国语》，上海古籍出版社1978年版，第245页。
⑥ 《周礼·春官·巾车》，《十三经注疏》，中华书局1980年版，第822页。
⑦ 《周礼·春官·司常》，同上书，第826页。

用五彩羽、旄饰于干首；五种画有异物：常画日月，旂画交龙，旟画鸟隼，旗画熊虎，旐画龟蛇。《考工记》所记的"龙旂""鸟旟""熊旗""龟蛇"，正是把旗上所画之物与旗的名号联系起来，使我们看到了旗名的由来。

这些旗各派什么用场，也就是说什么级别的人，在什么场合下可使用什么旗，在周代的礼仪中是有着严格的规定的，界限森严，不得僭越。"凡祭祀，各建其旗，会同、宾客，亦如之。"① 作为装饰美的旌旗自有它的社会功利意义，但是这些旗上所画，以及它作为装饰美给人的启示，却更值得我们注意。

一般说来，旗上画了交龙、鸟隼、熊虎、龟蛇，是有它们的象征意义的，历代经学家也正是如此解释的。比如据郑玄这位经学大师所注："旗画成物之象，王画日月，象天明也。诸侯画交龙，一象其升朝，一象其下复也。"画熊虎，"象其守猛，莫敢犯也"，"鸟隼象其勇捷也，龟蛇象其扞难避害也。"贾公彦疏："龟有甲，能扞难，蛇无甲，见人退之，是避害也。"② 古代征伐时常建旟、旗，丧事时常用旐，可能就与旗上所画形象的象征意义有关。

耐人寻味的是，《考工记》所讲的旗饰，远远超出了一

---

① 《周礼·春官·司常》，《十三经注疏》，中华书局1980年版，第827页。
② 《周礼注疏》，北京大学出版社1999年版，第733页。

般的象征意味，而是标志当时人们对于天象认识的一种徽号。第一，从《考工记》来看，车旗并不是孤立的存在，它是整个车舆整体的一部分。而车舆整体都对天象有象征意义，那么车旗也不能例外。其记云：

> 轸之方也，以象地也，盖之圜也，以象天也。轮辐三十，以象日月也。盖弓二十有八，以象星也。

车箱的底板称轸，为方形，象征着地之方；车上的篷子称盖，形如圆伞，以象天之圆，轮子上的三十根辐，象征日月，盖上的二十八根弓（伞骨），象征着二十八星。用车舆以象征天象，是匠人设计营造时的一个出发点，车旗作为车舆的一部分，这种出发点同样是适用的。

第二，《考工记》明确提出了龙旂、鸟旟等四旗对于四象、二十八星的象征意义。"龙旂九斿，以象大火也；鸟旟七斿，以象鹑火也，熊旗六斿，以象伐也，龟蛇四斿，以象营室也。"这里的大火，就是东方七宿中的第五宿心宿（又称大火）；鹑火，就是南方七宿中的第三宿柳宿（又称鹑火）；伐星，为西方七宿中最末一宿参宿之属；营室为北方七宿中的第七宿营室。这就明确地将车旗与四象、二十八宿联在了一起，形成前者对后者的象征关系。

"四象"是我国殷代前后逐渐形成的对于天象的一种认

识。人们根据春分前后初昏时节的天象，把出现在东方的一些星星想象成一条龙形，并选定了角、亢、氐、房、心、尾、箕七个星宿作为观测标志；把出现在南方的一些星星想象成一只鸟形，确定了井、鬼、柳、星、张、翼、轸七个星宿；把出现在西方的一些星星想象成一只虎形，确定了奎、娄、胃、昴、毕、觜、参七个星宿；把出现在北方的一些星星想象成龟、蛇的形状，确定了斗、牛、女、虚、危、室、壁七宿。后来又加上四方的四色，就形成了青龙、朱鸟、白虎、玄武"四象"二十八宿的观测体系。

在古代文献中，提到二十八宿和其中个别星名的，是屡有所见的。《诗经·豳风·七月》所唱的"七月流火"，讲的就是大火星逐渐西移。《周礼·春官·冯相氏》："掌十有二岁，十有二月，十有二辰，十日，二十有八星之位，辨其叙事，以会天位。"[1]就明确提到二十八星之位。《尚书·尧典》还记载了随着季节的变化，人们所观测到的"四象"变化：

> 日中星鸟，以殷仲春。
> 日永星火，以正仲夏。
> 宵中星虚，以殷仲秋。
> 日短星昴，以正仲冬[2]。

---

[1] 《周礼注疏》，北京大学出版社1999年版，第700页。
[2] 《尚书正义》，北京大学出版社1999年版，第29、30页。

在二十四节气中，春分、秋分皆为昼夜等长，故春分称为"日中"，秋分称为"宵中"，夏至日长夜短，称为"日永"，冬至日短夜长，故称"日短"。春分时节，南方朱鸟七宿的第四宿七星正当南中天，因而南方七星毕现；夏至时，东方青龙的第五宿心宿（大火）位于东中天，东方七星毕现；秋分时，北方玄武的第四宿虚宿位于北中天，北方七星可见；冬至时，西方白虎的中心宿昴宿位于西中天，西方七宿皆见。人们在长期的社会实践中，观察到了斗转星移这种规律性的现象，并按照星象的变化，及时地安排自己的农事、田猎、营造、祭祀等活动。为了更好地掌握、适应这种季节的变化，人们把观测到的星象记载到文字上，唱到歌子中，并且用种种符号、图象以标志它们，象征它们。湖北随县曾侯乙墓出土的漆匱盖上，就可看到"四象"二十八宿的表记。盖面的中心漆书着一个象征北斗的字，字的周围用篆书书写着二十八宿的星名，在盖的左右两端各绘有青龙、白虎的形象。我国关于二十八宿全部名称的最早的记载，迄今为止就要算这件漆盖了。

不难理解，《考工记》中车旗对于"四象"二十八宿的象征，正是人们标志天象诸多方式中的一种。它使本来只具有礼仪、装饰意义的车旗，增添了对应天象的特殊意义。而这比起鸟隼象征勇捷、龟蛇象征扞难避害来，要复杂得多了。

一个突出的问题是如何理解"以象"什么的问题。一般说来,"以象"什么和"取象"于什么是分不开的。也就是说装饰图纹所具有的象征意义,取决于"取象"之物在社会生活中显示的意义、作用。这就是"观物取象"和"以象喻理"的关系。旟、旐所以能象征勇捷和扞难避害,是因为旟、旐所画之物取象于鸟隼与龟蛇,而人们又赋予鸟隼和龟蛇以勇捷、扞难避害的象征意义,从而使旟、旐也有了这样的象征作用。还有一种情形是取象之物与被象之物形象相近、相似,如车轸之方形、车盖之圆形,与古人想象中的天圆地方相似,这就使得轸与盖有了"以象"天地的意义。但是,如果认为取象之物与被象之物的联系仅仅以形象的相同、相似为纽带,那就不对了。就拿车篷的伞骨(弓)以象二十八星来说,伞上有没有画二十八星呢?没有。伞骨的形状与二十八星的形象有相近、相似之处吗?也没有。再以龙旂、鸟旟来说,它们在形式上与所象之大火、鹑火也相去甚远,除了旗的名号与青龙、朱鸟有所对应外,其间很难找出摹拟或抽象的关系。那么,取象之物与被象之物靠什么联系在一起呢?人们发现是一种数字的对应关系。伞骨与星宿,皆成二十八之数,于是伞骨可以成为星宿的象征。据郑玄注,"龙旂九斿"是与大火星后面的尾宿有九星相对应的。《史记·天官书》:"尾有九子。"宋均云:"子必九者,取尾有九星也。""鸟旟七斿",则是与南方朱鸟中的中心宿柳属有七星相对应的。看来,也有某种数字的联系。而这种数字正是人们从对天象的认识得来的。作为一种装饰艺术的车旗，不过是以数字、图纹、名号等再现人们认识的一种方式。它是一种装饰美，但又蕴含着复杂的社会意味。它们虽然不属于对现实的描摹，也不属于对客观事物形象的夸张、变形、抽象与概括，但同样是人们对现实的一种把握，是人们观测天象所得成果的一种曲折的反映。由此，可不可以说，装饰艺术中的图纹，并不一定都是对现实的摹写或抽象，有时也可能是表记某种认识、数字的记号、符号呢？这似乎带来了装饰纹来源的广阔性，值得人们进一步思索。

雕刻：虚实相生原则

《考工记》中关于装饰美的论述是丰富多彩的。它远不止上述礼服饰纹的来源、车旗与天象的对应等，而且涉及装饰艺术如何能触发人们的审美联想问题。关于这一方面的论述，见于《梓人为筍虡》章。

筍、虡是我国古代用以悬挂钟磬，特别是编钟、编磬的木架，其横梁称筍，其立柱称虡。《梓人为筍虡》，并不是讲的筍虡营造上的尺寸、大小、工艺程序，倒是集中地讲筍虡的装饰，即如何在上面雕花刻纹的问题。

殷、周之际，注重筍虡造形美观，不光是要求它支撑所悬钟磬重量，已成为筍虡制造中极为普遍的趋向。据《礼记·明堂位》所载,"夏后氏之龙簨虡,殷之崇牙,周之璧翣。"① 簨虡即为筍虡,筍虡有"龙簨虡"之称,说明上面是雕龙的。"崇牙"是虡上一种装饰,是在虡上加上大版(称为"业"),在版上刻画出锯齿形的重牙,其形卷然,可以挂绳其上,用以悬挂钟、磬。到了周代,筍饰有了进一步的发展,不仅刻画出兽纹与枞卷的崇牙,而且饰以扇和小璧,下垂五彩之羽。《诗·周颂·有瞽》中的:"设业设虡,崇牙树羽"②,《诗·大雅·灵台》中的"虡业为枞,贲鼓维镛"③,都是对筍虡装饰华美的描写。

《考工记》所讲的筍虡之饰,是如何在上面雕刻兽纹。它将天下动物分为两类,一类为大兽,一类为小虫。

> 外骨内骨,却行仄行,连行纡行;以脰鸣者,以注鸣者,以旁鸣者,以翼鸣者,以股鸣者,以胸鸣者,谓之小虫之属,以为雕琢。

"外骨"指龟,"内骨"指鳖,"却行"指螾衍,"仄行"指螃蟹,"连行"指鱼,"纡行"指蛇,脰鸣指虾蟆,注鸣指

---

① 《礼记·明堂位》,《礼记集解》,上海古籍出版社1989年版,第854页。
② 《诗经·周颂·有瞽》,《诗经直解》,书林出版有限公司1992年版,第1099页。
③ 《诗经·大雅·灵台》,同上书,第896页。

蟋蟀……这些都为小虫之属，可以雕刻在各种祭器上，但不得作为笋虡的装饰图纹。因为这些小虫不善任重，很难给人以支撑起钟、磬的印象。因此，装饰笋虡宜用大兽。

然而大兽也不一定完全适合。因为大兽又有不同类型，该记将其分为脂者、膏者、裸者、羽者、鳞者五种。其中脂者（牛羊）、膏者（猪）也不善负重，它们可以为牲，用于天地、宗庙、山川之祀，但不宜装饰笋虡，这样，笋虡上可以雕刻的动物就只剩下裸者（虎豹，兽浅毛者）、羽者（鸟类）、鳞者（龙属）三种。

但是，虎豹、鸟、龙也不是可以随便乱画的。这要看是饰笋还是饰虡，以及上面悬挂何种乐器而定。一般说来，鳞属都用来刻画笋（如上面讲到的"龙簨虡"），裸属、鸟属用来刻画虡（前者宜为钟虡，后者宜为磬虡）。这种区别宜与不宜的根据，就在于刻动物画的形象所触发的审美联想与所见乐器发出的乐音能否对应。而这一点正是《梓人为笋虡》章精华之所在。

虎豹所以宜为钟虡，是因为它们"厚唇弇口，出目短耳，大胸耀后，大体短脰"，"恒有力而不能走，声大而宏。有力而不能走，则于任重宜，大声而宏，则于钟宜"。虎豹有力而不善走的特点，使它们装饰钟虡时显得沉稳有力，而其吼声的宏大又与钟声的雄伟宏浑有相似之处，"若是者以为钟虡，是故击其所悬而由其虡鸣。"与此相反，鸟类"锐喙决吻，数目颀短，小体骞腹"，"无力而轻，则于任轻宜，其声清阳而远闻，于磬宜"。鸟类无力而轻的特点，使它们不善负重，其声清阳而远闻，又与磬声的清悠相对应，"若是者以为磬虡，故击其所悬而由其虡鸣"。

这里，关键在于"击其所悬而由其虡鸣"。《考工记》所以反复强调它，正因为它是梓人装饰筍虡的灵魂。本来，"击其所悬"，必使钟、磬发出声音，因而人们通常把"悬"作为钟磬之属乃至乐的代称。"大夫无故不撤悬"①，岁凶"祭事不悬"，"两君相见，揖让而入门，入门而悬兴"②。显然，这里的"悬兴"或"不悬"都是指钟磬之属鸣与不鸣。但是《考工记》中却不讲"悬鸣"，而大讲"由其虡鸣"，就颇有文章了。当然，我们不能把"击其所悬由其虡鸣"简单地理解为钟磬借助梁柱的悬挂才得以发声，因为这里有一个"虚"与"实"的关系问题。钟磬所发声音，属"实"；人们听到钟磬声音之后，仿佛听到柱上刻画的鸟、兽的鸣叫，属"虚"，是人们在审美过程中的一种想象，它丰富、强化着人们由钟磬之音所得来的审美感受。

这种"虚"与"实"的关系，从该记对鳞属宜为筍饰，膏者、脂者不宜为筍饰的分析中，也可体会得到。

---

① 《礼记·曲礼下》，《礼记集解》，上海古籍出版社1989年版，第124页。
② 《礼记·仲尼燕居》，同上书，第1269页。

> 小首而长，抟身而鸿，若是者谓之鳞属，以为筍。凡攫杀援噬之类，必深其爪，出其目，作其鳞之而；深其爪，出其目，作其鳞之而，则于视必拨尔而怒，苟拨尔而怒，则于任重宜，且其匪色，必似鸣矣。

> 爪不深，目不出，鳞之而不作，则必颓尔如委矣，苟颓尔如委，则加任焉，则必如将废措，其匪色，必似不鸣矣。

这里的"必似鸣"与"必似不鸣"并不是雕刻动物真有"鸣"与"不鸣"的区别，而是在想象上的，属于"虚"。鳞属动物将要捕捉吞噬之时，总是要深藏其爪，睁大其目，起其颊颔，显示出一副令人可畏的样子，这样的形象再配之以色，使之色彩斐然，必然使人易于产生其似在鸣叫的联想。而肥胖的猪、羊，它们爪不藏，目不出，给人一种委顿而无力的感觉，必然使人产生不出它们在鸣吼的联想。所以不宜为筍饰。

问题是"虚"与"实"必须对应，方能收到虚实相生的效果。如果人们从编钟的演奏中听到了嘹亮壮美的乐声，而筍虡上刻画的却是莺啼鸟啭，或者是什么蝉鸣、蛙鼓，这样的"虚""实"就不能相符，就可能削弱、影响人们的欣赏效果。如果改用虎豹为钟柱之饰，虎豹的鸣吼声大而宏亮，与钟鸣有相似之处，击其所悬之钟，人们不但能听到雄浑的钟声，而且虡上虎豹鸣吼的形象，又使人产生虎豹鸣吼的联想，"虚"衬托了"实"，钟鸣的效果更强烈了，这就是"击其所悬由其虡鸣"。同样，用飞鸟为磬虡之饰，用鸟的轻盈飞翔衬托磬声的清扬悠远，也属虚实相生。《考工记》在装饰工艺中注意到这样一个原则的运用，不能不说是对美学思想的一大贡献。

《考工记》的这种装饰美学原则，在实际中是得到运用的。一些出土文物证实了这一点。1961年湖南长沙砂子塘发掘的西汉木椁墓的外棺上，就绘有钟磬及笋虡的图像。其发掘简报告诉我们：

> 外棺头端挡板，以黑色为底，正中绘一滁黄色的拱璧作为主纹，两旁各绘一类鸾凤的巨鸟，相向而立，鸟的颈部由璧孔穿出，向上伸直，鸟嘴均衔有用丝组穿系的编磬两个，向左右飘荡。璧和磬的下面均具有珠瑀穿成的流苏缨络一类的东西。

> 足端挡板纹饰以一磬、一钟独垂，上有虎豹、神人……此图案中之虎豹，可能与钟虡上的花纹有关[①]。

[①] 《长沙砂子塘西汉墓发掘简报》，《文物》1963年第二期。

我们认为棺上彩绘应是现实的钟磬笱虡的反映。此绘的两巨鸟衔磬，当是以鸟为饰的磬虡的写照，而虎豹神人，当是钟虡，与《考工记》所记是相符的，虽然年代已远在它后了。这也说明，《考工记》中的美学思想既来源于现实，又反过来影响着现实。这是不难理解的。

余论：匠人的局限

《考工记》记录了许许多多创造美的实践经验，反映着春秋时期人们的审美活动和匠人对于美的追求，为我们提供了异常丰富的美学思想资料。然而，匠人并没有把这些上升到理性的审美意识的高度，并没有形成科学的美的概念，因而当他们讲到美、评价美时，却又离开了美学的范围，往往讲的不是美学意义上的美。这是一个矛盾，它反映着匠人自身和历史的局限性。

《考工记》直接对事物作出"美"的评价的并不多见，主要有如下几处：

> 天有时，地有气，材有美，工有巧，合此四者然后可以为良。

> 材美工巧谓之时。

> 材美工巧然而不良，则不时，不得地气也。

> 燕之角，荆之干，妢胡之笴，吴粤之金锡，此材之美者也。

显然，上述的"材之美"，并不是指的劳动产品的外形美观，而是多指劳动材料的实用价值之好。以"荆之干"为例，它是被评为"材之美者"的。"荆之干"何以为美呢？据郑玄注，荆州地区所产的柘木，是制作弓干的优质材料。《尚书·禹贡》云："荆及衡阳，为荆州……厥贡羽毛齿革，惟金三品，杶、干、栝、柏。"①孔颖达疏："干为弓干，《考工记》：'取干之道也，以柘为上。'柘木惟用弓干，弓干莫若柘木，故举其目也。"而"妢胡之笴"则为优质矢干的材料。《禹贡》也讲到云梦一带"惟菌、簵、楛"。孔安国传："楛，中矢干。"可见它也是因质优而获得矢"材之美"的雅称的。这里的"材之美"，当然不是从美学意义上做出的判断。

这种对于"美"的理解，在其对轴材之美的叙述中也可得到证明。在《辀人为辀》章，匠人在提出"辀有三度"的

---

① 《尚书·禹贡》，《尚书正义》，北京大学出版社1999年版，第150页。

同时，还提出了"轴有三理"："一者以为嬍也，二者以为久也，三者以为利也。""久"是指轴要坚韧，"利"是指轴要滑密，"嬍"音美，则是指轴材的美好，郑玄注："三理，选材之道，嬍者，其材欲美也。"在《周礼》中，还有"嬍宫室"之说。所谓"嬍宫室"讲的也是宫室的完美。《诗经·小雅·斯干》曾写道："约之阁阁，椓之橐橐，风雨攸除，鸟鼠攸去，君子攸芋。"① 宫室建造之坚固，能使风雨、鸟鼠之患尽行除去，君子各有所居，这就是宫室之嬍。

而轴材之美，则是指木料没有文理不顺的地方，也就是没有"节目"。贾公彦疏："无节目是轴之美状也。""节目"本指树木枝干交结处，其文理纠结不顺，成为坚而难攻的地方。因此人们往往用"节目"比喻难攻之处。"善问者如攻坚木，先其易者，后其节目。"② 显然，无节目所以能成为"嬍"，并不在于好看，而在于易攻。于是，易攻（"嬍"）、坚韧（"久"）、滑密（"利"）就成为选择轴材的三项基本条件。贾公彦把"嬍"解释成"轴之美状"，恐怕不尽符合原意，也与《考工记》对于"材美"的一贯看法相左。

这样，《考工记》就为我们展现了一种非常矛盾的现象。一方面，手工业匠人是美的追求者、创造者，他们用自己的

---

① 《诗经·小雅·斯干》，《诗经直解》，书林出版有限公司1992年版，第631页。
② 《礼记·学记》，《礼记集解》，中华书局1989年版，第969页。

劳动，创造出令人惊异的艺术珍品，在美的发展历程上，留下了他们不可磨灭的功勋和足迹；另一方面，他们又没有从理性上确定这些是美，当他们说到美、评论美时，却又离开了审美的角度，讲的并不是美学意义上的美。一方面，他们孜孜不倦地探求如何使器物的声、色、形更美，并在装饰艺术上提出了独到的见解；另一方面，他们又把这些卓越的美学见解混同于一般的工艺程序，降低、淹没了它们应有的美学意义。这种矛盾的产生是由匠人所处的历史条件决定的，当然也与他们自身的局限性有关系。

在春秋之际，虽然人们已经注意到美与善的区别，开始把美确定为一种目观、耳听的对象，但是，美、善不分，美色与美味相混的现象还相当普遍。在人们的观念中，有时还把质优、实用、完善作为美。孟子说过："五谷者，种之美也。"[①]《山海经》在讲到山河资源时，也多有"美石""美桑""美梓""美垩""美赭"的记载："独山之下多美石"，"雅山多美桑"，"鸡山上多美梓"，"视山多美垩"，"贾超之山阴多美赭"。美种、美石、美桑、美梓、美垩、美赭所以能称成为美，当然也不是指它们能供人观赏、悦人耳目，具有审美的属性，而是指这些对象富于实用价值。这与《考工记》视荆之干、妢胡之笴、无节目为"材之美"，完全是一

---

① 《孟子·告子上》,《十三经注疏》,中华书局1980年版,第2753页。

致的。这说明《考工记》从非审美的意义上评价美，并不是孤立的现象。匠人虽然在实践中创造着美，但他们在观念上却把美理解为另一个样子，还没有摆脱以实用为美的观念的影响。这当然不是匠人的过错，乃是时代使然，是美的概念发展演变过程中带有必然性的现象。

不过，匠人自身的局限性也在起作用。这种局限性就在于脑力劳动与体力劳动的分工与对立。《考工记》云："国有六职，百工与居一焉。"六职为王公、士大夫、百工、商旅、农夫、妇功。"坐而论道，谓之王公；作而行之，谓之士大夫；审曲面势，以饬五材，以辨民器，谓之百工；通四方之珍异以资之，谓之商旅；饬力以长地财，谓之农夫；治丝麻以成之，谓之妇功。""百工"不同于那些"坐而论道"的王公，不属于治人的劳心者，他们只要善择天时，巧用地利，因材制宜，制造出符合王公意愿的手工业器具，就算完成了任务。他们不可能像统治阶层中的思想家，对事物作出理性的概括与思考，他们虽然天天接触美，创造美，但在理论上却对美与艺术说不出什么。他们也不同于舞师、乐师这些乐舞演奏者。虽然他们的制造活动中包含着艺术创造，但更大量的毕竟是工艺、技术活动，囿于对制成品实用价值的考虑，往往会过于看重技术，并以此削弱、冲淡艺术上的追求。他们可以成为艺上的奠基人，却算不上是艺术家。正是这种分工的特点，使他们的眼界受到了限制，不可能把自己的丰富创造上升为理论，不可能使零星的美学见解形成系统，就更谈不上使其从手工业技术的总结中脱离出来，形成为独立的、艺术的、美学的理论了。

尽管《考工记》偏重于对手工业制造工艺的记述，尽管这些工艺规定并不等于美学原则，但它们却体现着真与善的统一，是人们在改造客观世界的实践活动中如何既符合客观规律（追求真），又达到预期目的，满足社会普遍需要（实现善）的具体体现，是"合规律性"与"合目的性"的统一。按照这种工艺制造出的劳动成品，必然包含着真的因素，又包含着善的因素，作为人的自由创造本质的体现，也必然在外形上呈现为美。美正是"合规律性"与"合目的性"相互作用的成果。因此，我们从《考工记》阐述的种种工艺规则中，仍可看到匠人丰富的美学见解。它作为春秋之际匠人美的观念的真实记录，为我们了解先秦时期审美活动、审美意识以及美的概念的发展演变，提供了可贵的历史资料。正是在这个意义上，人们才肯定它的美学价值。

（载《美学与艺术评论》第二辑，1985年10月）

《周易》美学思想的历史地位

《周易》是儒家经典之一,它在中国哲学史上的地位,论者早有肯定。然而,在浩如烟海的《周易》研究文字中,对其美学思想却涉及较少,这一方面反映了中国古代美学遗产开掘工作的薄弱,另一方面,由于《周易》本身并非直接论述艺术与美的著作,因而不像《乐记》《文心雕龙》那样引人瞩目。但若从中国古代美学思想发展的全过程来考察,《周易》在美学思想方面的贡献及其对后代美学的影响,远非一般的诗论、画论所迄及。它的历史地位,是绝不可低估的。

一、《经》《传》不能混淆

《周易》包括《易经》《易传》两个部分。前者用于占筮,成书于周初;而后者则为哲学著作,成书于春秋、战国之际。但是,有些研究《周易》美学思想的文章,却错误地将《经》《传》混为一谈,出现以《传》解《经》、以《传》代《经》的混乱。因此,弄清《经》《传》的不同以及各自的美学贡献，乃是正确估量《周易》美学思想历史地位的前提。

《易经》是筮人按照古代占筮的特殊结构，把从殷到周初各种各样的古筮事记录有秩序地编排而成的，它糅合进一部分历史故事、民间短歌、筮人对吉凶朕兆的神秘猜测以及推断休咎的成功经验，组成六十四卦、三百八十四爻的卦爻辞，形成《易经》所特有的框架。整理成的《易经》已不同于殷人的甲骨文卜辞和周人的占筮记录，它有着严整的形式、一定的规则，在编排上体现着整理者对自然、社会的某些理性认识。在美学思想上，整理者追求卦画、爻辞的对称与均衡、变化与有秩序，以及语言节奏、韵律的美，反映出他们的美学观念；它还记载了殷周之际的一些审美活动，并有不少有关社会美、人格美的具体描述。但总起来说，《易经》在内容、形式与功能上，都没有超出筮术的范围。

《易传》则不同了。它是儒家学者对《易经》所作的最初的解释、引申与发挥，包括《彖传》上、下，《象传》上、下，《系辞》上、下，《文言》，《说卦》，《序卦》，《杂卦》十篇，又称十翼。它虽然依旧利用《易经》原有卦、爻辞的宗教巫术形式，但在对卦、爻辞的解释中，却扬弃了原来的宗教巫术内容，赋予全新的科学思想。它不再猜测神秘的天意，而是总结现实生活中休咎变化的实际情况，企图找出其因果联系；它提出了天道、地道、人道、阴阳、刚柔、意、象等高度抽象的哲学范畴，企图用这些范畴说明天地与人事的发展规律。总之,《易传》作者对《易经》已经进行了根本的改造,它已不再是卜书而成为具有一定体系的哲学著作。正因为如此,《易传》的美学思想也远较《易经》丰富。它不仅从人与自然的关系上为美进行哲学论证,而且论述了自然美、社会美、艺术美中许多问题,提出了一系列富有美学意义的重要概念。

《易传》哲学的特性决定了《易传》美学思想的特性。它都是在阐释《易经》的过程中提出美学思想的,加上《传》文中的《彖》《象》《文言》均被附于《经》文之后的编排体例,往往使一些研究者产生《经》《传》不分的偏差。这就不能不影响到人们对《周易》美学思想的科学认识。

首先,《经》《传》中有些文字相同,但由于文化背景、人们抽象思维能力发展阶段的不同,其含义却迥然各异。就拿卦辞中所见甚多的"元""亨""利""贞"四字来说,《经》文中的本意为:元,大也;亨,享祀之享;利,利美之利;贞,贞卜之贞。所谓"元亨""利贞",是说筮遇此卦可举行大享之祭,乃有利之占问。而《易传》中的"元""亨""利""贞",却被解释成君子之"四德",成为一种人格美。

同样,《贲》卦爻辞中"白贲"二字的含义,《传》的解释与《经》也不一样。《经》文中的"上九"爻辞为:"白贲,无咎。"据高亨解释:"白贲,白色之素质加以诸色之花文。此喻人有洁白之德,加以文章之美,故无咎。"①李镜池则释为"贲借为豮,大猪",白贲即为白色之大肥猪②。可见《经》文本意,尚没有以本色为美的意思。但到了《易传》作者手中,"白贲"二字却被引申出以质朴无华为尚的美学观点。"贲,无色也。"③"贲者,饰也。至饰然后亨(美——笔者)则尽矣"④,过于雕饰反而会失去了原来的美。应当指出,《易传》作者所以能提出这种富有辩证因素的审美观点,与当时文化背景中的下述几点是分不开的:第一,社会上已经出现的摆阔气、讲排场,装饰不胜豪华、繁杂的风尚,引起人们审美心理的变化。"至饰"使人厌烦,欣赏不到美。墨子的《非乐》曾猛烈抨击过这种时尚。第二,与此并行的是,在审美活动中一种平淡自然、清新活泼的装饰风格正在崛起。表现在青铜器上,则是春秋战国之际不著纹饰的铜器不断涌现。《序卦》《杂卦》作者对《经》文"白贲"作出本色为美的解释,不能不是以观念的形态反映了当时的审美实际。第三,《易传》作者吸收了道家以自然无为为本,主张"法天贵真",赞赏"大朴不雕"的自然美思想。显然,这种对本色为美的肯定,正是特定文化背景下的产物,并非《易

---

① 高亨:《周易大传今注》,齐鲁书社1979年版,第231页。
② 李镜池:《周易通义》。
③ 高亨:《周易大传今注》,齐鲁书社1979年版,第656页。
④ 同上书,第646页。

经》原有之意。但宗白华先生的文章却说"《贲卦》中也包含这两种美（指华丽繁富与和平淡素——笔者）的对立"①，似乎《易经》中已经提出本色美的问题，这是不符合该观点应为《序卦》《杂卦》作者所提出这个实际的。

其次，《易传》在对《易经》的阐释中，也补充进一些《易经》原来不曾触及的问题。但有的文章却把这些也错当成《易经》的创造，"观物取象"即为一例。

《易经·系辞》云："古者包牺氏之王天下之也，仰则观象于天，俯则观法于地，观鸟兽之文与地之宜……以类万物之情。"后人把这个意思概括为"观物取象"。这一命题论述了"物"为"象"之本，提出了创作是从"观物"到"取象"的过程，在我国现实主义创作理论的形成上，有着积极的影响。但有的论者又把这一创见错加到《易经》头上，说《易经》卦象的组合"多具'观物取象'的特点"，"'观物取象'基本上贯串于《易经》的创作全过程"②。

这种看法是不对的。因为八卦的卦画，不过是反映蓍草（占筮用物）排列方式的符号，它们的象征意义并非卦画本身就包含的，而是春秋之际开始出现的"卦象"说所赋予的。卦爻辞作为占筮体系的组成部分，是按照占筮的框

---

① 宗白华：《中国美学史中重要问题的初步探索》，《美学散步》，上海人民出版社1981年版，第37页。
② 郑谦：《从〈周易〉看我国传统美学的萌芽》。

架结构编排整理而成的,并不存在从"观物"到"取象"的自觉意识。正如李镜池先生所说:"易有象占之辞,其占因与物象有关,故说者以为取象;取象之说是误以《周易》为哲学,而《周易》本为数术,为宗教,而非哲学。"① 李先生此论颇有见地。应当说"物象"这一概念的形成,始于春秋之际。《国语·周语》:"象物天地",《左传·僖公十五年》:"物生而后有象。"这里,不仅提出了"象"由"物"所派生的观点,而且提到"象"对于"物"的表现功能("象物")。《易传》中关于"易象"由"观物取象"而确立的论述,正是上述观念演化而来的,如果硬把它说成是《易经》所具有的美学思想,势必意味着筮书整理者是自觉的观物取象者,这显然与《易经》的编纂实际相矛盾。

总之,《经》《传》的美学思想是有区别的。我们在考察《周易》美学思想的历史地位时,这一点必须分清。

二、儒道互补的体系建构

研究《周易》的美学贡献,重要的不仅仅是看它提出了哪些命题,而是要看它比前此的著作多讲了些什么,解决了哪些前人尚未解决的问题。就这一点来说,《周易》美学思

---

① 李镜池:《〈周易〉筮辞续考》,载《周易探源》,中华书局1978年版,第124页。

想的最高成就，基本上体现在《易传》中。我们的考察，亦以《易传》为主。

《易传》成书于诸家纷争的春秋战国之际，它的美学思想不能不受到这种文化现象的影响。在当时并立的各种学派中，墨家主张"非乐"，法家急功近利，轻视艺术的作用，它们在审美理论上都影响不大。对《易传》作者有影响的主要是儒道两家。《易传》由儒家学者编撰，儒家思想自然被视为正统，但《易传》又吸收不少道家思想，它的整个思想体系的建构都显示出儒道互补的特点。这种特点在其美学思想上也充分表现出来。

儒家美学以仁学为基础和出发点，认为仁学的最高境界是自由的境界，亦即审美的境界，它要求实现个体与社会的和谐统一。美即是个体感性心理欲求和社会理性伦理规范的和谐统一在形式上的表现。"先王之道斯为美"，"里仁为美"，都强调了社会伦理领域内美、善统一这种要求。

正是在这一点上，《易传》坚持了儒家美学的基本思想。《文言》在阐述"乾"德时就指出：

> 元者，善之长也。亨者，嘉之会也。利者，义之和也。贞者，事之干也。君子体仁足以长人，嘉会足以合礼，利物足以合义，贞固足以干事。君子行此四德者，故曰："乾：元，亨，利，贞。"

首先，这里的美是作为"四德"之一而提出来的。"亨者，嘉之会也"，嘉者，美也。嘉之会，犹美的集合。美在社会领域里，是被视为一种善的。

其次，美作为一种善，是同功利联系在一起的。"乾始能以美、利利天下，不言所利，大矣哉！"①"美、利利天下"，讲的是"美""利"二德皆统一于"利"，皆要以"利人"为准绳。不能利人，遑论其美？

再次，美要受到"礼"的制约，即必须"合于礼"。《文言》在阐述"坤"德时就曾指出："阴虽有美，含之以从王事，弗敢成也。地道也，妻道也，臣道也。"②在《易传》作者看来，地顺从天，臣顺从君，妻顺从夫，正是"坤"德特有的柔顺之美。人们唯有把"礼"所规定的等级、尊卑、贵贱化为内在的自觉要求，使个人感性欲求合于社会理性的伦理规范，才称得上美。"嘉会足以合礼"，此之谓也。

显然，《易传》坚持了儒家美学的基本点，但这又不是机械重复、简单照搬，而是在儒家美学存在局限的地方，有所突破，有所前进。

---

① 《周易·乾·文言》，《周易正义》，北京大学出版社1999年版，第12页。
② 《周易·坤·文言》，同上书，第32页。

第一，孔子美学强调个体与社会的和谐，但这种和谐所维系的是正在走向崩坏的礼乐制度，这就使他的美学思想不能不带上保守的因素。他对那些能引起人们感官愉快的审美活动，往往因不"合于礼"而予以排斥。对"郑声"的嫌恶，对"八佾舞于庭"的指责，夹谷会盟时对齐优歌舞的深恶痛绝，都表现了其审美观中守旧的一面。而《易传》美学思想却不是背对未来，沉湎过去的，它崇尚变革，面向未来，从维护中和之美发展到肯定剧烈运动之美。请看其对"汤武革命"的颂扬："革，去故也。"①"天地革而四时成。汤武革命，顺乎天而应乎人。革之时，大矣哉！"②这里的"大"，即孟子所说的"充实而有光辉之谓大"之"大"③，是一种辉煌壮观的美，近于西方美学范畴中的"崇高"。应当指出，《易传》作者对于"革"之美的颂扬，是建筑在其朴素的辩证思想基础上的。他们认为自然界与社会的万事万物皆处于永恒的运动、发展、变化过程中。"在天成象，在地成形，变化见矣！"④"天地变化，圣人效之。"⑤只有效法天地的变化，"顺天应人"，才能成就"革"之壮举。显然，这

---

① 《周易·杂卦》，《周易正义》，北京大学出版社1999年版，第340页。
② 《周易·革·彖传》，同上书，第203页。
③ 《孟子·尽心下》，《十三经注疏》，中华书局1980年版，第2775页。
④⑤ 《周易·系辞上》，《周易正义》，北京大学出版社1999年版，第258、290页。

种发展、变化的观念，正是《易传》作者吸收道家思想的结果。

第二，在对自然美的看法上，《易传》作者也吸收了道家的自然观，用以弥补儒家美学的不足。孔子提出"仁者乐山""智者乐水"的"比德"说，还停留在把自然美看作人格美的一种象征上，对自然本身的美倒是所论不多的。而庄子学派的道家美学思想却明确提出"天地有大美"，肯定美存在于"天地"——大自然之中，为天地所具有。这种建立在朴素自然观基础上的美学思想，在《易传》中也得到明显的体现。它认为天地万物都是客观存在着的，它们在时间上悠深久远、空间上广博无垠，存在着永不衰竭的运动。"有天地，然后万物生焉。盈天地之间者唯万物"①。"大哉乾元，万物资始"②，"至哉坤元，万物资生"③。天地、阴阳二气的交会，造成了万物自由生长、生机盎然的局面，正是万物的自由生长，才孕育、造成了自然之美。"天地交而万物通也"④，"天地相遇，品物咸章也"⑤。这里的"章"便有美意。"日月丽乎天，百谷草木丽乎土"⑥，则是讲日月和百谷草木

---

① 《周易·序卦》，《周易正义》，北京大学出版社1999年版，第335页。
② 《周易·乾·彖》，同上书，第7页。
③ 《周易·坤·彖》，同上书，第25页。
④ 《周易·泰·彖》，同上书，第66页。
⑤ 《周易·姤·彖》，同上书，第184页。
⑥ 《周易·离·彖》，同上书，第134页。

把天地点缀得愈发美丽。特别是在《象传》中，作者还选择了许多富有诗意的美的景象来说明卦象，诸如：汩汩清泉从山下喷涌而出（"山下出泉"），杲杲红日从大地冉冉升起（"明出地上"），山下燃起堆堆炊火（"山下有火"），火烧云映红了澄净的天空（"火在天上"）……这些能诱发人们审美遐想的自然景象，不都是自然的赐予、造化的神工么！《易传》作者捕捉到这些美，并把它们解释为卦象的象征，这才是"观物取象"呢！从《易传》对自然美（"天文""地文"）的崇尚中，人们不难发现它与道家美学思想的明显联系和对儒家美学思想局限的超越。

值得注意的是，《易传》对儒家美学思想的继承、对道家美学思想的吸收，并非兼容并蓄，杂然而陈，而是将两者结合起来，也就是把儒家美学主张的个人与社会的和谐统一同道家美学高扬的人与自然的和谐结合起来，形成一种儒道互补的体系。在这个体系中，人与自然的统一乃是根本。因为他们认为人是自然的产物，人类社会同样是天地、阴阳二气交感作用的结果。"天地絪缊，万物化醇，男女构精，万物化生。"①《说卦》作者还把天、地比作父母，论述了他们如何生育出六个子女（长、中、少三男三女）。这样，在《易传》的宇宙模式中，人就成为自然的派生物，人的社会

---

① 《周易·系辞下》，《周易正义》，北京大学出版社1999年版，第310页。

属性与自然的属性竟然完全一致。八卦就不仅成为天、地、雷、火、风、泽、水、山等自然事物的代表,而且可以成为人与人之间关系的象征:乾为君、为父、为夫,坤为臣、为母、为妻,震为长男,巽为长女……经过这样一番推演,《易传》很自然地得出结论:自然界运动变化的规律,正是人类社会运动变化的规律,即"天道"与"人道"相通,臣对君的顺从,就应当像地顺从天一样。尽管这种种比附存在着很大机械、荒谬的成分,但是把个人与社会、人与自然的和谐统一联系起来,并使后者成为前者的基础的设想,还是包含着合理的因素的。正因为《易传》建立起这样的理论体系,才能够把儒家的伦理美学与道家的自然美学结合在一起,并用自己的理论体系为它们做出哲学论证。这一点,是前代儒家、道家都不曾做到的。

三、经典地位的确立

《周易》在汉代被立于学官,设博士传习。但是汉代今、古文学派的经学家偏于考据、注疏,对于其中哲理未能多加阐发,至于其中的美学思想,则更少涉及。魏晋以降,《周易》美学思想日益受到重视。不少文艺理论家、美学家在阐述自己的文艺理论、美学观点时,常常要到《周易》中引经据典;而且《周易》提出的一些美学命题,亦往往成为美学家、文艺理论家阐述的重点与争论的焦点。我国一些重要的古典美学著作，有不少地方与《周易》美学思想存在着渊源关系。

《文心雕龙》作为我国第一部系统的文艺理论著作和重要的美学著作，受《周易》美学思想的影响就很大。它的首篇《原道》为全书纲领，其基本思想正是从《周易》而来，它所说的"日月叠璧，以垂丽天之象；山川焕绮，以铺理地之形，此盖道之文也"，"人文之元，肇自太极"①，正是《易传》关于"天文""地文"思想的具体体现与进一步阐发。它在《通变》中提出的"文律运周，日新其业，变时其久，通则不乏"②，可溯源于《系辞》中关于"变"与"通"的观念。它在《情采》中提出的"衣锦褧衣，恶文太章；贲象穷白，贵乎反本"③，本自《易传》以本色为美的观念。它对"风趣柔刚"的论述，则源于《易传》对刚、柔的区分。它所提出的"神思"，也是《系辞》中"神"的概念的运用。这样的影响还可举出很多，但仅此也足以说明，在刘勰心目中，《周易》是被视为经典看待的。

儒家美学思想是十分重视艺术美的，强调艺术美陶冶人

---

① 《文心雕龙·原道》，《文心雕龙注》，人民文学出版社1978年版，第1—2页。
② 《文心雕龙·通变》，同上书，第521页。
③ 《文心雕龙·情采》，同上书，第538页。

心的社会作用，但对艺术的特征以及创作的规律却探讨不足，《周易》的美学思想弥补了这一缺欠，从而使它的美学思想有着其他儒家经典不曾有的巨大容量。《尚书》《左传》《论语》，同为"六经"之一，其美学思想的影响远不及《周易》，就是证明。

虽然《易经》是筮书，但又常常用比喻的手法指示人事的吉凶："鸿渐于陆，夫征不复，妇孕不育"，"枯杨生稊，老夫得其女妻"。这类比喻所见甚多，它与文学上的比、兴是颇相近的。章学诚云："易之象也，诗之兴也。""易象虽包六艺，与诗之比兴，尤为表里。""易象通于诗之比、兴。"① 就肯定了这一点。《易经》编纂者在整理卦爻辞时，还吸收了一些当时流行的短歌，诸如"明夷于飞，垂其翼。君子于行，三日不食。"② "鸣鹤在阴，其子和之。吾有好爵，吾与尔靡之。"③ 简直与《诗经》中的"风"相近了。《易经》本身具有的艺术性，使得《易传》在对它的阐发时，不能不触及文学艺术的一些重要特征。《系辞》曾指出易象的无所不包："成天下之文""定天下之象"，当然就包括艺术形象在内。它所提出的"观物取象""立象以尽意"，概括了文艺

---

① 章学诚：《文史通义》，上海书店1988年版，第5—7页。
② 《周易·明夷》，《周易正义》，北京大学出版社1999年版，第156页。
③ 《周易·中孚》，同上书，第243页。

创作中心与物的交融与作用，恰恰是儒家美学尚未解决的课题。它所提出的"其称名小，其取类大，其旨远其辞文"①，触及艺术形象小中见大、出神入化，能触发人们丰富想象的特征。这种观点对后代也有很深的影响。司马迁评论屈原的作品时，就称赞"其文约，其辞微"，"其称文小而其指极大，举类迩而见义远。"②后来刘勰也曾在《比兴》篇中讲到："兴之托喻，婉而成章，称名也小，取类也大。"③唐代《二十四诗品》中提出"万取一收"的艺术概括主张，其源当也出于《周易》。

《周易》美学思想所以能引起后代文艺理论家、美学家重视，还因为它所提出的美学见解，不是直感式的审美经验的记录，而是理性的阐述与概括，是从哲学高度来阐明美的本源、美的内容与形式的关系、美的创造中主观与客观的关系，因此有着它特有的哲理性、深刻性及蕴含的丰富性。哲学思想、伦理思想、美学思想的相互融合、相互渗透，本是中国古代思想一个极其触目的特征。《周易》美学思想也是如此。所以，它就更易于人们咀嚼、吸收、补充与发挥，其影响的范围和时间就更广更久。

---

① 《周易·系辞下》，《周易正义》，北京大学出版社1999年版，第312页。
② 见《史记·屈原贾生列传》，《史记》中华书局1982年版，第2482页。
③ 《文心雕龙·比兴》，《文心雕龙注》，人民文学出版社1978年版，第601页。

第一，人与自然的统一，是《周易》哲学思想的基石，也是其美学思想的核心。虽然《易传》还没有从"自然的人化""人的本质力量的对象化"的过程来揭示这种统一的形成，但毕竟猜测到了，并能从"天道"与"人道"相通来解释天下美（"天文""地文""人文"）的产生，"通其变，遂成天下之文"①。这就为中国古典美学作出了哲学的论证。古代文论、画论中的"文源于自然""师法自然"的观点，正是由此引申出来的。就连皇甫湜等崇奇尚怪的审美观点，依据的也是"文模拟自然"的理论。他说："意新则异于常，异于常则怪矣……非有意先之也，乃自然也。"② 章学诚则说得更清楚："水之波澜，山之岩峭，所积深厚，发于外者，不知其然而然。"③ 至于中国古代美学强调的"情"与"景"的统一、"意"与"境"的统一、"形"（人本身的自然）与"神"的统一，都是以人与自然的统一为哲学基础的。

第二，《易传》在美学思想上既坚持了儒家高扬人格美、重视文质统一、强调"修辞立其诚"等基本方面，又吸收了道家美学崇尚自然、"法天贵真"等方面，其思想蕴含的丰富性，有利于后代不同学派的学者从不同侧面、选择不同重

---

① 《周易·系辞上》，《周易正义》，北京大学出版社1999年版，第284页。
② 皇甫湜：《答李生第一书》，《中国历代文论选》，上海古籍出版社1979年版，第二卷，第172页。
③ 章学诚：《皇甫持正文集书后》，同上书，第180页。

褚遂良《书阴符经》

点进行吸收与继承,并做出各自不同的解释与发挥。汉代的今古文经学家、魏晋玄学家、宋代理学家都要注《易》,便说明了这一点。

第三,《周易》提出了一系列高度抽象的哲学范畴,诸如刚柔、阴阳、言、意、物、象、文、变、神、通等,当这些范畴用来阐述易象与美时,便具有美学的意义,而其中有些范畴本身就具有美学意义,如象、文、神等。正是这些范畴的抽象性以及含义的多层次,有的还在一定程度上存在模糊性、可塑性,给后代美学家的解释、发挥留下了极为广阔的天地。如《系辞》中提到的"言不能尽意"到魏晋时期就发展成为"言可尽意"与"言不能尽意"之争,双方论点对后代的文论都产生不小的影响。古典美学中关于阳刚之美与阴柔之美这两大基本类型的划分,也导源于《周易》中阴阳、刚柔说。

第四，《周易》强调事物的运动、变化，论述了诸多对立因素（阴阳、刚柔、盈虚、聚散、终始、进止、内外、损益等）的矛盾与发展、演变。这种辩证思想为后代文艺理论家、美学家所吸收，成为他们辩证艺术观的哲学基础。

《周易》作为儒家经典，在我国美学思想上较早地提出了艺术特征的许多问题，它对艺术创造、艺术欣赏中一些重要方面的涉及，对后代文艺理论、美学理论起着经典作用。虽然具体阐述《周易》美学思想的丰富内容需另行撰文，但有一点可以肯定，即它确实为中国古典美学思想的形成奠定了基础，对后世影响深广。我们着重讨论其历史地位的目的也正在于此。

（载于《复旦学报》1986年第二期）

附：《周易》提要*

《周易》,又名《易经》《易》,十二篇。"周",指周代,"易"有"简易""变易""不易"三义。包括《经》《传》两部分。《经》即《周易》古经,分上下两篇,大致成于西周前期；《传》即《易传》,又称《易大传》《十翼》,大致问世于战国时代。

通行本有：一、东汉郑玄注本,有清同治十二年（1873）粤东书局刻《古经解汇函》本《郑玄周易注》,光绪十六年（1890）山东书局刻《通德遗书可见录》本《周易郑注》；二、魏王弼注、晋韩康伯注本,有清乾隆四十八年（1783）武英殿刻《十三经注疏》本《周易正义》（唐孔颖达正义）；三、唐李鼎祚《周易集解》,有明万历中刻《秘册汇函》本；四、唐史徵《周易口诀义》,有清乾隆三十年（1765）《四库全书》抄本；五、清孙堂《汉魏二十一家注》,有清嘉庆四年（1799）平湖孙氏映雪堂刻本；六、中华书局1957年版《周易古经今注》（近人高亨撰）本；七、齐鲁书

---

* 本文系笔者为《中国学术名著提要》撰写的一篇提要,述及《周易》的版本、成书经过、主要内容、后人的研究著作,特收于文末,以供参考。

社 1979 年版《周易大传今注》（高亨撰）本等。

《周易》中《经》《传》的作者，历来众说不一。西汉盛行"三代圣人"说，认为创八卦的是伏羲，重卦的是周文王，作《十翼》的是孔子。司马迁《史记》云："伏羲作八卦"①；西伯囚羑里，"益《易》之八卦为六十四卦"②；"孔子晚而喜《易》，序《彖》《系》《象》《说卦》《文言》"③。这些记载成为影响西汉一代的权威性论断。直至隋唐，"人更三圣，世历三古"④之说，仍为人们普遍接受。始对此说提出异议的是北宋欧阳修，认为《易传》中《系辞》以下诸篇前后牴牾，非出自一人之手。清姚际恒、康有为都提出有力论据，推证《易传》非孔子所作。20世纪二三十年代，顾颉刚、郭沫若、李镜池等人就《经》《传》作者展开热烈争辩。尽管观点不一，然而《易》非出于一人，非成于一时，已成为各家共识。近几年来，随着考古的发现，人们从殷商甲骨文、青铜器铭文的"奇字"上，发现了筮数与《周易》八卦的联系，推断出《易经》是经过整理的筮书，凝结着远古先民的智慧。《易传》则是儒家弟子对《易经》的最初解释，他们利用原书的筮书形式，赋予其深邃的哲学内容。

《周易》既是一部占筮之书，又是一部有着特殊框架的

---

① 《史记·日者列传》，《史记》，中华书局 1982 年版，第 3219 页。
② 《史记·周本纪》，同上书，第 119 页。
③ 《史记·孔子世家》，同上书，第 1937 页。
④ 《汉书·艺文志》，《汉书》，中华书局 1996 年版，第 1704 页。

著作。其寓含的哲学思想，按《经》《传》分述如下。

《易经》是通过卦的排列、卦形的变化及卦、爻辞来喻示哲理的。其基本符号为阳"——"与阴"— —"，阳、阴符号三叠，便成为八种不同的图形，是为八卦，即乾、坤、震、巽、坎、离、艮、兑，它们分别象征着天、地、雷、风、水、火、山、泽等八种不同的物象。八卦中任意两卦相重，都可以组成新卦，从而又推衍成六十四卦。从其排列看，六十四卦以《乾》《坤》为始，以《既济》《未济》为终，喻示着事物从发生到形成过程中的诸演化阶段。从相承相邻的两卦看，多以卦象互倒为次序，如《泰》分别象征着通泰与否闭、成功与未成的不同状态。在每一卦的符号下，各系有卦辞与爻辞，卦爻辞糅合进了一部分民间短歌、历史故事、筮人对吉凶征兆的神秘猜测，但也有些反映着事物的联系，预示着事物的发展演化。如《乾》卦的爻辞"潜龙勿用""见龙在田""龙跃在渊""飞龙在天""亢龙有悔"，则描述了巨龙从"潜"而"勿用"到飞腾于天的变化，并通过"亢龙有悔"预示着事物发展到极端就会带来的不利。《否》卦的爻辞"休否，大人吉"，"倾否，先否后喜"，阐述了从不利地位向有利方面的转化，关键在于对否闭之态的终止和倾覆，强调了变革的作用。

《易传》由《文言》《象传》上下、《彖传》上下、《系辞传》上下、《说卦传》《序卦传》《杂卦传》组成。

《文言》，分两节，是对《乾》《坤》两卦的解说，又称《乾文言》《坤文言》。

《彖传》，六十四节，分释各卦卦名及卦辞。《周易正义》引褚氏、庄氏云："彖，断也，断定一卦之义，所以名《彖》也。"王弼《周易略例》称《彖》"统论一卦之体，明其所由之旨"。

《象传》，分释卦象与爻象。释卦象者称为《大象传》，释爻象者称为《小象传》。《系辞传》云："象也者，像此者也"，《象传》之辞，多是对卦、爻象象征意义的阐发。

《系辞》，分上下两篇，通论《易经》义蕴与功用，亦谈及八卦起源及《周易》筮法。

《说卦传》，专论八卦所象之事物，不言及六十四卦。

《序卦传》，解说六十四卦的排列顺序，说明诸卦的相承相邻关系。

《杂卦传》，不依六十四卦顺序，成对论述两卦，揭示其卦旨及"错"（亦称"旁通"）、"综"（亦称"反对"）关系。

《易传》以阴、阳为基始，构筑了一个完整的哲学体系，哲学思想极为丰富，主要有：

一、认为天地万物都是客观存在着的，它们在时间上悠深久远，在空间上广博无垠，存在着永不衰竭的运动。"天地养万物"[①]，"有天地，然后万物生焉，盈天地之间者唯万

---

① 《颐·彖》，《周易正义》，北京大学出版社1999年版，第122页。

物"①。赞扬天、地生养万物之德："大哉！乾元，万物资始"②，"至哉！坤元，万物资生"③。天地、阴阳的交合，才造成万物自由生长、生机盎然的局面。"天地交而万物通"④，"天地相遇，品物咸章也"⑤。

二、认为人是自然的产物，人类社会同样是天地、阴阳交感作用的结果。"天地缊，万物化醇，男女构精，万物化生。"⑥"有天地然后有万物，有万物然后有男女，有男女然后有夫妇，有夫妇然后有父子，有父子然后有君臣，有君臣然后有上下。"⑦在《易传》的宇宙模式中，人与自然和谐统一，人成为自然的派生物，人的社会属性同样可用象征自然界的八卦、六爻来表示，如乾为君、为父、为夫，坤为臣、为母、为妻，震为长男，巽为长女，坎为中男，离为中女⑧。于是，自然界的运动变化规律，同样制约着人类社会，"天道"与"人道"相通。

三、认为天地万物无时不在发生变化。阴阳交替，"刚

---

① 《序卦》，《周易正义》，北京大学出版社1999年版，第335页。
② 《乾·彖》，同上书，第7页。
③ 《坤·彖》，同上书，第25页。
④ 《泰·彖》，同上书，第66页。
⑤ 《姤·彖》，同上书，第184页。
⑥ 《系辞》下，同上书，第310页。
⑦ 《序卦》，同上书，第336页。
⑧ 《说卦》，同上书，第330页。

柔相推而生变化","一阖一辟谓之变,往来不穷谓之通"①,以为变化才是事物发展的绝对状态,"通变则谓事"②。强调《易》的要旨在于"变","为道也屡迁,变动不居,周流六虚,上下无常,刚柔相易,不可为典要,唯变所适"③。并提出"穷则变,变则通,通则久"④的名言。顺应"天道",主动变化就是"革","革,去故也"⑤。并以极大热忱,肯定、颂扬顺天应人的社会变革。"天地革而四时成。汤武革命,顺乎天而应乎人。革之时,大矣哉!"⑥

四、在伦理上,认为夫妻、父子、君臣等级关系的产生、上下礼仪的确立,也是由"天地"所生。"天尊地卑,乾坤定矣。卑高以陈、贵贱位矣"⑦,"乾道成男,坤道成女"⑧,由此,男女、夫妻、父子、君臣才有了尊卑、贵贱之别,故云:"男女正,天地之大义也"⑨;"阴虽有美,含之以从王事,弗敢成也"⑩,唯有妻顺夫、臣顺君,才能实现自己的才德。又认为人性之善,成于对天道的继承,"一阴一阳

---

① 《系辞》上,《周易正义》,北京大学出版社1999年版,第261、288页。
② 《系辞》上,同上书,第271页。
③ 《系辞》下,同上书,第315页。
④ 《系辞》下,同上书,第300页。
⑤ 《杂卦》,同上书,第340页。
⑥ 《革·彖》,同上书,第203页。
⑦⑧ 《系辞》上,同上书,第257、259页。
⑨ 《家人·彖》,同上书,第158页。
⑩ 《坤·文言》,同上书,第32页。

之谓道,继之者善也,成之者性也"①;人道之仁义,本于天道阴阳之理,"立天之道曰阴与阳,立地之道曰柔与刚,立人之道曰仁与义"②。并根据卦象,推衍出君子应有的品德,如"天行健,君子以自强不息"③,"地势坤,君子以厚德载物"④,"山上有水,蹇。君子以反身修德"⑤等。

五、在美学上,认为美亦是天地、阴阳所生。"天地感而万物化生"⑥,"日月丽乎天,百谷草木丽乎土"⑦。天地的美在于天地之德,人的内在品德的美乃是人最高的美:"君子'黄'中通理,正位居体,美在其中,而畅于四支,发于事业,美之至也。"⑧提出"象""意""辞"等概念。在"象"与"物"的关系上,论述了观物取象的原则;在"象"与"意"的关系上,主张"立象以尽意"⑨;在"情"与"辞"的关系上,提出"圣人之情见乎辞"⑩,"设卦以尽情伪"⑪,又提出"神"的概念:"神也者,妙万物而为言者也"⑫,要

---

① 《系辞》上,《周易正义》,北京大学出版社1999年版,第268页。
② 《说卦》,同上书,第326页。
③ 《乾·象》,同上书,第10页。
④ 《坤·象》,同上书,第27页。
⑤ 《蹇·象》,同上书,第166页。
⑥ 《咸·象》,同上书,第139页。
⑦ 《离·象》,同上书,第134页。
⑧ 《坤·文言》,同上书,第22页。
⑨⑪ 《系辞》上,同上书,第291页。
⑩ 《系辞》下,同上书,第297页。
⑫ 《说卦》,同上书,第328页。

求语言含蓄传神,"其称名也小,其取类也大;其旨远,其辞文"①。在"文""质"关系上,以"进德修业"放于首位,主张"修辞立其诚"②,亦重视"文"的作用,提出"物相杂,故曰文"③。这些概念,为中国古典美学范畴体系的建立,奠定了基础。

总之,《易传》是以《易经》哲学为基础,在对经义的阐释、发挥中,建立起自己的宏伟哲学体系,这是《易传》哲学思想的重要特色。

《周易》作为一部"极天地之渊蕴,尽人事之终始"④的宝典,对中国古代哲学乃至中华传统文化有着极为深远的影响。孔子晚年研究《易》,《史记》称其"读《易》韦编三绝"(《孔子世家》),他创立儒学,以《周易》作为传授的"六经"之一。汉武帝时,儒家获得独尊地位,朝廷设"五经博士",《易》经跃为儒家诸经之首,成为儒学最高哲学典籍,并被视为"大道之源"。汉、魏,《易》学昌盛,注家蜂起,主要有孟喜、京房、焦赣、费直、马融、荀爽、郑玄、刘表、宋衷、虞翻、陆绩、王肃、王弼诸家。王弼以老、庄思想解《易》,一改汉儒以《易》象、《易》数解经的"象

---

① 《系辞》下,《周易正义》,北京大学出版社1999年版,第312页。
② 《乾·文言》,同上书,第15页。
③ 《系辞》下,同上书,第319页。
④ 宋胡瑗《周易口义》。

数"旧习,首倡"义理"之风,从而使汉代《易》学走向衰退。唐孔颖达为王弼、韩康伯注作疏,将其列入《五经正义》,使王弼《易》学几定于一尊。及宋,陈抟、刘牧、邵雍亦言象数,而后遂有"河图""洛书"诸图说,遂使"象数学"重新勃兴。而胡瑗、程颐专阐义理,也使"义理学"蔚为大观。从此"象数"与"义理"成为《易》学研究的两大并行不悖的学派。20世纪以来,人们除了在象数、义理方面进行深入研究外,亦开拓了多角度研究的新领域,使古老的《周易》越加焕发出夺目的光彩。

有关《周易》的研究著作主要有:汉焦赣《易林》、京房《易传》、郑玄《易纬·乾凿度》,三国魏王弼《周易注》《周易略例》,唐孔颖达《周易正义》、李鼎祚《周易集解》、郭京《周易举正》,宋刘牧《易数钩隐图》、胡瑗《周易口义》、司马光《温公易说》、苏轼《东坡易传》、张载《横渠易说》、程颐《周易程氏传》、朱熹《周易本义》、张栻《南轩易说》、吕祖谦《古易音训》、杨万里《诚斋易传》,元吴澄《易纂言》、胡震《周易衍义》,明胡广等《周易大全》、蔡清《易经蒙引》、陈士元《易象钩解》、董守谕《卦度考略》,清孙奇逢《读易大旨》、黄宗羲《易学象数论》、王夫之《周易稗疏》《周易内传》、李光地《周易观象》、惠士奇《易说》、惠栋《易汉学》、焦循《雕菰楼易学三书》,近人尚秉和《周易尚氏学》,今人李镜池《周易探源》、高亨《周经古经今注》《周易大传今注》、杨树达《周易古义》、于省吾《易经新证》、张政烺《论易丛稿》、李学勤《周易经传溯源》等。上海古籍出版社 2008 年出版的《中华易学大辞典》对易学史、易学流派、易学人物和国际易学研究都有专题论述，可资参考。

先秦美学范畴演绎

先秦美学是中国美学的基石,中国美学范畴体系的确立,是从先秦美学范畴酝酿、发展、演化而来的。无论是"道""气""象"这些元范畴,还是在审美活动过程中左右着人们审美欣赏与创造的"象""味""和""自然"等范畴,均发轫于先秦,并长远地影响着后代。

一、"象":模拟、象征与意象

先秦与古希腊不同,不是把美、崇高、悲剧性、喜剧性作为重要范畴,也不注重对美是什么作哲学上的探讨。柏拉图不满足美的表象,他的《大希匹阿斯篇》整篇通过美是什么的诘问,试图透过表象找出美的本质。但是在先秦思想家那里,却较少看到关于美的直接论述。即使有对于美的阐述,往往是从伦理的角度赞扬善的光辉。而人们对于美的欣赏,往往是从声、色、形、味等官能感受的愉悦而形成肯定或否定的判断,这些官能感受,就直接成为审美的范畴。正如日本学者笠原仲二所说:"中国人原初的美意识或本质,我们可以一言以蔽之,主要是某种对象所给予的肉体的、官能的愉快感。"①

这种范畴的直觉性从"象""和"都可以表现出来。

作为重要审美范畴的"象",就有着从具象到抽象的演进过程。在先秦的典籍中,"铸鼎象物""观物取象",则分别代表着模拟与表现的双重含义。

"铸鼎象物"语出《左传》,其云:"铸鼎象物,百物为之备,使民知神奸。"②杜预注:"象所图物著之于鼎。"自然界百物的外在形貌,为观赏客体,人们观赏到百物之形貌,

青铜器图纹

---

① 《古代中国人的美意识》,北京大学出版社1987年版,第6页。
② 《左传·宣公三年》,《春秋左传集释》,上海人民出版社1977年版,第546页。

把它铸之于鼎上,就成为是青铜器的图像。《周易·系辞》曾言:"象也者,像也","象也者,像此者也"①。而其所以为"象",是因为"像此者也",即所谓与自然界的天地日月、山川风物相像。显然,这里的"象",指的已不是自然界的种种外在形貌,而是在主体感受的基础上,对所选择的客体通过模拟、描摹,所形成相像的图象。当然,青铜器上的图像,也有一个从写实到抽象图文的演化过程,李泽厚先生在《美的历程》中有很好的分析,但最开始应当是模拟。这种模拟,直到汉代,仍是绘画的重要手法。据记载,休屠王朝汉,汉武帝命人图其母于甘泉殿上,王"因见形象",

凤鸟纹

---

① 《周易·系辞下》,《周易正义》,北京大学出版社1999年版,第303、297页。

"拜谒起立,向之泣涕沾襟"①。南朝齐谢赫《古画品录》中,有"传移模写"一法,足见对模拟成像的重视。

"观物取象"的"象",则是对自然界事物的象征性表现。《周易·系辞下》云:"古者包牺氏之王天下也,仰则观象于天,俯则观法于地,观鸟兽之文与地之宜,近取诸身,远取诸物,于是始作八卦,以通神明之德,以类万物之情。"②"圣人有以见天下之赜,而拟诸其形容,象其物宜,是故谓之象"③。这里的观,即俯仰察看,物,即天下万物,取"象",却不是简单的模拟、描摹,而是"见天下之赜","赜",孔颖达疏:"赜,谓幽深难见。"要探讨玄奥幽深的天下之"赜",当然不能仅仅依靠感性的官能感受,体验生命的律动,还要借助理性思维,思性的力量,探索万物表象之背后的潜在规律即所谓"天下之赜"。《周易》的卦象,就是用━━爻、━ ━爻的不同组合,以象征"万物之情"。于自然界,象征天地、山泽、风雷、水火,于人文,象征君臣、夫妻、父子、兄弟、姐妹,进退、吉凶、甲胄、戈兵。显然,"象"已经提升到象征图象与符号的意义。

"象"的第三重含义为"意想"之象。语出韩非子《解

---

① 王充:《论衡·乱龙篇》,上海人民出版社1974年版,第247页。
② 《周易·系辞下》,《周易正义》,北京大学出版社1999年版,第298页。
③ 《周易·系辞上》,同上书,第274、275页。

老》:"人希见生象也,而得死象之骨,案其图以想其生也,故诸人之所以意想者皆谓之'象'也。"①韩非子《喻老》中曾有"象箸玉杯"的记载,可见象牙制品已经盛行于宫廷,然而人们"希见生象",往往依照死象的骨骼来意想活象的样子,这样人们意想的东西就成为"象"。这里的"象",既不是对外在形貌的模拟,又不是对自然万物的象征,而是融入了主体意识的想象,所得之"象",已经属于艺术创造之"象"。正因为强调了意的作用,才使得中国美学形成了意象这一重要范畴,并且衍生出意境、兴象、象外、境外诸多概念。《周易·系辞传》云:"子曰:'书不尽言,言不尽意。'然则圣人之意,其不可见乎?子曰:'圣人立象以尽意'。"②王弼解释说:"夫象者,出意者也。""尽意莫若象,尽象莫若言,言生于象,故可寻言以观象,象生于意,故可寻象以观意。意以象尽,象以言著。"③这里讨论的虽然是哲学上言、意、象的关系,但其关于"象生于意""寻象尽意"等象、意关系的论述,揭示了审美活动中主客体互动的规律,影响着中国艺术的特殊品格。

---

① 《韩非子·解老》,《二十二子》,上海古籍出版社1986年版,第1139页。
② 《周易·系辞上》,《周易正义》,北京大学出版社1999年版,第291页。
③ 王弼:《周易略例·明象》,《王弼集校释》,中华书局1980年版,第609页。

从模拟之"象",到象征之"象",再到意想之"象",均需要外界物象作用于人的感官,更离不开人在感觉基础上思性的发挥,生气的灌注,这种主客观的结合,才产生中国艺术品中绚丽多姿的动人之"象"。

二、"和",达于美的途径

"和"这一范畴,是人们在官能感受基础上形成的。外在对象的声、色、形、味,作用于人们的感官,人们不希望太过单一,又不希望太过强烈与薄弱,遂形成审美的追求:"和"。

"和"的范畴始见于春秋之际。当时的诸多思想家从哲学上论述"和"的必要性。他们首先强调"和"本是自然界的生态。西周末年,史伯指出:"和实生物,同则不继。以他平他谓之和,故能丰长而归之;若以同裨同,尽为弃矣。"① 作为思想家的史伯界定了"和"与"同"的差别,他认为"同"是重复与单一,"和"是调和与互补,自然界万物生长,不是"以同裨同",而是协调发展,"故先王以土与金木水火杂,以成百物。是以和五味以调口,刚四肢以卫体,和六律以聪耳……夫如是,和之

---

① 《国语·郑语》,《国语》,上海古籍出版社1978年版,第515页。

致也。"①

从自然界万物之"和",到人类的社会生活,就出现了饮食与文化上的和羹:五味之"和";耳听的和乐:五音之"和";目观的和色:五色之"和"。

春秋之际,和羹已经成为人们祭祀活动以及宴饮中的美味。思想家晏婴举宰夫以鱼肉作羹为例,阐释了"相成相济"的哲理。他指出羹要做成和羹,才可以成为美味,在食材上,不仅要有好的鱼肉,还要配以盐、醋、梅等佐料及水,佐料不可单一,火候必须恰当,水分不可多亦不可少,"若以水济水。谁能食之?"如果烹饪过程中发现味道过重、过淡,则要泄其过,或济其不及,一点也不可懈怠。"和,如羹焉,水、火、醯、醢、盐、梅,以烹鱼肉,燀执以薪,宰夫和之,齐之以味;济其不及,以泄其过。君子食之,以平其心。""故《诗》曰:'亦有和羹,既戒既平。鬷嘏无言。时靡有争。'"②

从五味引申到五音,就成为耳听之"和"。晏子曰:"先王之济五味。和五声也","声亦如味,一气、二体、三类、四物、五声、六律、七音、八风、九歌,以相成也;清浊、小大、短长、疾徐、哀乐、刚柔、迟速、高下、出入、

---

① 《国语·郑语》,《国语》,上海古籍出版社1978年版,第516页。
② 《左传·昭公二十年》,《十三经注疏》,中华书局1980年版,第2093页。

周疏，以相济也。君子听之，以平其心。心平，德和。故《诗》曰：'德音不瑕。'……若琴瑟之一专，谁能听之？同之不可也如是。"① 这里的"声亦如味"，从最直接的味觉感受，表达了对听觉感受的要求。犹如宰夫和五味，琴瑟的演奏者也必须调和声音的清浊、小大、短长、疾徐、哀乐、刚柔、迟速、高下，使其合适、协调、和平，相成相济，避免单一，才能成为美声。

如若违背了五声之和的要求，人们听起来非但不会悦耳，反而会使人闻淫声而意乱，此乃疾病的起因。春秋的著名医者医和就指出："天有六气，降生五味，发为五色，徵为五声，淫生六疾。""先王之乐，所以节百事也，故有五节。迟速本末以相及，中声以降。五降之后，不容弹矣。于是有烦手淫声，慆堙心耳，乃忘和平，君子弗听也。"②

从五味引申到五色，就成为目观之"和"。根据五行的理论，五色为青、黄、赤、白、黑，青对应东方，味酸；黄对应中方，味甜；赤对应南方，味苦；白对应西方，味辛；黑对应北方，味咸。五色对应和谐，才能成为观目之美。臧哀伯在讲到"文物昭德"时指出："火、龙、黼、黻，昭其文也。五色比象，昭其物也。锡、鸾、和、铃，昭其声也。

---

① 《左传·昭公二十年》，《十三经注疏》，中华书局1980年版，第2093页。
② 《左传·昭公元年》，同上书，第2025页。

三辰旂旗,昭其明也。"① 如果做到了五色之和,就会使人心旷神怡,反之做不到,就会使人目眩,甚至目盲。单穆公曾说:"夫乐不过以听耳,而美不过以观目。若听乐而震,观美而眩,患莫大焉。"②

从五味、五声、五色之"和",引申出"乐从和"。伶州鸠在阐述反对周景王铸大钟时,所据的理由就是大钟违背和声,并进一步提出:"乐从和,和从平。"③"夫乐,天子之职也。夫音,乐之舆也。而钟,音之器也。天子省风以作乐,器以钟之,舆以行之。小者不窕,大者不槬,则和于物,物

和乐图

---

① 《左传·桓公二年》,《十三经注疏》,中华书局1980年版,第1742页。
② 《国语·周语下》,《国语》,上海古籍出版社1978年版,第125页。
③ 同上书,第128页。

和则嘉成。故和声入于耳而藏于心，心亿则乐。"①

乐，在先秦时期是诗歌、音乐、舞蹈艺术的总称。根据《周礼》的记载，每逢礼，必演乐。礼分为吉礼（祭祀）、凶礼（丧葬）、军礼（征伐）、宾礼（朝聘）、嘉礼（婚冠）五种，由于贵族爵位等级不同，礼的性质不同，只能享受规模、方位与其级别相适应的乐，不可僭越。而乐总是有诗、有歌、有舞，是诗、乐、舞的合一。鲁襄公二十九年，吴公子季札请观周乐，乐工先后为其歌唱了《周南》《昭南》《卫风》《王风》《郑风》《齐风》《豳风》及《小雅》《大雅》《颂》等诗歌，表演了《大武》《韶濩》《大夏》《韶箾》等舞蹈，而演礼的乐队又分别启用琴瑟、笙竽、钟鼓等诸多乐器，荀子就讲到乐演时"撞大钟，击鸣鼓，吹笙竽，弹琴瑟"，众人合奏之状②。对于和的追求，就显得格外重要了。

正因为如此，"乐从和"被时代的思想家演绎为心与物、乐与人、乐与礼、乐与德关系等等多个方面。

荀子《乐论》认为"乐者，乐也，人情之所必不免也"，而音乐是人的内在思想情感"发于声音，形于动静"③的结

---

① 《左传·昭公二十一年》，《十三经注疏》，中华书局1980年版，第2097页。
② 《荀子·富国》，《二十二子》，上海古籍出版社1986年版，第309页。
③ 《荀子·乐论》，同上书，第338页。

果。撰写《乐记》的思想家们进一步提出"心物感应"说，认为音乐起源于心物感应，"人心之感于物"。"凡音之起，由人心生也。人心之动，物使之然也。感于物而动，故形于声。声相应，故生变；变成方，谓之音；比音而乐之，及干戚羽旄，谓之乐。乐者，音之所由生也；其本在人心之感于物也。"① 人心感于物而动，才形成声，但是声不是乐，声和谐变化，才成为音，音也不是乐，把音按照一定的结构进行演奏，并配上手持干戚、羽旄的舞蹈，就可称为乐。

他们认为，感应是双向的。心感于物而生成乐，人的情感有哀、乐、喜、怒、爱、敬的不同，表现在音乐上会有舒急、张弛、刚柔、粗犷与优雅的不同。"其哀心感者，其声噍以杀。其乐心感者，其声啴以缓。其喜心感者，其声发以散。其怒心感者，其声粗以厉。其敬心感者，其声直以廉。其爱心感者，其声和以柔。"② 反过来乐又会感染人心，不同的音乐，又会激起人们的不同情感。有的音乐令人忧虑，有的音乐令人康乐，有的使人刚毅，有的使人肃敬，有的让人慈爱，有的让人淫乱。"是故志微噍杀之音作，而民思忧；啴谐慢易繁文简节之音作，而民康乐；粗厉猛起奋末广贲之音作，而民刚毅；廉直劲正庄诚之音作，而民肃敬；宽裕肉好，顺成和动之音作，而民慈爱；流辟邪散，狄成涤滥之音

---

① 《乐记·乐本篇》，人民音乐出版社1982年版，第1页。
② 《乐记·乐本篇》，同上书，第1页。

作，而民淫乱。"①

正因为乐对人的情感有着如此大的影响，排斥奸声、淫乐，追求正声、和乐，就成为制乐的出发点。所谓"奸声感人，而逆气应之；逆气成象，而淫乐兴焉。正声感人，而顺气应之；顺气成象，而和乐兴焉"②。为了倡、兴和乐，必须远离奸声、淫乐，让邪恶的声音和形色，不留在耳朵和眼睛里，不端正的乐和礼，不进入内心境界，怠惰邪怪的习气，不设于身体，"使耳目、鼻口、心知、百体皆由顺正，以行其义，然后发以声音，而文以琴瑟，动以干戚，饰以羽旄，从以箫管，奋至德之光，动四气之和，以着万物之理。是故清明象天，广大象地，终始象四时，周还象风雨，五色成文而不乱，八风从律而不奸，百度得数而有常。大小相成，终始相生，倡和清浊，迭相为经。故乐行而伦清，耳目聪明，血气和平，移风易俗，天下皆宁。"③

《乐记》作者认为，乐的最大特点就是"和"。乐由天作，"乐者，天地之和也"④。乐的主要功能也在于"和"。"乐者敦和"⑤，"乐者为同，礼者为异"⑥，礼是从外部规范人们

---

① 《乐记·乐言篇》，人民音乐出版社1982年版，第24页。
② 《乐记·乐象篇》，同上书，第27页。
③ 《乐记·乐象篇》，同上书，第27—28页。
④ 《乐记·乐论篇》，同上书，第18页。
⑤ 《乐记·乐礼篇》，同上书，第16页。
⑥ 《乐记·乐论篇》，同上书，第9页。

的等级贵贱，而乐则是从内部影响人心，即所谓"乐以治心""乐和民声"是也。"是故，乐在宗庙之中，君臣上下同听之，则莫不和敬；在族长乡里之中，长幼同听之，则莫不和顺；在闺门之内，父子兄弟同听之，则莫不和亲。故乐者，审一以定和，比物以饰节。节奏合以成文，所以合和父子君臣，附亲万民也。是先王立乐之方也。"①

显然，乐与礼的作用不同，礼是通过行为约束让人们遵守规范，而乐则是通过影响人们内心，达到使人自觉合于礼仪，所以乐与礼是相通的，"礼以导其志，乐以和其声，政以一其行，刑以防其奸，礼乐刑政，其极一也。"②

乐与伦理，有着两个方面的关系。首先，和乐感人至深，顺化民心，使人远奸佞，拒淫声，能起到移风易俗的教化作用，和乐盛行，社会上不再有暴民，诸侯都守着本分，风清气正，社会安定，"兵革不试，五刑不用，百姓无患，天子不怒，如此则乐达也。"③另一方面，和乐又表现着社会秩序的和谐程度，"亲疏、贵贱、长幼、男女之理，皆形见于乐。故曰：乐观其深也。"④所以，《乐记·乐象篇》指出："德者，性之端也，乐者，德之华也。"乐作为德的升华、外

---

① 《乐记·乐情篇》，人民音乐出版社1982年版，，第39页。
② 《乐记·乐本篇》，同上书，第2页。
③ 《乐记·乐论篇》，同上书，第10页。
④ 《乐记·乐言篇》，同上书，第25页。

在表现，是德开出的花朵，他们标举"乐章德"，"乐通伦理"，正是充分肯定乐与伦理的一致之处。

至于如何实现理想之和，儒家与道家有着不同的主张。道家信奉天和，而儒家认为达到所谓和，必须通过中的途径，"叩其两端"，"执两用中"，要不偏不倚，恰到好处，才能达到所谓的中和。

尚和贵中，在春秋之际已是社会贵族的主流概念。《左传》中季札观乐的记载，反映出贵族以中的标准评价艺术作品的流行情境。季札盛赞《小雅》："美哉！思而不贰，怨而不言"，评价《颂》："至矣哉！直而不倨，曲而不屈；迩而不逼，远而不携；迁而不淫，复而不厌；哀而不愁，乐而不荒；用而不匮，广而不宣；施而不费，取而不贪；处而不底，行而不流。五声和，八风平；节有度，守有序。盛德之所同也！"[①] 这里的直与屈、迩与远、迁与复、哀与乐、施与取，均是对立的两极，然而演乐的乐工，技艺高超，刚好达到两级的中间状态，季札看重的也正是这个有度的中间状态，大呼"美哉！"认为这才是美的表现。

孔子的中和观念，直接继承殷周贵族的尚中观念。他

---

① 《左传·鲁襄公二十九年》，《春秋左传集解》，上海人民出版社1977年版，第1121页。

提出"中庸之为德也,其至矣乎!"①他认为"过"与"不及"均不是理想状态,主张"过犹不及"②。用在艺术评论上,他欣赏《诗经·关雎》"乐而不淫,哀而不伤"③,这里的"淫",不是指的淫欲,而是指的过分、失正;这里的"伤",不是伤残,而是指的过当、伤和,都是以中和为尺度的。孔子由一反多,把《诗经》三百篇归结为与《关雎》所兴之和如出一辙:"一言以蔽之,思无邪。"④在孔子中和思想的基础上,相传他的后人子思所作的《中庸》,从内在修养上强调中和之道。"喜怒哀乐之未发谓之中,发而皆中节谓之和。中也者,天下之大本也;和也者,天下之达道也。致中和,天地位焉,万物预焉。"⑤这种中和的审美标准,到汉代又发展为"温柔敦厚"的诗教。在古代,贵族子弟学习的诗、书、礼、易、乐、春秋六门科目,被称为"六艺之教"。儒门思想家借孔子之口,区分六艺教化的侧重,给出定性。"孔子曰:入其国,其教可知也。其为人也,温柔敦厚,《诗》教也"。⑥这种温柔敦厚的审美要求,与"乐而不淫","哀而不伤","怨而不

---

① 《论语·雍也》,《论语解注合编》,黄山书社1994年版,第106页。
② 《论语·先进》,同上书,第187页。
③ 《论语·八佾》,同上书,第52页。
④ 《论语·为政》,《论语解注合编》,黄山书社1994年版,第23页。
⑤ 《中庸》,《礼记正义》,北京大学出版社1999年版,第1422页。
⑥ 《礼记·经解》,《礼记集解》,中华书局1989年版,第1254页。

怒"是一脉相承的,对后代艺术品内容的品鉴,成为重要的尺度。

三、自然、天然,美的臻境

与儒家追求人和不同,道家崇尚的是天和。

道家对于和的理解,与其对自然的认识是联系在一起的。他们认为道是宇宙万物的本原,而道的根本特性是自然。"人法地、地法天、天法道、道法自然"①,而和正是自然的常态。老子云:"道生一,一生二,二生三,三生万物。万物负阴而抱阳,冲气以为和。"②又说:"知和曰常,知常曰明。"③ 王弼注曰:"物以和为常,故知和则得常也。"④

庄子继承老子的"道法自然"的思想,认为道孕育、包容"天地之美","天地有大美而不言"⑤。这天地之大美,亦即美的最高境界,就体现在天乐上。

庄子在《齐物论》中,借南郭子綦与颜成子游的问答,

---

① 《老子·二十五章》,任继愈:《老子新译》,上海古籍出版社1978年版,第58—59页。
② 《老子·四十二章》,同上书,第81页。
③ 《老子·五十五章》,任继愈:《老子新译》,上海古籍出版社1978年版,第98页。
④ 王弼:《老子道德经注》,《王弼集校释》,中华书局1980年版,第146页。
⑤ 《庄子·知北游》,《庄子集释》,中华书局1981年版,第735页。

阐明了天籁、地籁、人籁的区别，表达了对天籁的推崇。"地籁则众窍是已，人籁则比竹是已"，人籁系指用丝竹管弦等乐器演奏出来的声音，地籁系指风吹各种孔窍发出的声音。"夫大块噫气，其名为风，是唯无作，作则万窍怒呺，而独不闻之翏翏乎？"它们发出的声音，像湍急的流水，像细细的呼吸，像哭声嗡嗡，像空谷里的回音，像鸟儿鸣叫，"泠风则小和，飘风则大和，厉风济则众窍为虚。"①地籁起源于风，人籁依仗于人，两者分别受到外界力量的制约，而天籁则不同，"夫吹万不同，而使其自己也，咸其自取，怒者其谁邪？"②天籁的发声全靠自己，完全摆脱了外在力量的约束，是天然自发而生的，它必然胜于地籁、人籁，乃是最美的音响。

与人籁、地籁、天籁的区别相通，又有人乐、天乐之分。何为天乐？《庄子·大宗师》借许由之口答曰要以道为宗师。"吾师乎！吾师乎！齑万物而不为戾，泽及万世而不为仁，长于上古而不为寿，覆载天地刻彫众形而不为巧。"③庄子后学在《天道》篇中，竟直接把这句话作为庄子所说。并强调"此之谓天乐"④。从这里可以看出，庄子及其后学把天乐与道联系在一起。道是自然无为的，它把万物齑为粉末

---

① 《庄子·齐物论》，《庄子集释》，中华书局1981年版，第46页。
② 《庄子·齐物论》，同上书，第50页。
③ 《庄子·大宗师》，同上书，第281页。
④ 《庄子·天道》，同上书，第462页。

不为戾，泽及万世不为仁，长于上古不为寿，雕刻众形不为巧。道是最值得尊敬的老师，只有合于道的音乐，才可称为天乐。"与人和者，谓之人乐，与天和者，谓之天乐。"①

天乐的本质与道一样，亦是自然无为。"故曰：'知天乐者，其生也天行，其死也物化。静而与阴同德，动而与阳同波。'故知天乐者，无天怨，无人非，无物累，无鬼责。故曰：'其动也天，其静也地，一心定而王天下；其鬼不祟，其魂不疲，一心定而万物服。'言以虚静推于天地，通于万物，此之谓天乐。天乐者，圣人之心，以畜天下也。"② 无为到生、死、动、静皆听任自然，无天怨，无人非，无物累，无鬼责，逍遥、自由，把虚空宁静推及到天地，与自然万物完全混同为一，这就叫做天乐。他们强调，这种无为，正是养育天下的爱心，天乐的大爱就就在于此。

天乐乃是至乐。庄子学派认为，至乐是美的最高境界。只有天乐才能达到这种绝佳臻境。人们听得见的钟鼓之音，看得见的羽旄之容，均是"乐之末"，而"听之不闻其声，视之不见其形，充满天地，苞裹四极"③ 才为天乐。这与老子的"大音希声""大象无形"是一脉相承的。

后代思想家把"道法自然"运用到艺术创造与品鉴上，

---

① 《庄子·天道》，《庄子集释》，中华书局1981年版，第458页。
② 《庄子·天道》，同上书，第462页。
③ 《庄子·天运》，同上书，第508页。

形成了崇尚自然的艺术风格,以及评价艺术的标准。

在文学方面,刘勰从缘情言志的角度强调自然:"人禀七情,应物斯感,感物吟志,莫非自然。"① 初唐陈子昂反对"彩丽竞繁"的绮靡文风,提倡汉魏风骨,逐步形成唐代文学崇尚自然的风气。李白所吟:"清水出芙蓉,天然去雕饰。"② 正是体现着以天然为美的审美情趣。北宋欧阳修认为自然是艺术品永恒标准,"君子之欲著于不朽者,有诸其内而见于外者,必得于自然。"③ 苏轼亦云:"文理自然,姿态横生"④ 反映着他对天然、清新风格的赞赏。明清之际,文艺中表现个性、情感更加普遍,自然风格更加受到重视。明袁宏道倡"趣",以为"趣得之自然者深"⑤。清叶燮发挥庄子思想,主张"凡物之生而美者,美本乎天者也,本乎天自有之美也"⑥。

在绘画美学方面,魏晋以降,随着自然风格的崇尚,到对天然、天趣的追求,明确确立自然这一审美范畴。唐张璪

---

① 《文心雕龙·明诗》,《文心雕龙注》,人民文学出版社 1978 年版,第 65 页。
② 李白:《经乱离后天恩流夜郎忆旧游书怀赠江夏韦太守良宰》。
③ 欧阳修:《唐元结阳华岩铭》,《中国美学史资料选编》,复旦大学出版社 2008 年版,第 264 页。
④ 苏轼:《答谢民师书》,同上书,第 283 页。
⑤ 袁宏道:《叙陈正甫会心集》,《中国美学史资料选编》,复旦大学出版社 2008 年版,第 372 页。
⑥ 《已畦文集·滋园记》,同上书,第 496 页。

王履《华山图》

提出"外师造化,中得心源"的著名观点,反映着对自然的崇拜。张彦远《历代名画记》将自然评为最高等级:"自然者,为上品之上。"被很多人推崇备至的神品,他却认为在自然之下,神者为上品之中,妙者为上品之下,"失于自然而后神,失于神而后妙"[1],充分体现出唐代绘画注重画家感情自由表现,以天然为最美境界的画风。托名王维的《山水诀》提出:"夫画道之中,水墨为上。肇自然之性,成造化之功。"[2] 宋代黄休复《益州名画录》将画品评为逸、神、妙、能四格,能品仅仅写实,而最高的逸品,实难摹仿,

---

[1] 张彦远:《历代名画记》,《中国美学史资料选编》,复旦大学出版社2008年版,第247页。
[2] 《山水诀》,同上书,第215页。

"得之自然,莫可楷模"①。韩拙论画山水,认为有华有实,"实为质干也,华为华藻也。质干本乎自然,华藻出于人事。"②明王履的《华山图序》,明确提出"吾师心,心师目,目师华山",清石涛认为画形天地万物,山水画"脱胎于山川",应"搜尽奇峰打草稿"③,强调的都是以自然为师的为创作原则。

在书法美学方面,汉扬雄认为书为心画,以心迹表现之

郑燮书画

---

① 黄休复:《益州名画录》,《中国美学史资料选编》,复旦大学出版社2008年版,第259页。
② 韩拙:《山水纯全集》。
③ 《苦瓜忽视画语录·山川》,《中国美学史资料选编》,复旦大学出版社2008年版,第502页。

自然为贵，南齐王僧虔以自然作为品书标准。唐李世民认为书法创作中"思与神会，同乎自然"①，孙过庭论书，以为妙笔精书应"同自然之妙有，非力运之能成"②。张怀瓘认为书之道在于"学之于造化"，"各挺之自然"。宋、元、明、清诸代，品评自然为书体之先者，论家不乏其人，清刘熙载所云："书当造乎自然。""怀素自述草书所得，谓观夏云多奇峰，尝师之。"③即为一例。唐岱还将自然与学问、法理相联系，指出："自然者学问之化境，而力学者有自然之根基。"④可见师法自然之深入人心。

武元直赤壁图

---

① 《佩文斋画谱·唐太宗指意》。
② 孙过庭:《书谱》,《古画品录》,上海古籍出版社1991年版,第32页。
③ 刘熙载:《艺概·书概》,上海古籍出版社1978年版,第171、142页。
④ 唐岱:《绘事发微》。

1980年代中国美学史研究述评

近几年来,随着"美学热"的兴起,对中国古代美学的重视也与日俱增。人们在致力于探讨美学理论,引进现代西方美学思潮的同时,日渐发现中国古代的美学思想家、文艺理论家,给我们留下了丰富的思想遗产。于是,一批有一定学术质量的论文涌现了,一些有影响的中国美学史专著问世了。这块曾经是一片荒芜的园地,萌发出簇簇新绿。

(一)

开展中国美学史研究,有方法论的问题,也有对研究对象如何界定的问题。近几年来中国美学史研究的收获,首先表现在对研究对象认识的深化上。

前几年,不少研究文章还停留在"××论美"的阶段。他们把力量集中于到中国古代哲学、艺术理论著作中寻找关于论美的段落,认为这就是中国古代美学的所在,这种片面性的产生也不奇怪。因为他们的研究是参照西方美学史的。

而直到现代西方美学以前,"美"一直是西方美学基本的、中心的范畴。《大希庇阿斯篇》关于美本身的诘难,狄德罗对"美在关系"的阐释,黑格尔关于"美是理念的感性显现"的命题,不都是回答"美是什么"吗?因此一些研究者认为要发掘中国美学史的遗产,就要从整理、分析哲学家、艺术家关于美的论述入手。

随着研究的深入,人们发觉中国古代美学不同于西方美学,"美"并不是中国美学的中心范畴、或最高层次的范畴,而"道""气""象""神""妙""逸""虚实""刚柔""动静"倒是中国古典美学的重要范畴。中国美学并不像西方美学那样侧重对美与艺术进行本体论的研究,并不侧重对审美对象做冷静的、科学的认识,不是向外用力,而是向内用力的。它着重于探求人们在审美过程中的心理状态,探求外在的感性形式如何与人们内在的伦理道德要求和谐地统一起来。这就决定了中国古代美学思想并不集中表现在或不主要表现在对美本身的论述上。"兴、观、群、怨","赋、比、兴","充实而有光辉之谓大",无疑都是重要的美学思想,但它们没有使用"美"这一概念。而有些著作,凡是讲到美的地方,并不见得就是它的美学思想,倒是没有讲美的地方,美学思想却异常丰富。先秦著作《考工记》即是一例。它作为记载"百工之事"的手工业制作的官书,就记有许多匠人审美经验的总结。"梓人为筍虡"章对审美中虚实相生原则的阐述,"磬氏为磬"章对磬体厚薄与磬音清浊高低关系的阐述,以及匠人对黄金分割比例的把握,充分表现了我国古代手工业劳动者对"美的规律"的掌握是何等令人赞叹!但若仅从书中之处用到美字的地方来分析,竟无一处具有审美的意义,都是讲的材料的质地优良。如果仅从这几个用到美字的段落寻找《考工记》的美学思想,岂不是找错了地方?

还应当注意到,体现在哲学著作中的美学思想,总是与实际的审美活动有所距离的。中国先秦时代的音乐、建筑、雕塑、工艺制品,有着那样举世瞩目的珍品,但先秦时期儒家美学对艺术创造、美的创造本身,却总结得很少,虽然他们对艺术的社会职能相当重视。庄子学派对"道与技"的阐述触及艺术创造的规律问题,但也远未能反映当时美的创造的多样性与丰富性。这就要求我们必须注重总结那些还未升华为美学理论的艺术品、工艺品的审美经验,就不能把视野仅仅局限在历史文献上,对历史文物的考察也是不容忽视的。宗白华在《中国美学史重要问题的初步探索》一文中,就明确提出来把哲学、文学著作与工艺、美术品结合起来研究的问题。他指出:"大量出土文物器具给我们提供了许多新鲜的古代艺术形象,可以同原有的古代文献资料互相印证,启发或加深我们对原有文献资料的认识。因此,在学习中国美学史时,需要特别注意考古学和古文字学的成果。"①

　　李泽厚在上海的一次讲演中又提出中国美学史有广义、狭义之分的问题。"广义的美学史，就是研究中国人的审美意识的发生、发展、变化的历史。"狭义的美学史"就是要求审美意识只有表现为理论形态之后，才写进去"。他与刘纲纪主编的《中国美学史》，正是作为狭义的美学史而填补了这一领域的空白。他前此发表的《美的历程》，则是为编写狭义的美学史提供背景，勾勒的广义美学史的轮廓。这两种美学史的区分，其理论意义是重大的。它告诉人们，对于中国美学史的研究，不能囿于仅仅表现为理论形态的美学理论，离开了对中华民族审美意识发生、发展的历史考察，不对表现在各个历史时代的文学、艺术以及社会风尚中的审美意识进行全面的考察，狭义的美学史也是编不好的。

　　对中国美学特有的范畴系统的重视，也是人们在研究中认识深化的表现。美学范畴是人类认识、掌握艺术美、生活美各种形态的"纽结"，是人们对审美意识从理论形态上所做的抽象与概括。范畴中隐含着思想，思想通过范畴来表现。研究范畴的发展、变化运动，就可以更好地掌握中国美学思想发展的历史。叶朗的《中国美学史大

---

① 宗白华：《美学散步》，上海人民出版社1981年版，第27页。

纲》正是在这样的指导思想下编写的。他认为一个时代审美意识的历史，表现为两个系列，一个为形象的系列，如陶器、青铜器、《诗经》《楚辞》等，一个是范畴的系列，如"道""气""象""妙""意""味""神""意象""风骨"等等。作为美学史，就应当研究美学范畴，研究美学范畴之间的区别、联系和转化，研究美学范畴的体系。他提出："一部美学史，主要就是美学范畴、美学命题的产生、发展、转化的历史。"人们认为，《中国美学史大纲》的最大成功，就在于它不是面面俱到、不分主次地逐个介绍大大小小的美学家，而是以这些美学家所提出的在美学史的发展上有意义的命题、范畴为点，以美学思想的发展为线，以一个时代的美学思潮为面，如此点面结合，就使其对中国美学范畴的来龙去脉、发展演变都有着极简洁而又清晰的交待。另一本涉及范畴史的专著是曾祖荫的《中国古代美学范畴》。作者从纷纭复杂的中国古代美学范畴中，选择了"情"和"理"、"形"和"神"、"虚"和"实"、"言"和"意"、"意"和"境"、"体"和"性"六对，分别加以阐述，并将与其相关的许多美学概念、范畴，归纳到这六对范畴中去，力图形成一个系统，即纵向分析了这些范畴的发生、发展历史，又横向考察了这些范畴同其他范畴的内在联系，阐明了这些范畴的美学特征，揭示了它们在艺术创作和艺术鉴赏上的实际意义。其不足在于只论述了六对范畴,对于中国美学史上另一些相当重要的范畴,如"象"等,就所述不多,更没能论及它的形成、发展和诸多派生范畴;又如将"气""刚""柔"等重要范畴仅仅作为"体"与"性"这对范畴的不同侧面来阐述,显然也很难揭示它们在中国美学范畴史上的地位与它们各自的美学意义。

(二)

近年来,中国美学史研究的收获还表现在研究的多侧面、多层次、多角度、多途径、多方位上,原先仅仅注重对美学家、美学著作作单一研究的狭隘研究方式,已经被新的研究方式所突破和取代。

首先是宏观研究的兴起。李泽厚的《美的历程》首创其风,它给中国美学研究的园地带来一股清新的空气,随着李泽厚对此种研究方式的阐释和一批有分量、富有创造性、新颖性的论文的发表,一新人们耳目,日益显示出宏观研究可以取得何等诱人的成果,有着何等宽广的用武之地。显然,宏观研究不像微观的考察那样细针密线、清楚翔实,似乎"粗疏笼统""语焉不详","但这种宏观勾画在突破和推翻旧有框架,启发人们去进行新的探索,给予人们从新的勇气和力量去构建新东西,甚至影响到世界观人生观,只要做得好，却又仍然是很有意义的"①。由于要从中国审美意识与美学思想发生、发展的宏观高度，对某一时期、某一学派的美学思想做出纵横交错的考察，从比较研究中探求其特点，找寻其规律，这种研究就更需要广博的知识，创造性思维，高瞻远瞩的学术眼光，高屋建瓴的理论气魄，当然也离不开微观研究的基础。近年来，虽然报刊上屡有纵论中国美学特点、思维方式的宏观研究文章出现，但论述精湛、富于启发的尚不多见。这也反映了宏观研究之难。

　　人们在重视宏观研究的同时，并未忽视微观研究，一些学者致力于此，也取得可喜的进展。于民的《春秋前审美观念的发展》一书，就多有细密的微观考察。像对殷商青铜器上的重要纹饰饕餮纹，他就从夔的象形文字、殷人的祖先图腾崇拜、君王专制下王权、神权象征等方面进行了多角度、多方面的分析。又如对中国古典美学的重要范畴"和"的诞生，它在西周末年到春秋末年内容的演变，它与"度""平""中"等范畴的联系，以及当时人们关于"音和——阴阳和——政和"的逻辑，均解释得清清楚楚，条分缕析，颇见功力。肖兵亦以微观研究见长。前几年，他对甲骨文、金文美学的考察《从羊人为美到羊大则美》，开美的字源学研究风气之先，常为人们称道。而后，又在微

---

① 李泽厚：《我的选择》，载《走我自己的路》，生活·读书·新知三联书店1986年版，第19页。

观研究上屡有建树,诸如对"万舞""濩"舞的民俗学研究,对商周美人、美神观念的考释,对楚辞中"内美""昭质"等审美观念的分析,都是很扎实的。他认为通过对神话传说、甲骨文金文、石器、陶器、青铜器以及原始绘画、雕塑、建筑的细微考察,同样可以抽绎出各种社会集团和个人的审美观点,有益于美学具体原则的归纳,为进行更为抽象的哲学概括提供材料。所以微观研究也不能"见木不见林",如果为细而细,愈钻愈细,脱离开中国思想历史嬗变和广阔的文化背景,钻进牛角尖也不是没有可能的。同样,离开微观研究的基础,不做扎实的研究,凭零星半点材料就想做宏观勾画,亦属奢望,因为稍有一偏离,便可相去甚远。我们相信,微观研究越发达,越会促进宏观研究的开拓,而宏观研究的新成果,将有利于人们用新的眼光审视看似寻常的材料,从中发现人们尚未发现的新价值。

其次是新的研究领域的开拓。过去,研究中国美学史多局限于唯心、唯物的"对子"内。有的研究者说,我"有一个想法:美学属于哲学范畴,既如此,就有必要从哲学上去研究古人的美学思想,有必要去揭示它是唯物主义还是唯心主义的,是辩证法还是形而上学等等的性质"[①]。但按这样的

[①] 《关于庄子文艺思想的评价问题》,引自《光明日报》1980年10月8日。

"对子"一量,庄子便被斥为"相对主义",其为美学史提供的丰富材料、其闪光的思想,均会视而不见了。实际上,庄子道家学派对中国古代艺术创造的影响,甚于儒家美学,有许多可供我们创造性地改造的东西,怎么能简单地用"相对主义"把它否定呢?我们欣喜地看到,近几年来对庄子美学思想的研究就有了长足的进展,就不再局限于对他"天地有大美"的论述上,而且涉及他的审美心胸理论,这就开拓了中国美学史研究的心理学领域。庄子提出"心斋"与"坐忘"等命题,追求一种忘物我、同天一、超利害、无思虑的绝对自由境界,主张截断对现实的自觉意识,忘怀得失,忘己忘物,排除一切耳目心意的感受,唯此才可进入审美的境界。而这种境界,不正是西方美学中反复强调的静观与观照的态度吗?李泽厚的《庄子美学札记》、刘纲纪的《庄子的美学思想》都对此做了精彩的剖析。叶朗在他的《中国美学史大纲》中,把老子的"涤除玄鉴"、庄子的"心斋""坐忘"、宗炳的"澄怀观道""澄怀味象"、郭熙的"林泉之心"连贯起来分析,称其为中国古典美学关于审美心胸的真正发现。有些作者还专门撰文分析《先秦心理美学的启迪》,这都表明,研究中国古代关于审美心理学上的种种论述,已成为整理中国古代美学遗产的重要课题。

神话学、人类学的研究也日渐兴起。青年学者何新的著作《诸神的起源》是富有启发性的。它虽不是专门研究美学的，但其中有不少成果丰富了美学研究的内容，扩大了人们的视野。对马王堆帛画的新释，揭示了秦汉时代神话、宗教观念在绘画上的反映。对"桑林""齐社""云梦""云雨"的考释，揭示了中国传统文化深层结构中的"生殖崇拜"观念。然而更使人们感兴趣的是，看到了神话学的研究，原来是对民族心理、文化、历史最深层结构的研究。这种研究，无论是从宏观上把握中国文化，以及在这一文化背景下所产生的中国古典美学的特点，还是从微观上考察先秦乃至汉代种种审美活动的深层底蕴，无疑都是十分必要的。对中国史前艺术的考察，则涉及人类学的领域。刘骁纯的《从动物快感到人的美感》、邓福星的《艺术前的艺术》兼论中西，两书均有不少阐述中国史前艺术的内容。前者在阐述从猿到人、从动物快感到人类美感的转化上，引述不少我国文物、考古的研究成果；后者在叙述史前艺术的分期、特点及演变时，专门介绍了这些时期我国文化遗址的分布及表现。可以预见，随着文物、考古的不断发现，随着审美发生学、人类学研究的日趋深入，中国史前艺术专著的诞生为期是不会远的。

对我国古代美学概念进行语义分析，也是研究的新领域。如《先秦时代美义的演变》就属这一类，但由于中国古代美学思想材料相当分散，有些概念的解释历来众说纷纭，要进行科学的语义分析，就不那么容易。我们期待在这个领域有更多更好的文章问世。

再次是研究的全方位展开。从纵向来说,通史、断代史的研究都有人进行,而且过去人们涉足较少的中国现代当代美学史的研究也被提上议事日程。李泽厚、刘纲纪的《中国美学史》第五卷,准备写到 20 世纪 80 年代。辽宁人民出版社的《当代中国美学思想研究丛书》,第一批已出了朱光潜、宗白华、王朝闻、蔡仪、李泽厚、蒋孔阳、高尔泰七本。这套书编辑体例一致,正文是对美学家美学道路和美学思想的研究,结尾附有他们的小传、年谱和主要著作简介。丛书对这批在当代中国颇有影响的美学大师和专家的介绍,是实事求是的,并都进行了初步的总结和评论,于中国当代美学研究的繁荣,是件大好事。

从横向来说,则有中国文艺美学、音乐美学、绘画美学、建筑美学、书法美学、园林美学等方面的专题论文和专著问世。叶朗的《中国小说美学》,以其丰富的资料,勾勒了从中国古典小说美学到近代小说美学的发展。伍蠡甫的《中国画论研究》,对文人画崇尚的简、雅、拙、淡、偶然、纵恣、奇倔等艺术风格做了深入剖析,对中国绘画意境理论的发展,作了历史的考察,不少论文见解独到,发旁人所未发,言旁人所不敢言,为中国绘画美学的研究,做出了贡献。郭因的《中国绘画美学史稿》,也积累了大量丰富的史料,惜作者把绘画美学思想的发展,全纳入其设想的现实主义、浪漫主义以及二者结合的发展框架,就有悖于中国绘画

石涛南山为寿图（局部）

美学思想的实际。值得一提的还有园林美学。刘天华对明代计成《园冶》美学思想的研究,对中国古典园林布置形式中的动与静、虚与实、开与合、大与小、收与放的阐述,都是令人兴味盎然的。

(三)

近年来,中国美学史研究的又一重大收获,即表现在研究方法的更新上。宏观与微观研究的并重,心理学、语义学、发生学、神话学、人类学等研究的多角度展开,都带有方法更新的意义。除此而外,一些研究者还在研究方法的现代化上做了一些革新的尝试。

以现代西方美学作为参照系,整理、发掘中国古代美学遗产,是这方面的尝试之一。通常的历史、思想史研究,都是采取考证的方法,对于古人提出的概念、范畴,采取古人所作的解释,亦把这种文字的训诂考证称为忠实于古人的。但是,这样的考释,并非没有局限性。第一,有些概念古人的话矛盾不一,很难找出一个统一的、确凿无误的解释,因为古人提出的美学范畴的本身就有多义性、模糊性、可塑性。第二,即使有些概念、范畴你弄清了它的原来含义,并不等于真正掌握了它在中国美学理论发展上的意义和作用。因为这些概念都是随历史而流动的,后人赋予的解释比原意有了发展。比如"诗言志"说。《诗序》疏云:"蕴藏在心谓之志","诗言志"意指用诗歌表现作者或赋诗者的思想、志向、抱负。倘若往前追溯,"志"又有着记忆、记录的意思,用诗以记诵(记忆)、用诗以记物(记录),正是古代诗歌发展的两个不同阶段。倘若往后探寻,唐代孔颖达将"志"与"情"联在一起,提出"在己为情,情动为志,情、志一也"。又发展了秦汉时期"诗言志"的蕴含。所以,考证本意的训诂方法虽然不可少,但不能过分夸大它的作用,任何真正有科学价值的研究,都要从现代科学发展的高度,对古人的思想做出说明,以指出它们在中国美学思想发展史上的地位与意义。也就是说,"以古释古",只是研究的第一步,更重要的还在于"以今释古",唯此才能避免望文生义,使我们对古人使用的美学范畴、概念的理解,符合古人的原义。也只有这样,才能使玄妙多变的古人用语变得易懂,揭示出其科学的美学蕴含。郁沅著的《中国古典美学初编》,在这方面颇下功夫。他对"赋、比、兴",曹丕的"文以气为主",钟嵘说的"滋味",刘勰说的"神思""风骨"都解释得清清楚楚。如他把"神思"解释为西方美学中的想象,并用刘勰的原话,说明"神思"所经历的"表象""表现的组合""意象"三个阶段。

刘纲纪在分析孔子"智者乐水,仁者乐山"的命题时,就从现代格式塔心理学、美学的同形同构说予以解释:"不论山、水、北斗、松柏或其他自然现象,只要它同人的某种精神、品质、情操有同形同构之处,都可以为君子所乐。这种'乐'显然不是某种功利上的满足,而是精神上的感应、共鸣,也就是人对自然美的感受和喜悦,孔子的'智者乐水'、'仁者乐山'的内在要义也就在这里。"①

尝试之二则是将现代自然科学的理论、方法引入中国美学史的研究。虽然在美学理论上,运用信息论、控制论、系统论的研究大有方兴未艾之势,但在中国美学史的研究上方见端倪。目前已有运用系统论、模糊数学、耗散结构的文章出现,如《意境的审美模糊性》《中国古代美学范畴系统的模糊性》等。但真正运用得好,则实非易事。因为它要求研究者要有扎实的美学根基,要真正懂得现代自然科学。如果生搬硬套,强以不知为知,势必会闹出笑话。有一篇文章用模糊逻辑对春秋、北朝、唐代美人"孰为美"的问题进行了研讨,经过作者计算,春秋美人美的程度为2.2,北朝为2.6,唐代为1.9,经"平权分配",分别为0.73、0.87、0.63,由此得出"春秋美人比唐代美人美,而北朝美人最美"的结论②。这样的问题,这样的方法,这样的答案,恐怕对于美学研究毫无益处。它说明尽管将现代自然科学方法

---

① 《孔子的美学思想》,《中国美学史》第一卷,中国社会科学出版社1984年版,第145页。
② 见《美学研究与模糊数学》,载《当代文艺思潮》1985年二期。

引进中国美学史的研究非常必要，但如何引进，还是一个远未解决的课题，还需要在现代自然科学的成果、研究方法与中国美学史研究之间架设桥梁。总之，研究方法必须现代化，而现代化又需积以时日，需要人们为之付出艰巨的劳动。这样的发展趋势是不可改变的。

尝试之三是用中西比较法研究中国美学。随着比较研究的广泛展开，中西美学的比较研究也日益受到人们的重视，从而促使中国美学史研究也注意中西比较。这种趋势的出现并非偶然，因为它是进一步发展中国美学史研究所必须的。只有透彻地进行了中西美学的比较研究，把握住中西美学的相通与不同之处，才能更好地认识中国美学发展规律和特征，从理论上说明中国美学对世界美学的贡献。其实，一些美学专家早已在自己的论著中注意到这点。钱锺书对"通感"的分析、对中西诗画区别的分析，搜集了大量中外艺术史料和艺术见解，引证丰富，卓有见识。宗白华、伍蠡甫对中西绘画和画论的比较，也独具见地。近几年来，一些美学家又从总体上对中国古代美学思想与西方进行比较。蒋孔阳的《中国古代美学思想与西方美学思想的一些比较研究》，从社会历史背景、思想流源、文学艺术实践和语言文字结构等四个方面，比较中西美学思想的异同，高屋建瓴，见解精辟。周来祥的《东方与西方古典美学理论的比较》一文，从体系上分析了中西古典美学的差别。他认为西方偏重于再现,东方偏重于表现;西方强调形式和谐,中国强调内容和谐;西方讲典型,中国讲意境;西方侧重美与真的统一,东方侧重美与善的统一。从理论形态上看,西方美更具有分析性、系统性,东方美学更带有直观性和经验性。这种分析在研究者中产生了较大影响。叶朗在《中国美学史大纲》的绪论中,专门写了一节《对有关中国美学一些流行观念的考察》,对周文提出异议。他认为中国美学不能用"重表现"来概括,因为中国美学也有强调再现的理论,如《周易》的"观物取象",叶燮的艺术反映"事""理""情"的观点,中国小说美学中关于典型人物塑造的理论等。他不同意中国美学偏重于美与善的统一的说法,认为中国古典美学中强调美与真统一亦大有人在。老子、庄子都强调真,王充也讲真,荆浩的"度物象而取其真",明清小说美学、戏剧美学强调的"逼真""肖物""合情合理",都是把真实性的要求提到第一位。"怎么能撇开这样大量的历史事实,说中国古典美学只侧重'美''善'统一而不侧重'美''真'统一呢?"他更不同意中国古典美学偏于经验形态的看法,认为中国古典美学家中,有思辨性很强的哲学家如老子、王弼、嵇康、王夫之等,叶燮的《原诗》理论性和系统性都很强,中国美学决不是随感式的、印象式的、即兴式的东西,它是理论形态的,不过有着自己的特点就是了。这种不同意见的争辩,必将启发人们进行深入的研究。

用比较方法研究中国美学，切忌不顾中西美学时间、领域、思维方式的差别，不去认真分析各种美学范畴、美学概念的真正含义，看到一点相似之处，就简单地把两者混同起来。这种机械的、生硬的对比，必定是武断的、肤浅的。比如中国古典美学讲"情"，强调"情动于中，故形于声，声成文，谓之音"；"夫乐者，乐也。人情之所不能免也"①。把"情"作为审美鉴赏和审美创造的动力性因素。但是，能不能把中国古典美学的"言情说"同西方近代浪漫主义崛起后、风靡一时的"表现"说同样看待，甚至认为近代西方表现主义美学同中国古典美学有靠拢的趋向呢？决不能这样说。因为中国古典美学虽然肯定追求情欲的满足乃是人之天性，但又认为对这种"情"必须节制，不能过分沉湎于声色感官娱乐，"以道制欲，则乐而不乱；以欲忘道，则惑而不乐"②，而这个"道"，即是儒家之"礼"，这样"情"就要受到社会伦理规范的制约，"发乎情，止乎礼义"③，说的正是这个道理，这同西方浪漫主义美学尽情舒展个体情感、欲望的主张，看似相近，实则相去甚远。同样，中国古典美学中的"意象"范畴与现代西方美学中的"意象"，也不能简单

---

① 《乐记》，人民音乐出版社1982年版，第3、38页。
② 《乐记》，同上书，第28页。
③ 《毛诗序》，《中国历代文论选》，上海古籍出版社1979年版，第一卷，第63页。

地等同起来。这就要求我们具体分析这些范畴的真正内涵,分析这些范畴产生的历史文化条件。

尝试之四是在文化反思中研究古代美学。一个民族、一个阶层、一个时代的审美情趣、审美理想,总是该时代文化背景的产物,也是历史上审美情趣、审美理想逐渐积淀、变异、更新的结果,因而也渗透着前此的各个领域、各个层面的文化的影响。因此,从广阔的文化背景下把握中国美学的特征,就显得极为必要了。如果对影响着中国美学思想的传统文化不甚了了,对它的深层内核、内在特征若明若暗,对于中国古代美学思想的历史嬗变必然求不得甚解。这种文化研究对于美学史研究的至关重要性,近两年来已

智永真草《千字文》(局部)

越来越为人们所痛感。正在兴起的"文化热",犹如强劲的东风,给中国美学史的研究以有力的推动。不少见解颇深的论文,正是在文化反思中把思考引向深入的。李泽厚在阐述魏晋时代美学情感兼智慧的特征时,就分析了铸造这一个时代文艺与美学思想的心理特征与情理机制。儒家《易》学对万有流变的生的礼赞,庄子高举远蹈的人格本体,屈赋对死亡反思一往深情,三者在魏晋时代的交融汇合,使得玄学所达到的无限,不仅仅是思辨的智慧,而且更是情感的体悟,从而决定着哲学—美学中讲的"无""道""神""意中",都有着"情"的背影[①]。葛兆光的《禅宗与中国文化》,也是从文化史的角度,研究了禅宗与中国士大夫"幽深清远"的审美情趣以及自然、凝练、含蓄的艺术表达追求。

对中国传统文化的反思,促进着对于作为传统文化之一的中国古代美学思想的反思。蒋孔阳《中国艺术与中国古代美学思想》一文深刻分析了中国古代社会的两大特点,一是宗法礼教,一是小农经济。宗法礼教产生了以礼乐为中心的儒家美学思想:强调艺术与政治、伦理的关系,具有浓厚的政治伦理色彩;讲究等级的森严与差别,把美与荣华富贵联系在一起;强调人与自然的统一,主张天人感应、物我交融,以"中和"为美;重视感情,强调个人感情与社会目的

---

① 见《古典文学札记一则》,载《文学评论》1986年四期。

的统一；不仅是现实的，而且是世俗的。而小农经济的一面则产生以无为、自然为中心的道家美学思想。中国古代文人诗词、水墨画追求兴趣，注重人品，强调畅神达意，讲究整体意境，正是道家美学思想影响的体现。这是极富启发意义的，它实际上提出了在审美意识现代化的过程中如何正确对待中国古代美学传统的课题。只有准确地、全面地认清中国的美学传统，分清它的积极面与消极面，看到哪些是有碍于审美观念现代化的，哪些是在新的历史条件下可以创造性地改造的，才能把现代西方美学科学部分的引进与中国传统美学的选择、改造结合起来，建立起具有时代特色的全新的中华民族的审美观念、美学理论，才能走出我们自己的美学研究之路——中国美学走向世界之路。

（载于《复旦学报》1988年第二期）

中国美学大事年表
（公元前—1988年）

——为《哲学大辞典·美学卷》而作

说　明

一、本年表涉及的时间，上起元谋人，下迄1988年。

二、内容以记录美学思想家为主，并记录其重要美学观点、主要美学著作和美学学术活动。力图大致反映出中国美学思想发展的历史脉络和特点。

三、历史纪年用公元纪年，夹注旧纪年。年份几说不一时，择取一说。

前17000世纪至前400世纪（旧石器时代） 元谋人文化、周口店文化、河套文化形成于此时。原始先民以狩猎为生，以石制砍砸器、刮削器等为工具，后又以角、骨、木等制工具。始用火、熟食。为史前艺术初期繁荣创造条件。

前400世纪至前300世纪（旧石器时代晚期） 峙峪文

化、山顶洞文化、安阳文化形成于此时。狩猎工具逐渐由大型转化为小型，制作趋向精细。有人体佩戴的饰品出现。

前100世纪至前70世纪（旧石器时代向新石器时代过渡期） 北京周口店山顶洞、河南新郑裴李岗、浙江余姚河姆渡、黑龙江昂昂溪等文化形成于此时。石器工具趋向小型、精致、功能专一，有"细石器""复合工具"出现，加工方法渐由磨制代替打制。

前70世纪至前50世纪（新石器时代） 河南仰韶文化、山东龙山文化等处于此时。农耕石器进一步发展。石制工具从选料到制作开始带有一定的审美意味，有较明显审美价值的石坠、石璧、石镯出现。陶器制作繁荣，彩绘纹饰诡奇多变。原始歌舞产生。"昔葛天氏之乐，三人操牛尾，投足以歌八阕。"（《吕氏春秋·古乐》）

前50世纪至前40世纪（新石器时代晚期） 甘肃半山、陕西半坡、山东龙山、河南庙底沟文化处于此时。器物造形趋向复杂，有玉制饰品、玛瑙饰品出现。原始图腾崇拜盛行，龙凤崇拜蔚成风气。有彩绘舞蹈纹盆出现。

约前23世纪（颛顼时代） 相传帝颛顼"令飞龙作效八风之音，命之曰《承云》，以祭上帝"（《吕氏春秋·古乐》）。

约前22世纪（尧舜时代） 相传尧为帝，命羲和"历象日月星辰，敬授人时"，"四时成岁，允厘百工，庶绩咸熙"（《尚书·尧典》）。命鲧治水。命"质为乐"，"质乃效山林、泽谷之音以歌"(《吕氏春秋·古乐》)。禅让于舜。舜命夔"典乐，教胄子"，夔"击石拊石，百兽率舞"(《尚书·舜典》)。古乐《云门大卷》(颂黄帝)、《大咸》(颂尧)、《大韶》(颂舜)等成于此时。

前21世纪至前16世纪（夏代） 奴隶制国家形成。青铜器铸造开始。九牧贡金，以铸九鼎。古乐《大夏》(颂禹)成于此时。

前16世纪至前11世纪（商代） "百工"兴旺，铸鼎象物，"百物而为之备，使民知神奸"(《左传·宣公三年》)。古乐《大濩》(颂汤)成于此时。甲骨文、金文中有美字出现。

前11世纪（殷周之际）《易经》成于此时。以━━、━━组成易象，以事物形象比喻、象征所卜之事的吉凶休咎。有"枯杨生华""鸣鹤在阴""乘马班如，泣血涟如"等取象之辞；有"鸿渐于干""鸿渐于陆""鸿渐于陵"等比兴诗歌出现。

前11世纪至前770年（西周） "周监于二代，郁郁乎文哉。"(《论语·八佾》)制礼作乐，整理六代舞。设大司乐，以乐德、乐语、"六舞"教国子。《雅》《颂》成于此时。设采诗之官，"孟春之月，……行人振木铎于路，以采诗"(《汉书·食货志》)。

前770年至前476年（春秋时期）《周南》《召南》

《郑》《卫》等十五国国风形成,提出"美"与"美人"概念:"彼美孟姜,洵美且都";"卢令令,其人美且仁";"匪女之为美,美人之贻!""士"的阶层出现。伴随人的意识的觉醒与思想解放,形成百家争鸣的局面。

前781年至前771年(周幽王元年至十一年) 周太史史伯论"和",提出"声一无听","物一无文"。

前710年(周桓王十年) 臧哀伯论文物昭德。

前620年(周襄王三十二年) 晋郤缺论"九功之德皆可歌也"。

前606年(周定王元年) 王孙满论"铸鼎象物"。

前580年(周简王六年) 老子约生于此时。

前562年(周灵王十年) 晋魏绛论"乐以安德"。

前551年(周灵王二十一年) 孔子生。

前544年(周景王一年) 吴季札聘于鲁,请观周乐,以"美"赞赏风、雅、颂等乐舞艺术,阐述以中和为美的审美理想。

前541年(周景王四年) 医和论五色、五声:"天有六气,降生五味,发为五色,徵为五声。"

前540年至前529年(周景王五年至十六年) 楚灵王为章华之台,伍举论美:"上下、大小、远近皆无害焉,故曰美。"

前522年(周景王二十三年) 单穆公论乐:"乐不

过以听耳""美不过以观目"。伶州鸠提出"政象乐,乐从和,和从平"。晏婴论"和"与"同"异及声音的"相反""相济"。

前521年(周景王二十四年) 孔子开始私人讲学,儒家学派逐渐形成。

前500年(周敬王二十年) 老子约卒于此时。主张道为"天下母","万物负阴而抱阳",创道家美学思想。提出"大音希声""大象无形""涤除玄鉴",及"道""气""象""妙""味""虚""实"等范畴。有《老子》。

前484年(周敬王三十六年) 孔子周游列国后,开始整理文化典籍。墨子约生于此时。

前479年(周敬王四十一年) 孔子卒。创儒家美学,提出"兴于诗""成于乐""游于艺","尽善尽美","文质"统一,"知者乐水,仁者乐山","乐而不淫,哀而不伤",及"兴""观""群""怨"等范畴。有《论语》。

前476年(周敬王四十四年) 约在此前后齐人著《考工记》,记录"百工之事",《画缋之事》《梓人为筍虡》等章提出以五方定五色、虚实相生等思想。

前468年(周定王元年) 墨子约生于此时。

前420年(周威烈王六年)《老子》约在此时编定。

前376年(周安王二十六年) 墨子卒。提出"非乐",主张"食必常饱,然后求美""先质而后文"。有《墨子》。

前 372 年（周烈王四年） 孟子约生于此时。

前 369 年（周烈王七年） 庄子约生于此时。

前 340 年（周显王二十九年） 屈原约生于此时。

前 313 年（周赧王二年） 荀子约生于此时。

前 304 年（周赧王十一年） 屈原著《离骚》。

前 295 年（周赧王二十年） 孟子游说不遇，退而著《孟子》。

前 289 年（周赧王二十六年） 孟子约卒于此时。提出"充实之谓美"，"充实而有光辉之谓大"，"目之于色也，有同美焉"，"以意逆志"，"吾养吾浩然之气"。有《孟子》。

前 286 年（周赧王二十九年） 庄子约卒于此时。发展道家美学，提出"天地有大美"，"与天和者，谓之天乐"，"至乐无乐"，"厉与西施""道通为一"，"心斋""坐忘"，"得意而忘言"。有《庄子》。

前 280 年（周赧王三十五年） 韩非约生于此时。

前 278 年（周赧王三十七年） 屈原约于此时投汨罗江。创楚骚美学，提出"内美"范畴，有《离骚》《天问》《九章》等。

前 265 年（周赧王五十年） 荀子于此前后著《天论》《解蔽》《正名》《王制》等。

前 239 年（秦王政八年） 吕不韦集宾客著成《吕氏春秋》，发展阴阳五行美学思想。《音初》《古乐》《大乐》《适音》

《侈乐》诸篇，集中论述音乐的起源及艺术特性。

前238年（秦王政九年） 荀子卒。继承发展儒家美学思想，提出"不全不粹之不足以为美"，"美善相乐"，"君子比德"，"形俱神生"，"性伪自美"。有《荀子》。

前233年（秦王政十四年） 韩非卒。反对儒家美学思想，提出"儒以文乱法"，"取情去貌"，"好质恶饰"。有《韩非子》。

前222年（秦王政二十五年）《尚书》于此前成书，提出"诗言志""歌永言""八音克谐""玩物丧志"。《乐记》编定。提出"心物感应"说，及"乐和民声""乐以治心""乐通伦理""乐以象德""大乐与天地同和""礼乐刑政，其极一也""王者功成作乐"。诸儒生完成《易传》十篇。糅合儒道美学，提出"象也者，像也"，观物取象，"立象以尽意"，"物相杂故曰文"，及"刚""柔""神""变"等范畴。《周礼》《仪礼》约在此前后编定。

前179年（汉文帝元年） 董仲舒约生于此时。

前164年（汉文帝前元十六年） 淮南王刘安招宾客术士数千人，撰成《淮南子》。提出"嫫母有所美，西施有所丑"，"小恶不足妨大美"。

前145年（汉景帝中元五年） 司马迁生。

前140年（汉武帝建元元年） 董仲舒倡"独尊儒术""罢黜百家"。

前104年（汉武帝太初元年） 董仲舒卒。倡"天人感应"说，提出"仁之美者在于天"，"举天地之道而美于和"。有《春秋繁露》。

前86年（汉昭帝始元元年） 司马迁卒。提出《诗》三百"大抵贤圣发愤之所为作"，赞扬屈赋"其称文小而其指极大，举类迩而见义远"。有《史记》。

前53年（汉宣帝甘露元年） 扬雄生。

前23年（汉成帝阳朔二年） 大戴（德）删定《礼记》八十五篇，小戴（圣）复删为四十六篇。

前2年（汉哀帝元寿元年） 扬雄著《法言》。主张"诗人之赋丽以则"，提出"言"为"心声"，书"为"心画"。

18年（王莽天凤五年） 扬雄卒。

27年（汉光武帝建武三年） 王充生。

78年（汉章帝建初三年） 班固奉诏撰《白虎通义》。《毛诗序》于此前后撰成，提出"情动于中而形于言"，"发乎情，止乎礼义"，诗有"风""雅""颂""赋""比""兴""六义"。

97年（汉和帝永元九年） 王充约卒于此时。倡"真美"，反对"虚妄"，提出"实诚在胸臆，文墨著竹帛，外内表里，自相副称"。有《论衡》。

100年（汉和帝永元十二年） 许慎始作《说文解字》，成书于121年（汉安帝建光元年），提出"指事""象形""形声""会意""转注""假借"等"六书"。

132年（汉顺帝阳嘉元年） 蔡邕生。

171年（汉灵帝建宁四年） 刘劭生。

187年（汉灵帝中平四年） 曹丕生。

192年（汉献帝初平三年） 蔡邕卒。创"飞白体"，提出"书者，散也"。有《笔论》《九势》。曹植生。

210年（汉献帝建安十五年） 阮籍生。

217年（汉献帝建安二十二年） 曹丕《典论》约成于此时，《论文》提出"文以气为主"。

223年（魏文帝黄初四年） 嵇康生。

226年（魏文帝黄初七年） 曹丕卒。有《典论·论文》。王弼生。

232年（魏明帝太和六年） 曹植卒。有《曹子建集》。

243年（魏齐王正始四年） 王弼注《老子》《周易》。阮籍《乐论》约成于此时。

245年（魏齐王正始六年） 刘劭约卒于此时。开魏晋士大夫人物品藻风气，提出人之"五常""五德""九征"。有《人物志》。

249年（魏齐王嘉平元年） 王弼卒。提出"言不尽意""得意忘象"。有《王弼集》。阮籍、嵇康等"竹林七贤"活动始于此时。约七年后，阮籍完《大人先生传》。

261年（魏元帝景元二年） 陆机生。

262 年（魏元帝景元三年） 嵇康卒。提出"越名教而任自然""声无哀乐"。有《琴赋》《声无哀乐论》。阮籍卒。主张乐以自然为本体，反对"以悲为乐"，以"平淡""无欲""无味"为乐的最高境界。著有《乐论》《清思赋》《大人先生传》。

272 年（晋武帝泰始八年） 卫夫人生。

276 年（晋武帝咸宁二年） 王廙生。郭璞生。

281 年（晋武帝太康二年） 葛洪约生于此时。

299 年（晋惠帝元康九年） 陆机《文赋》约作于此时。

303 年（晋惠帝太安二年） 陆机卒。提出"伫中区以玄览"，"精骛八极，心游万仞"，"诗缘情而绮靡"。有《文赋》。

321 年（晋元帝大兴四年） 王羲之生。

322 年（晋元帝永昌元年） 王廙卒。提出"画乃吾自画"，"书乃吾自书"。

324 年（晋明帝太宁二年） 郭璞卒。作《山海经序》，提出"物不自异，待我而后异；异果在我，非物异也"。

334 年（晋成帝咸和九年） 慧远生。

346 年（晋穆帝永和二年） 顾恺之约生于此时。

349 年（晋穆帝永和五年） 卫夫人卒。提出"意前笔后者胜"。有《笔阵图》。

364 年（晋哀帝兴宁二年） 葛洪卒。提出"非染弗丽，非和弗美","美玉出于丑璞"。有《抱朴子》。

365年（晋哀帝兴宁三年） 陶渊明生。

375年（晋孝武帝宁康三年） 宗炳生。

379年（晋孝武帝太和四年） 王羲之卒。提出"意在笔前"。有《题笔阵图后》。

384年（晋孝武帝太元九年） 僧肇生。

403年（晋安帝元兴二年） 刘义庆生。

408年（晋安帝义熙四年） 顾恺之约卒于此时。提出"以形写神"，"迁想妙得"，"传神写照正在阿堵中"。有《论画》《魏晋胜流画赞》《画云台山记》。

414年（晋安帝义熙十年） 僧肇卒。提出"象非真象"，"虽象而非象"，及"象外之谈""正观""妙悟"。有《不真空论》《涅槃无名论》。

416年（晋安帝义熙十二年） 慧远卒。提出"拟状灵范""仪形神模"。有《襄阳丈六金像颂》(并序)、《佛影铭》(并序)。

426年（宋文帝元嘉三年） 王僧虔生。

427年（宋文帝元嘉四年） 陶渊明卒于此时。有《陶渊明集》。

441年（宋文帝元嘉十八年） 沈约生。

443年（宋文帝元嘉二十年） 宗炳卒。提出"澄怀味象""应目会心"，"应会感神"，山水画可"畅神"。有《画山水序》。王微卒。提出"望秋云，神飞扬；临春风思浩荡"，"本乎形者融灵"。有《画叙》。

444年（宋文帝元嘉二十一年） 刘义庆卒。有《世说新语》，记载魏晋风度及人物品藻的标准。

464年（宋孝武帝大明八年） 萧衍生。

465年（宋明帝泰始元年） 刘勰约生于此时。

466年（宋明帝泰始二年）至471年（宋明帝泰始七年） 钟嵘约生于此时。

485年（南齐武帝永明三年） 王僧虔卒。提出"心忘于笔，手忘于书，心手遗情，书笔相忘"。

501年（南齐和帝中兴元年） 刘勰撰成《文心雕龙》。萧统生。

503年（梁武帝天监二年） 萧纲生。

508年（梁武帝天监七年） 萧绎生。

513年（梁武帝天监十二年） 沈约卒。提出"以情纬文，以文被质"，"通声律始可言文"，创"声律说"。有《宋书·谢灵运传》。

514年（梁武帝天监十三年） 刘昼生。

518年（梁武帝天监十七年） 钟嵘以"品"论诗，写成《诗品》。不久卒。提出"古今胜语，多非补假，皆由直寻"，确立"味"在美学范畴中的重要地位。

531年（梁武帝中大通三年） 萧统卒。提出"踵事而增其华"。编有《昭明文选》。颜之推生。

532年（梁武帝中大通四年） 刘勰约卒于此时。提出"道沿盛以垂文，圣因文以明道"，"文能宗经"；"物色之动，心亦摇焉"，"情以物迁，辞以情发"；"文律运周，日新其业"，"文变染乎世情，兴废系乎时序"；"酌奇而不失其贞，玩华而不坠其实"，及"隐秀""意象""风骨""神思""知音"范畴。有《文心雕龙》。谢赫《古画品录》约成书于此后。提出"气韵生动""骨法用笔""应物象形""随类赋彩""经营位置""传移模写"等"六法"。

533年（梁武帝中大通五年）至551年（梁豫章王天正元年） 姚最完成《续画品》，提出"幼禀生知"，"心师造化"，"画有六法，真仙为难"，"意兼真俗，赋彩鲜丽，观者悦情"。

549年（梁武帝太清三年） 萧衍卒。论书强调"骨力"。有《梁武帝集》。

551年（梁豫章王天正元年） 萧纲卒。有《与湘东王书》，驳裴子野《雕虫论》。

554年（梁元帝承圣三年） 萧绎卒。提出"文""笔"区分，有《金楼子》。

558年（陈武帝永定二年） 虞世南生。

565年（北周武帝保定五年） 刘昼卒。提出"物有美恶，施用有宜"，"美不常珍，恶不终废"等观点。有《刘子》（一说刘勰著）。

584年（隋文帝开皇四年） 王通生。

595年（隋文帝开皇十五年） 颜之推约卒于此时。提出"文章当以理致为心肾，气调为筋骨，事义为皮肤，华丽为冠冕"。有《颜氏家训》。

599年（隋文帝开皇十九年） 李世民生。

617年（隋炀帝大业十三年） 王通卒。主张文学复古，提出"诗者，民之情性"。有《中说》。

638年（唐太宗贞观十二年） 虞世南卒。提出"书道玄妙，必资神遇，不可力求"。有《笔髓论》。孙过庭约生于此时。惠能生。

649年（唐太宗贞观二十三年） 李世民卒。提出学书"求其骨力""形势自生"；"心正则字正"，"心与气合，思与神会"；"悲悦在于人心，非由乐也"。有《贞观政要》。

650年（唐高宗永徽元年） 杨炯生。后为《王勃集》作序，盛赞王"壮而不虚，刚而能润，雕而不碎，按而弥坚"的文章风格。有《盈川集》。

659年（唐高宗显庆四年） 陈子昂生。

661年（唐高宗龙朔元年） 刘知幾生。

687年（唐武则天垂拱三年） 孙过庭《书谱》印行。

688年（唐武则天垂拱四年） 孙过庭卒。论书主张"骨力"与"遒丽""劲速"与"淹溜""燥"与"润""浓"

与"枯"的相反相济。有《书谱》。

696年（唐武则天登封元年） 李嗣真卒。提出"思侔造化，得妙物于神会"，"动笔形似画外有情"；以"逸品"为上品之上。有《续画品录》《画品》《诗品》《书品》等。两年后王昌龄生。

700年（唐武则天久视元年） 陈子昂卒。批评齐梁间诗"彩丽竞繁，而兴寄都绝"，主张诗歌"骨气端翔，音情顿挫，光英朗练"。有《与东方左史虬修竹篇序》。

701年（唐武则天大足元年） 李白生。王维生。

709年（唐中宗景龙三年） 颜真卿生。

710年（唐睿宗景云元年） 刘知幾著《史通》。

712年（唐睿宗太极元年） 杜甫生。

713年（唐玄宗开元元年） 惠能卒。曾创禅宗南宗，弘扬"直指人心，见性成佛"顿悟法门，提出"知（智）惠（慧）观照"的内省体验方法。有《六祖坛经》。殷璠约生于此时。

720年（唐玄宗开元八年） 皎然约生于此时。

721年（唐玄宗开元九年） 刘知幾卒。对史书写作提出"文而不丽，质而非野"要求，赞赏"用晦""简要"。有《史通》。

741年（唐玄宗开元二十九年） 唐玄宗注《老子》。张怀瓘为翰林供奉。论书以"风神骨气居上"，以"神"

"妙""能"三品相区分，提出"心存目想"。有《书断》《书佑》《画断》等。

756年（唐肃宗至德元年） 王昌龄约卒于此时。提出"境"的范畴，将其概括为"物境""情境""意境"三种。有《诗格》。

761年（唐肃宗上元二年） 王维卒。世传作画学诀秘（《山水诀》《山水论》）两篇，提出"画道之中，水墨最上"，"凡画山水，意在笔先"，"观者先看气象，后辨清浊"。有《王右丞集》。杜甫作《戏为六绝句》。

762年（唐代宗宝应元年） 李白卒。推崇"建安风骨"，提出"清水出芙蓉，天然去雕饰"，贵"清真""自然"之美。有《李太白集》。殷璠约卒于此时。编《河岳英灵集》，并为序，标举"风骨""兴象"，重视情思慷慨、爽朗刚健之美。

768年（唐代宗大历三年） 韩愈生。

770年（唐代宗大历五年） 杜甫卒。主张文艺以"真"为本，提倡"神"与"法"的统一。在艺术继承与发展观上，提出"不薄今人爱古人"，"转益多师是汝师"。有《杜甫集》。

772年（唐代宗大历七年） 白居易生。

773年（唐代宗大历八年） 柳宗元生。

775年（唐代宗大历十年） 窦蒙撰《语体字格》，提出

"纵任无方曰逸","百般滋味曰妙","千种风流曰能","不依致巧曰拙"。张璪活动于此时。提出"外师造化,中得心源"。有《绘境》。

777年（唐代宗大历十二年） 皇甫湜约生于此时。

785年（唐德宗贞元元年） 颜真卿卒。提出"趣长笔短,虽点画不足,常使意气有余","意外生体,令有异势"。有《述张长史书法十二意》。

789年（唐德宗贞元五年） 皎然著成《诗式》五卷。

800年（唐德宗贞元十六年） 皎然约卒于此时。要求诗歌"情多,兴远,语丽",提出"取象""取义""取境"范畴,及"文外之旨""意中之静""意中之远"境界。有《诗式》。

803年（唐德宗贞元十九年） 杜牧生。

810年（唐宪宗元和五年） 白居易作《与元九书》。

813年（唐宪宗元和八年） 符载约卒于此时。有《观张员外画松石序》。

815年（唐宪宗元和十年） 朱景玄活动于此时。于"神""妙""能"三品之外,又提出"逸品"。有《唐朝名画录》。张彦远生。

819年（唐宪宗元和十四年） 柳宗元卒。提出"文以明道","以神气为主","美不自美,因人而彰","择恶而取美",倡"奇味"说。有《河东先生集》。

824年（唐穆宗长庆四年）　韩愈卒。倡古文运动，提出"不平则鸣"，文以"气"为先，以"搜奇抉怪"为审美趣味。有《昌黎先生集》。

835年（唐文宗大和九年）　皇甫湜卒。提出"文奇而理正"，"异于常则怪"，"出于众则奇"。有《皇甫持正集》。

837年（唐文宗开成二年）　司空图生。

846年（唐武宗会昌六年）　白居易卒。提出"根情，苗言，华声，实义"，"文章合为时而著，歌诗合为事而作"，倡"新乐府运动"。有《白氏长庆集》。

847年（唐宣宗大中元年）　张彦远《历代名画记》写成。

852年（唐宣宗大中六年）　杜牧卒。提出"文以意为主，以气为辅，辞采章句为之兵卫"，颂赞"虚荒诞幻"的浪漫诗歌。有《樊川文集》。

875年（唐僖宗乾符二年）　张彦远卒。提出"书画同体"，论画以"自然""神""妙""清""谨细"五品相品评，强调审美"妙悟"。有《历代名画记》。

896年（唐昭宗乾宁三年）　欧阳炯生。

908年（后梁太祖开平二年）　司空图卒。提出"意象"论、"韵味"说，追求诗歌的"韵外之致"，"味外之旨"，"象外之象"，倡"万取一收"，"离形得似"，"超以象外，得其环中"，"不着一字，尽得风流"。

923年（后梁末帝龙德三年） 荆浩活动于此前。提出"画者，度物象取其真"，以"气、韵、思、景、笔、墨""六要"品评山水画。有《笔法记》。

971年（宋太祖开宝四年） 欧阳炯卒。提出"六法之内，惟形似、气韵二者为先"。编《花间集》并为之序。

1002年（宋真宗咸平五年） 梅尧臣生。

1006年（宋真宗景德三年） 黄休复著成《益州名画录》。将"逸品"列于"神""妙""能"三品之上，称其"得之自然，莫可楷模"。

1007年（宋真宗景德四年） 欧阳修生。

1011年（宋真宗大中祥符四年） 邵雍生。

1017年（宋真宗天禧元年） 周敦颐生。

1021年（宋真宗天禧五年） 王安石生。

1023年（宋仁宗天圣元年） 郭熙生。

1031年（宋仁宗天圣九年） 沈括生。

1032年（宋仁宗明道元年） 程颢生。次年程颐生。

1037年（宋仁宗景祐四年） 苏轼生。

1045年（宋仁宗庆历五年） 黄庭坚生。

1051年（宋仁宗皇祐三年） 米芾生。

1057年（宋仁宗嘉祐二年） 刘道醇《圣朝名画评》成书。提出"粗卤求笔""僻涩求才""细巧求力""狂怪求理""无墨求染""平画求长"等"六长"。

1060年（宋仁宗嘉祐五年） 梅尧臣卒。论诗提出"声调则意婉"，"物象则骨健"，"意圆则髓满"，以"平淡"为诗歌最高境界。有《梅氏诗评》《宛陵集》。

1071年（宋神宗熙宁四年） 欧阳修撰《六一诗话》。

1072年（宋神宗熙宁五年） 欧阳修卒。提出文章必"得之自然"，可"与造化争巧"，"非诗之能穷人，殆穷者而后工"，"古画画意不画形"。有《六一诗话》《欧阳文忠公集》。

1073年（宋神宗熙宁六年） 周敦颐卒。提出"文以载道"。有《太极图说》《通书》。

1074年（宋神宗熙宁七年） 郭若虚著《图画见闻志》。提出"意存笔先，笔周意内，画尽意在，像应神全"。以"清劲""秀润""雅淡""清澹""理趣""清奇"评价艺术风格美。

1077年（宋神宗熙宁十年） 邵雍卒。提出"以物观物，性也；以我观物，情也"。"形容出造化，想象成天地"，"炼辞得奇句，炼意得余味"。有《伊川击壤集》《皇极经世》等。叶梦得生。

1085年（宋神宗元丰八年） 程颢卒。提出"万物静观皆自得"，"始知泉石在胸中"。有《程子遗书》。郭熙卒。提出"林泉之志"，"身即山川而取之"，同一山川"每看每异"，山水画要有"身外意""意外妙"，及艺术表现的"三远"法。有《林泉高致》。

1086年（宋哲宗元祐元年） 王安石卒。提出文"以适用为本，以刻镂绘画为之容"。有《字说》《三经新义》《钟山日录》等。

1095年（宋哲宗绍圣二年） 沈括卒。提出"书画之妙，当以神会"，学书须自"法度"入，画山水应"以大观小"，"静中有动""动中有静"。有《梦溪笔谈》。

1101年（宋徽宗建中靖国元年） 苏轼卒。提出"凡物皆有可观"，"寓意于物，而不可留意于物"；观画"取其意气所到"，"萧散简远，妙在画笔之外"，"论画以形似，见与儿童邻"。有《苏东坡集》。两年后郑樵生。

1105年（宋徽宗崇宁四年） 黄庭坚卒。创江西诗派，提出"文乃道之器"，"书画当观韵"，"欲得妙于笔，当得妙于心"，及"点铁成金"，"夺胎""换骨"等借鉴古人的方法。有《豫章黄先生集》。

1107年（宋徽宗大观元年） 程颐卒。提出作文"害道"，"天下无一物无礼乐"，"和顺积中"，"英华外发"。有《易传》《颜子所好何学论》。米芾卒。创"米点山水"，主张"抒胸写意"，"意是我自是"，"意随笔落，皆得自然"，赞赏"平淡趣高"。有《书史》《画史》《宝章待访录》。

1117年（宋徽宗政和七年） 郭熙之子郭思纂述其父绘画心得为《林泉高致》。

1120年（宋徽宗宣和二年）《宣和画谱》问世。董逌《广川画跋》约成书于此时。提出"以天合天"，使"丘壑成于胸中"，"无心于画，求于造化之先"，便可"赋形出象"，"得之自然"。

1123年（宋徽宗宣和五年） 阮阅编成《诗话总龟》。

1125年（宋徽宗宣和七年） 陆游生。

1130年（宋高宗建炎四年） 朱熹生。

1139年（宋高宗绍兴九年） 陆九渊生。

1148年（宋高宗绍兴十八年） 叶梦得卒。提出"意与言和，言随意遣，浑然天成"，"无所用意，猝然与景相遇，借以成章"。有《石林诗话》《石林总集》。胡仔《苕溪渔隐丛话》前集编成。

1149年（宋高宗绍兴十九年） 王灼写成《碧鸡漫志》，提出"有心则有诗，有诗则有歌"，推崇民歌"能发挥自然之妙"。

1155年（宋高宗绍兴二十五年） 张戒活动于此之前。论诗以"言志"为"本"，以"咏物"为"工"，强调"情真""味长""气胜"，提出诗人应以"意胜""味胜""韵胜""气胜"。有《岁寒堂诗话》。姜夔生。

1162年（宋高宗绍兴三十二年） 郑樵卒。提出"乐之本在诗"，"诗之本在声"，"声之本在兴"；"书画同出"。有《乐志》。

1167年（宋孝宗乾道三年） 胡仔编成《苕溪渔隐丛话》后集。

1174年（宋孝宗淳熙元年） 王若虚生。

1187年（宋孝宗淳熙十四年） 刘克庄生。

1189年（宋孝宗淳熙十六年） 严羽约生于此时。

1190年（宋光宗绍熙元年） 元好问生。

1193年（宋光宗绍熙四年） 陆九渊卒。提出"宇宙便是吾心，吾心便是宇宙"，言、文皆是"以心会心"。有《象山先生全集》。

1195年（宋宁宗庆元元年）至1200年（宋宁宗庆元六年） 罗大经约生于此时。

1200年（宋宁宗庆元六年） 朱熹卒。提出"道者文之根本，文者道之枝叶"，"在心为志，发言为诗"，"诗出于志，乐出于诗"，"理"与"象""体用一源"。有《朱子大全》。

1210年（宋宁宗嘉定三年） 陆游卒。提出"工夫在诗外"；"诗家忌草草，得句未须成"；"琢雕自是文章病，奇险尤伤气骨多"。有《剑南诗稿》《渭南文集》。

1221年（宋宁宗嘉定十四年） 姜夔卒。提出诗有"气象、体面、血脉、韵度"，有理、意、想、自然四种"高妙"，"知其妙而不知其所以妙"为"自然高妙"。有《白石道人诗说》。

1223年（宋宁宗嘉定十六年） 郝经生。

1227年（宋理宗宝庆三年） 方回生。胡祗遹生。

1241年（宋理宗淳祐元年）至1252年（宋理宗淳祐十二年） 罗大经约卒于此时。坚持"文以贯道"，作诗"自然流出，不假安排"。有《心学经传》《易解》《鹤林玉露》。

1243年（宋理宗淳祐三年） 王若虚卒。提出"文章自得方为贵"，"定法则无，大体须有"，"妙在形似之外，而非遗其形似"。有《滹南诗话》《滹南遗老集》。

1248年（宋理宗淳祐八年） 张炎生。

1254年（宋理宗宝祐二年） 赵孟頫生。

1257年（宋理宗宝祐五年） 元好问卒。提出"眼处心生句自神"，诚为诗之本；"由心而诚，由诚而言，由言而诗"。有《论诗三十首绝句》《遗山集》。

1264年（宋理宗景定五年） 严羽约卒于此时。提出"别材""别趣"之说，强调诗之妙处"透彻玲珑，不可凑泊"，"言有尽而意无穷"，主张"以禅喻诗"，倡"妙悟"说。有《沧浪诗话》。

1269年（宋理宗咸淳五年） 刘克庄卒。提出"忧时原是诗人职"，反对"以禅喻诗"。有《后村诗话》《后村先生大全集》。黄公望生。

1275年（宋恭帝德祐元年） 郝经卒。主文道合一说，提出"夫理，文之本也；法，文之末也"，文欲求实用，人亦应"唯实是务",倡"内游"说。有《郝文忠公陵川文集》。

1277年(宋端宗景炎二年) 周德青生。

1295年(元成宗元贞元年) 胡祗遹卒。提出表演艺术"姿质浓粹""举止闲雅""歌喉清和圆转""轻重疾徐中节合度"等"九美"标准。有《紫山大全集》。

1296年(元成宗元贞二年) 杨维桢生。

1301年(元成宗大德五年) 倪瓒生。

1307年(元成宗大德十一年) 方回卒。提出"心即境地","治其境莫如治其心","意味之自然者为清新"。有《桐江集》,编有《瀛奎律髓》。

1310(元武宗至大三年) 宋濂生。

1320年(元仁宗延祐七年) 张炎约卒于此时。提出词要"雅正""清空",摒弃"浮艳""质实"。有《词源》。

1322年(元英宗至治二年) 赵孟頫卒。主张"到处云山是吾师","画人物以得其性情为妙","作画贵有古意","命意高古,不求形似"。有《雪松斋集》。

1332年(元宁宗至顺三年) 王履生。后提出"吾师心,心师目,目师华山"。有《华山图序》。

1354年(元惠宗至正十四年) 黄公望卒。主张表现自然美要"理""趣""韵"齐备,倡"兴来漫写秋山景",提出"作画大要,去邪、甜、俗、赖四个字"。有《写山水诀》

《画理》。

1365年（元惠宗至正二十五年） 周德清卒。编撰《中原音韵》，概括北曲"作词十法"，提出"务头""俊语"范畴。

1370年（明太祖洪武三年） 杨维桢卒。提出"诗者，人之性情也"，"求诗于模拟之外"。有《东维子集》。

1374年（明太祖洪武七年） 倪瓒卒。提出"写胸中逸气"，"逸笔草草，不求形似"，"兴来挥洒出新意"。有《倪云林全集》。

1378年（明太祖洪武十一年） 朱权生。

1381年（明太祖洪武十四年） 宋濂卒。提出"辞达而明道"，"为文必在养气"。有《宋学士全集》。

1448年（明英宗正统十三年） 朱权卒。有《太和正音谱》。

1460年（明英宗天顺四年） 祝允明生。

1472年（明宪宗成化八年） 王守仁生。

1479年（明宪宗成化十五年） 徐祯卿生。

1488年（明孝宗弘治元年） 杨慎生。

1495年（明孝宗弘治八年） 谢榛生。

1502年（明孝宗弘治十五年） 李开先生。

1506年（明武宗正德元年） 何良俊生。

1511年（明武宗正德六年） 徐祯卿卒。提出"情者，心之精也","情无定位，触感而兴","因情立格"，诗"乃造化之秘思"。有《谈艺录》。

1521年（明武宗正德十六年） 徐渭生。

1526年（明世宗嘉靖五年） 祝允明卒。提出"身与事接而境生，境与身接而情生"；"宣豁风抱"，必得大境，"内观心语"，必得小境。有《怀星堂集》。王世贞生。

1527年（明世宗嘉靖六年） 李贽生。

1528年（明世宗嘉靖七年） 王守仁卒。提出"天下无心外之物"，"乐是心之本体"，"礼之见于外者"为文。有《传习录》《王文成公全书》。

1536年（明世宗嘉靖十五年） 潘之恒生。

1541年（明世宗嘉靖二十年） 焦竑生。

1542年（明世宗嘉靖二十一年） 屠隆生。

1550年（明世宗嘉靖二十九年） 汤显祖生。

1551年（明世宗嘉靖三十年） 胡应麟生。

1553年（明世宗嘉靖三十二年） 沈璟生。

1555年（明世宗嘉靖三十四年） 董其昌生。

1558年（明世宗嘉靖三十七年） 陈继儒生。

1559年（明世宗嘉靖三十八年） 杨慎卒。提出"唐诗主情"，"宋诗主理"；"比兴，景也，筋节，情也"；"会心山水真如画，巧手丹青画似真"。有《升庵集》。

1560年（明世宗嘉靖三十九年） 袁宗道生。

1565年（明世宗嘉靖四十四年） 李日华生。

1568年（明穆宗隆庆二年） 李开先卒。提出"真诗只在民间"；"假笔随心"，"常言常意"；"俗雅具备"。有《词谑》《李开先集》。袁宏道生。

1573年（明神宗万历元年） 何良俊卒。提出"填词须用本色语"，倡"简淡"风格。有《曲论》。

1574年（明神宗万历二年） 钟惺生。冯梦龙生。

1575年（明神宗万历三年） 谢榛卒。提出"诗文以气格主为"；"体贵正大，志贵高远，气贵雄浑，韵贵隽永"；诗以景为"媒"，以情为"胚"，"意随笔生，不假布置"。有《四溟诗话》。

1577年（明神宗万历五年） 张丑生。

1579年（明神宗万历七年） 唐志契生。

1582年（明神宗万历十年） 计成生。

1590年（明神宗万历十八年） 王世贞卒。倡"格调说"，提出"才生思，思生调，调生格"；"诗以专诣为境，以饶美为材"；"神与境会"，"兴与境诣，神合气完"。有《艺苑卮言》。

1593年（明神宗万历二十一年） 徐渭卒。提出好作品应"句句是本色语"，"词须浅近"。有《南词叙录》《徐文长集》。

1597年（明神宗万历二十五年） 张岱生。

1600年（明神宗万历二十八年） 袁宗道卒。主张文以"辞达"为主。有《白苏斋类稿》。

1602年（明神宗万历三十年） 胡应麟卒。提出"体格声调""兴象风神"为作诗大要；"诗最可贵者清"，戒"理障"与"事障"；赞赏"以禅喻诗"，"一悟之后，万象冥会"，"动触天真"。有《诗薮》。李贽卒。提出"童心说"，"童心者，真心也"，"最初一念之本心也"，主张艺术表现"绝假纯真"之人性；强调"发愤"而作，"诉心中之不平，感数奇于千载"；以"化工"品评艺术。有《焚书》《续焚书》《藏书》《续藏书》。

1605年（明神宗万历三十三年） 屠隆卒。提出"妙合天趣，自是一乐"；诗"有虚而实"，"有实而虚"。有《白榆集》《由拳集》。

1608年（明神宗万历三十六年） 金圣叹生。

1610年（明神宗万历三十八年） 沈璟卒。倡"本色论"与"声律论"。有《南九宫十三调曲谱》。袁宏道卒。提出"性灵"说，主张作诗"任性而发"，"独抒性灵"，"从自己胸臆流出"，以"世人难得者为趣"，以"趣得之自然者深"。有《袁中郎集》。黄宗羲生。

1611年（明神宗万历三十九年） 李渔生。

1613年（明神宗万历四十一年） 顾炎武生。

1616年（明神宗万历四十四年） 汤显祖卒。提出"情为戏之源","因情成梦，因梦成戏"，情至则"生者可以死，死可以生"；文"不真，不足行"；"文以意趣神色为主"，诗"以若有若无为美"。有《汤显祖集》。

1619 年（明神宗万历四十七年） 王夫之生。

1620 年（明光宗泰昌元年） 焦竑卒。反对机械拟古，主张"脱弃陈骇，自标灵采，实者虚之，死之活之，腐臭者神奇之"。有《澹园集》。

1621 年（明熹宗天启元年） 潘之恒卒。提出"以情写情"。有《涉江集》。

1623 年（明熹宗天启三年） 袁中道卒。提出"天下无百年不变之文章"，"胆胜"者始变之；"以意役法，不以法役意"；诗"以发抒性灵为主"，"性情之发，无所不吐"，应直抒胸臆，抒写真情，反对抄袭雷同。有《珂雪斋集》。王骥德卒。要求戏曲兼有"本色"与"文辞"，"纯用本色，易觉寂寥"，"纯用文调，复伤珊镂"，以"风神""标韵""动吾天机"为艺术最高追求。有《曲律》。笪重光生。

1624 年（明熹宗天启四年） 钟惺卒。倡诗歌抒发性灵，提出"真诗者，精神所为也"，追求幽深孤峭艺术风格。有《诗归序》。魏禧生。

1627 年（明熹宗天启七年） 叶燮生。

1629 年（明思宗崇祯二年） 朱彝尊生。

1633 年（明思宗崇祯六年） 恽寿平生。

1634年（明思宗崇祯七年） 王士禛生。

1635年（明思宗崇祯八年） 李日华卒。提出"写出胸中奇"，"聊以自娱喜"；画家应"得造化真迹"，"得其韵不若得其性"，"性者，物自然之天"；"绘事必以微茫惨淡为妙境"，"片石疏林，入思方妙"。有《竹嬾画媵》《紫桃轩杂缀》《六砚斋笔记》。

1636年（明思宗崇祯九年） 董其昌卒。提出画家要"读万卷书，行万里路"，"以天地为师"，"胸中脱去尘浊"；"诗以山川为境"，"文要得神气"；"字须熟后生，画须生外熟"。有《画禅室随笔》《容台集》。

1639年（明思宗崇祯十二年） 陈继儒卒。提出"文人之画，不在蹊径，而在笔墨"，要"笔墨俱妙"，"下笔时要有味"。有《妮古录》《陈眉公全集》。

1640年（明思宗崇祯十三年） 蒲松龄生。石涛约生于此时（一说生于1642年）。

1643年（明思宗崇祯十六年） 张丑卒。提出"画品以理趣为主"，"从心所欲而不逾乎矩"者为"逸格"，反对"一味放纵狂怪"。有《清河书画舫》。

1644年（明思宗崇祯十七年） 计成著成《园冶》。提出园林艺术"虽由人作，宛自天开"；"巧于因借，精在体宜"，"借景，林园之最要者也"。毛宗岗评点《三国演义》提出"文章之妙，妙在猜不着"，"不大惊则不大喜，不大疑则不大快，不大急则不大慰"，赞赏"浪后波纹""锦屏对峙""将雨闻雷""善于用虚"等手法。

1645年（清世祖顺治二年） 沈宠绥约卒于此时。提出六律五声八音"昉天地之自然也"，"一声有一声之美好，顿挫起伏，俱轨自然"。有《度曲须知》。

1646年（清世祖顺治三年） 冯梦龙卒。提出话本小说应"事赝而理真"，要"惟时所适"，通俗易懂，"谐于里耳"。有《序山歌》《醒世恒言序》等。

1648年（清世祖顺治五年） 孔尚任生。

1651年（清世祖顺治八年） 唐志契卒。提出画家应看"真山水"，"山性即我性，山情即我情"，画出"真性情"；要"写出胸中一点洒落不羁之妙"。有《绘事微言》。

1661年（清世祖顺治十八年） 金圣叹被杀。评点《水浒传》《西厢记》。提出"以文运事"，"因文生事"，行文须奇、变、妙、神，"险绝放妙绝，不险不能妙"，胸中有"别材"，眼下有"别眼"。

1670年（清圣祖康熙九年） 张竹坡生。

1673年（清圣祖康熙十二年） 沈德潜生。徐上瀛辑《大还阁琴谱》刊行。内有徐著《溪山琴况》，仿司空图诗品，创琴况二十四论。

1679年（清圣祖康熙十八年） 张岱约卒于此时。对西湖、鉴湖、湘湖等江南山水性情风味及民间艺术有生动细致的美学分析。有《琅嬛文集》《陶庵梦忆》《西湖寻梦》等。李渔约卒于此时。提出戏曲要以"情""文""有裨风教","三美俱擅";重"结构","立主脑","密针线";"脱窠臼","取意尖新";强调戏剧应雅俗共赏,语言"贵浅不贵深",但也反对"一味显浅","日流粗俗"。有《闲情偶寄》。

1680年（清圣祖康熙十九年） 魏禧卒。提出作文应"积理"与"练识"之说,又论"风水相遭之文",有"惊而快之""乐而玩之"之分。有《魏叔子文集》。

1682年（清圣祖康熙二十一年） 顾炎武卒。提出文须"有益于天下","近代文章之病,全在模仿","诗以义为主,音从之",及"诗体代降"。有《日知录》《亭林文集》。

1686年（清圣祖康熙二十五年） 叶燮《原诗》定稿。

1690年（清圣祖康熙二十九年） 恽寿平卒。主张以画抒情,追求"高逸"的艺术风格。有《南田画跋》《瓯香馆集》。

1692年（清圣祖康熙三十一年） 王夫之卒。提出志、史不等于诗,诗文"俱以意为主,意犹帅也";"势者,意中之神理";"内极才情,外周物理"。倡"现量"说,提出"即景会心","因情因景,自然灵妙"。有《薑斋诗话》,编有《古诗选评》《唐诗选评》《明诗选评》。笪重光卒。主张"意象经营",提出"先具胸中丘壑,落笔自然神速";"实景清而空景现","真境逼而神境生"。贺贻孙活动于此前后。

提出"诗以蕴藉为主";"作者之旨","初皆不平","感慨不极,则优柔不深";自谓"以哭为歌"。有《诗筏》《骚筏》《水田居诗文集》。

1693年(清圣祖康熙三十二年) 郑燮生。

1695年(清圣祖康熙三十四年) 黄宗羲卒。提出"文章,天地之元气也"。主张"诗以道性情","凡情之至者,其文未有不至者"。有《南雷文案》等。

1698年(清圣祖康熙三十七年) 张竹坡卒。曾评点《金瓶梅》,提出小说应写出每一个人心中的情理。认为作者"入世最深","方能为众脚色摹神"。

1703年(清圣祖康熙四十二年) 叶燮卒。提出"美本乎天";为文之本"在物者三":"理、事、情","在我者四":"才、胆、识、力";"幽渺以为理,想象以为事,惝恍以为情";"言前人所未言,发前人所未发,而后为我之诗"。有《原诗》《已畦文集》。

1708年(清圣祖康熙四十七年) 石涛约卒于此时。(一说约卒于1718年)。提出"一画"论,"一画者,众有之本,万象之根","一画之法立,而万物著矣";"笔与墨会,是为细缊","山川脱胎于予","予脱胎于山川";"搜尽奇峰打草稿"。有《苦瓜和尚画语录》。

1709年(清圣祖康熙四十八年) 朱彝尊卒。以姜夔为宗论词,重格律,重淳雅、清空风格,主张以词"歌颂太平"。编有《词综》。

1711年（清圣祖康熙五十年） 王士禛卒。倡"神韵"说，标举"兴会超妙"，"兴会神到"，"神到不可凑泊"；主张"诗禅一致"，"舍筏登岸"。有《带经堂诗话》《带经堂集》。

1715年（清圣祖康熙五十四年） 蒲松龄卒。称其所作《聊斋志异》为"孤愤之书"，称民间俚曲"情真词切意缠绵"。有《蒲松龄集》。曹雪芹约生于此时。

1716年（清圣祖康熙五十五年） 袁枚生。

1718年（清圣祖康熙五十七年） 孔尚任卒。主张戏曲"警世易俗"，"事不奇则不传"，"制曲必有旨趣"。有《孔尚任诗文集》。

1723年（清世宗雍正元年） 戴震生。

1732年（清世宗雍正十年） 姚鼐生。

1733年（清世宗雍正十一年） 翁方纲生。

1736年（清高宗乾隆元年） 方薰生。

1738年（清高宗乾隆三年） 章学诚生。

1750年（清高宗乾隆十五年） 黄钺生。

1761年（清高宗乾隆二十六年） 张惠言生。

1763年（清高宗乾隆二十八年） 焦循生。曹雪芹约卒于此时（一说卒于1764年）。提出诗文表现"真事""真情真景"，做到"意趣真"；强调艺术虚构，提出"真事隐""假语存";主张"命意新奇""立意更新"。有《红楼梦》。脂砚斋于此前后评点《红楼梦》。提出"因情捉笔","因情得文",写出"天下必有之情事",而又"合情合理"。

1764年（清高宗乾隆二十九年） 阮元生。

1765年（清高宗乾隆三十年） 郑燮卒。提出诗文要"沉着痛快","道着民间痛痒";"未画以前，不立一格，既画以后，不留一格";"眼中之竹"到"手中之竹"到"胸中之竹"等。有《郑板桥集》。

1769年（清高宗乾隆三十四年） 沈德潜卒。倡"格调"说，提出"诗以声为用"，"其微妙在抑扬抗坠之间";以"温柔敦厚"为"诗教之本原"。有《说诗晬语》，编有《古诗源》。

1775年（清高宗乾隆四十年） 包世臣生。

1777年（清高宗乾隆四十二年） 戴震卒。提出"味与声色在物不在我";"立言之体"，有赋、比、兴三者，"赋直而比曲，比迩而兴远"。有《原善》《孟子字义疏证》。

1781年（清高宗乾隆四十六年） 周济生。

1791年（清高宗乾隆五十六年） 华琳生。

1792年（清高宗乾隆五十七年） 龚自珍生。

1794年（清高宗乾隆五十九年） 魏源生。

1797年（清仁宗嘉庆二年） 袁枚卒。倡"性灵说"，

"诗者，各人之性情耳"，"有性情，便有格律，格律不在性情外"，强调诗歌创作必须"有我"，师古而不泥古。有《随园诗话》《小仓山房文集》。

1799年（清仁宗嘉庆四年） 方薰卒。要求绘画理、趣、法兼备，提出"画无定法，物有常理"；"神乃工之极致，妙为法之机趣"；"以意运法"，"意造境生"。有《山静居画论》。

1801年（清仁宗嘉庆六年） 章学诚卒。提出《易》象"与《诗》之比兴，尤为表里"，"有天地自然之象，有人心营构之象"；"文辞，犹三军"，"志识，其将帅"；"气积而文昌，情深而文挚"。有《文史通义》。

1802年（清仁宗嘉庆七年） 张惠言卒。提出词要"意内而言外"，"与诗赋之流同类而讽诵"。选有《词选》。

1811年（清仁宗嘉庆十六年） 曾国藩生。

1813年（清仁宗嘉庆十八年） 刘熙载生。

1815年（清仁宗嘉庆二十年） 姚鼐卒。提出"文章之原，本乎天地"；"文者，天地之精英，而阴阳刚柔之发也"；"阴阳刚柔并行而不容偏废"，"兼备者为美"。有《惜抱轩文集》。

1818年（清仁宗嘉庆二十三年） 翁方纲卒。倡"肌理"说，提出"诗必研诸肌理"，"文必求实际"；"诗中有我以运之"；以"质实""通变"为美；"正本探源"，"穷形尽变"。有《复初斋文集》《石洲诗话》。

1820年（清仁宗嘉庆二十五年） 焦循卒。赞赏"花部""其词质直"，"其音慷慨"。有《剧说》和《花部农谭》。

1822年（清宣宗道光二年） 洪仁玕生。

1832年（清宣宗道光十二年） 王闿运生。

1837年（清宣宗道光十七年） 松年生。

1839年（清宣宗道光十九年） 周济卒。提出填词要有"寄托"，"非寄托不入，专寄托不出"。有《介存斋论词杂著》《词辨》《宋四家词选序》。

1841年（清宣宗道光二十一年） 龚自珍卒。主张"尊情""重才""任性"，崇尚"天然"之美。有《定盦全集》。黄钺卒。提出"意居笔先，妙在画外"；"意所未设，笔为之开"；"寓目得心"，"造化在我"；"积法成弊，舍法大好"。有《二十四画品》，收入《壹斋集》。

1842年（清宣宗道光二十二年） 但明伦著《聊斋志异新评》刊行。提出"一蓄"字诀，以阐明"统篇法"；提出一"转"字诀，以阐明"句法"。

1843年（清宣宗道光二十三年） 华琳著成《南宗抉秘》。

1848年（清宣宗道光二十八年） 黄遵宪生。

1849年（清宣宗道光二十九年） 阮元卒。倡"文笔"论。有《揅经室集》。

1850年（清宣宗道光三十年） 华琳卒。提出"画中之白，即画中之画，亦即画外之画"，论述"笔活"与"形活"关系。有《南宗抉秘》。

1853年（清文宗咸丰三年） 陈廷焯生。

1855年（清文宗咸丰五年） 包世臣卒。倡书法学习北碑，提出"窠臼来自抄袭，新异显于特性"。有《艺舟双楫》。

1857年（清文宗咸丰七年） 魏源卒。提出为文之道"常主于逆"，"逆淫俗"，"逆风土"，"逆运会"；论诗举"厚"，"博观约取"，"厚积薄发"。有《书古微》《诗古微》《古微堂集》。

1858年（清文宗咸丰八年） 康有为生。

1859年（清文宗咸丰九年） 况周颐生。

1863年（清穆宗同治二年） 齐白石生。

1864年（清穆宗同治三年） 洪仁玕卒。提出"文艺虽微，实关品学"，"文以纪实"，"言贵从心"，"朴实明晓"，"语语确实"，反对"舞文弄墨"，"抑扬其词"。有《资政新编》。

1865年（清穆宗同治四年） 黄宾虹生。

1868年（清穆宗同治七年） 蔡元培生。

1869年（清穆宗同治八年） 章炳麟生。

1872年（清穆宗同治十一年） 曾国藩卒。提出"欲学为文，当扫荡一副旧习，赤地新立"，主张以"经济"充实、代替"义理"，倡"雄奇之气"。有《鸣原堂论文》，收入《曾文正公全集》。

1873 年（清穆宗同治十二年） 刘熙载《艺概》刻本问世。梁启超生。

1877 年（清德宗光绪三年） 王国维生。

1879 年（清德宗光绪五年） 陈独秀生。

1881 年（清德宗光绪七年） 刘熙载卒。提出"文惟其是，惟其真"；"文之要，本领气象而已"；"'一'乃文之真宰"；"在外者物色，在我者生意"；"按实肖象"，"凭虚构象"，"象乃生生不穷"；"诗要哀乐中节"，"诗品出于人品"。有《艺概》。鲁迅生。

1884 年（清德宗光绪十年） 吴梅生。

1889 年（清德宗光绪十五年） 李大钊生。

1891 年（清德宗光绪十七年） 胡适生。

1892 年（清德宗光绪十八年） 陈廷焯卒。提出"作词之法，首贵沉郁"，"温柔和平，诗词一本也"，"温柔以为体，沉郁以为用"。有《白雨斋词话》。郭沫若生。

1893 年（清德宗光绪十九年） 青主生。毛泽东生。

1895 年（清德宗光绪二十一年） 徐悲鸿生。

1896 年（清德宗光绪二十二年） 吕澂生。

1897 年（清德宗光绪二十三年） 朱光潜生。宗白华生。潘天寿生。

1898年（清德宗光绪二十四年） 丰子恺生。田汉生。

1899年（清德宗光绪二十五年） 闻一多生。瞿秋白生。

1901年（清德宗光绪二十七年） 梁思成生。

1904年（清德宗光绪三十年） 王国维发表《红楼梦评论》。

1905年（清德宗光绪三十一年） 黄遵宪卒。提出"识时""通情""不名一格，不专一体"。有《人境庐诗草》。焦菊隐生。

1906年（清德宗光绪三十二年） 松年卒。提出画"总以形全神足为定本"，"随处留心，真境多观"，"涵咏胸次"。有《颐园论画》。蔡仪生。

1907年（清德宗光绪三十三年） 鲁迅作《摩罗诗力说》。

1908年（清德宗光绪三十四年） 王国维《人间词话》发表。周扬生。

1909年（清德宗宣统元年） 王朝闻生。

1912年（民国一年） 王国维《宋元戏曲考》成书。

1913年（民国二年） 鲁迅发表《拟播布美术意见书》。

1915年（民国四年） 吕荧生。

1916年（民国五年） 王闿运卒。提出"尽法古人之美","熔铸而生";"情不可放","言不可肆"。有《湘绮楼文集》。

1917年（民国六年） 蔡元培发表讲演，倡"以美育代宗教说"。

1919年（民国八年） 吴梦非、刘质平、丰子恺等在上海发起成立"中华美育会"。次年出版《美育》杂志。

1923年（民国十二年） 吕澂《美学浅说》《美学概论》出版。蒋孔阳生。

1924年（民国十三年）《美育》停刊。"中华美育会"无形解散。

1925年（民国十四年） 吕澂《晚近美学学说》《美的原理》出版。

1926年（民国十五年） 鲁迅《汉文学史纲要》出版。况周颐卒。有《蕙风词话》。

1927年（民国十六年） 王国维自沉于昆明湖。提出"古雅"说、"天才"说、"游戏"说、"境界"说、"悲剧"说。有《叔本华的哲学及其教育学说》《文学小言》《红楼梦评论》《古雅在美学上的地位》《人间词话》《宋元戏曲考》等。康有为卒。提出"新则鲜"，"新则活"，以"变""新"为美，主张文艺"感移人心为要渺"。有《新学伪经考》《海南诗文集》《广艺舟双楫》等。李大钊卒。提出生产者"靠着工作发挥人生之美"。有《李大钊文集》。陈望道（1890—

1977)《美学概论》出版。

1928年（民国十七年） 鲁迅翻译普列汉诺夫《艺术论》。

1929年（民国十八年） 梁启超卒。提出"真才是美"，"求美先从真入手"，"爱美是人类的天性"，"境者，心造也"，及"熏""浸""刺""提"四种小说艺术感染方式。有《美术与生活》《美术与科学》《中国之美文及其历史》《趣味教育及教育趣味》《饮冰室诗话》等。

1930年（民国十九年） 李泽厚生。

1931年（民国二十年） 朱光潜完成《文艺心理学》初稿。吕澂《现代美学思潮》出版。

1932年（民国二十一年） 朱光潜发表《谈美》。

1933年（民国二十二年） 朱光潜在斯特拉斯堡大学发表《悲剧心理学》。在国内出版《变态心理学》。

1935年（民国二十四年） 瞿秋白被捕牺牲。论述审美的功利性和艺术的阶级性。有《瞿秋白文集》。

1936年（民国二十五年） 章炳麟卒。提出文为"义师先声"。有《国故论衡》。鲁迅卒。提出"发扬真美，以娱人情"；"美凭直感底能力而被认识"；"悲剧将人生有价值的东西毁灭给人看"。有《鲁迅全集》。朱光潜《文艺心理学》出版。

1937年（民国二十六年） 周扬发表《我们需要新的美

学》和《艺术与人生——车尔尼雪夫斯基的〈艺术与现实之美学的关系〉》。

1939年（民国二十八年） 吴梅卒。有《中国戏曲概论》《曲学通论》等。

1940年（民国二十九年） 蔡元培卒。提出"以美育代宗教说"；美是"一种有价值的形容词"；"美的普遍性就是没有概念"。有《蔡元培美学论文选》。

1941年（民国三十年） 毛泽东发表《在延安文艺座谈会上的讲话》。宗白华发表《论〈世说新语〉和晋人的美》。周扬译车尔尼雪夫斯基《生活与美学》出版。

1942年（民国三十一年） 周扬发表《关于车尔尼雪夫斯基和他的美学》。

陈独秀卒。倡"文学革命论"，提出"推倒雕琢的阿谀贵族文学，建设平易的抒情的国民文学"。

1943年（民国三十二年） 蔡仪著《新艺术论》。宗白华发表《中国艺术意境之诞生》《论文艺的空灵与充实》。

1944年（民国三十三年） 周扬发表《〈马克思主义与文艺〉序言》。

1946年（民国三十五年） 闻一多被暗杀。曾倡格律诗，提出有"音乐""绘画""建筑""三美"。有《闻一多全集》。

1947年（民国三十六年） 蔡仪《新美学》出版。朱光潜译克罗齐《美学原理》出版。

1950年　王朝闻《新艺术创作论》出版。

1953年　徐悲鸿卒。提出美感为"一切艺术的渊源","妙之不肖者,乃至肖也"。有《中国画改良论》《述学之一》。

1954年　王朝闻《面向生活》出版。

1955年　黄宾虹卒。提出"以山水作字","以字作画";"以不似之似为真似";崇尚"沉雄桀骜""浑厚苍润"风格。有《中国画学史大纲》《黄宾虹画语录》。

1956年　朱光潜译《柏拉图文艺对话集》出版。王朝闻《论艺术的技巧》出版。

1956年至1964年　《人民日报》《文艺报》《新建设》《哲学研究》等报刊开展了关于美的本质、自然美、美学研究对象的讨论,发表讨论文章三百余篇。后编成《美学问题讨论集》六集。

1957年　齐白石卒。提出"我行我道,下笔要有我法";"巧拙互用,巧则灵变,拙则浑古";"作画妙在似与不似之间"。蒋孔阳《文学艺术的基本知识》《论文学艺术的特征》出版。宗白华发表《美从何处寻》。

1958年　蔡仪《唯心主义美学批判集》出版。

1959年　青主卒。提出音乐是"灵魂的语言","最高、最美的艺术"。有《音乐通论》《乐话》。朱光潜译黑格尔《美学》第一卷出版，发表《生产劳动对世界的艺术掌握——马克思主义美学的实践观点》等论文。王朝闻《一以当十》出版。

1960年　宗白华发表《康德美学原理述评》。

1961年　蔡仪《论现实主义问题》出版。

1962年　胡适卒。提出"孤立的美是没有的"；"一代有一代的文学"；首倡"文学革命"口号。有《国语文学史》《白话文学史》《胡适文存》。宗白华发表《中国书法里的美学思想》。亚里士多德、贺拉斯《〈诗学〉〈诗艺〉》中译本出版。普列汉诺夫《没有地址的信·艺术与社会生活》中译本出版。

1963年　朱光潜《西方美学史》上、下册出版。王朝闻《喜闻乐见》出版。丹纳《艺术哲学》中译本出版。

1964年　宗白华译康德《判断力批判》（上卷）出版。

1968年　田汉卒。提出"唯特色始能生色"，"提炼生活中真的、善的、美的东西"。有《田汉论创作》《田汉文集》。

1969年　吕荧卒。提出"美是人的社会意识"，"是社会存在的反映，第二性的现象"。有《美学书怀》《吕荧文艺与美学论集》等。

1972年　梁思成卒。提出"建筑是工程又是艺术"，"一个建筑师必须同时是美术家"。有《梁思成文集》。

1975年　丰子恺卒。主张艺术起源于"美欲",认为美在形式,而不在实用。有《缘缘堂随笔》《缘缘堂再笔》《丰子恺论艺术》。

1976年　毛泽东卒。提出真善美与假恶丑相比较而存在,相斗争而发展;文学艺术与现实生活"两者皆是美";"古为今用","洋为中用","百花齐放,推陈出新"。有《在延安文艺座谈会上的讲话》《同音乐工作者谈话》等。

1978年　郭沫若卒。提出"生命的文学是必真、必善、必美的文学","要用艺术精神美化内在生活","养成一个美的灵魂"。有《郭沫若全集》。

1979年　马克思《1844年经济学哲学手稿》中译本出版。朱光潜译黑格尔《美学》第二卷、第三卷上册出版。《王朝闻文艺论集》第一、二集出版。李泽厚《批判哲学的批判——康德述评》出版。中国社会科学院哲学所编《美学》创刊。中国社会科学院文学研究所编《美学论丛》创刊。

1980年　中华全国美学学会成立,于昆明召开第一届学术讨论会。朱光潜《论美书简》《美学拾穗集》出版。《王朝闻文艺论集》第三集出版。蒋孔阳《形象与典型》出版。李泽厚《美学论集》出版。湖南人民出版社创办《美育》杂志。柏格森《笑——论滑稽的意义》中译本出版。

1981年　北京大学哲学系美学教研室主编《中国美学

史资料选编》上下册出版。朱光潜译黑格尔《美学》第三卷下册。宗白华《美学散步》出版。

王朝闻主编《美学概论》出版。蒋孔阳《德国古典美学》《美和美的创造》出版。李泽厚《美的历程》出版。

1982年 《朱光潜美学文集》第一、二卷出版。蔡仪《美学论著初编》出版。《宗白华美学文学译文选》出版。李泽厚主编"美学丛书"出版。至1987年已出《艺术的起源》《审美心理描述》《黑格尔与艺术难题》《兴的起源》等。李泽厚主编"美学译文丛书"出版。至1987年首批推出席勒《美育书简》，克莱夫·贝尔《艺术》，桑塔亚纳《美感》，苏珊·朗格《情感与形式》《艺术问题》，卢卡契《审美特性》，杜夫海纳《艺术与哲学》，阿恩海姆《艺术与视知觉》等。

1983年 中华全国美学学会第二届会员代表会在厦门召开。朱光潜《悲剧心理学》中译本、《朱光潜美学文集》第三卷出版。王朝闻《再再探索》出版。《技术美学》创刊。中国艺术研究院外国文学所编《世界艺术与美学》创刊。

1984年 李泽厚、刘纲纪《中国美学史》第一卷问世。《吕荧文艺与美学论文集》出版。王朝闻《审美谈》出版。蒋孔阳主编《美学与艺术评论》创刊。鲍桑葵《美学史》中译本出版。全国美育座谈会在湖南召开。

1985年 蔡仪主编《美学原理》出版。《李泽厚哲学美学文选》出版。汝信主编《外国美学》创刊。康德《判断力批判》下卷中译本出版。

1986年 朱光潜卒。译作维柯《新科学》于同年出版。介绍审美"移情说""距离说""艺术即直觉"说，主张美在"心""物"之间，"心物交融""物我同一""物我两忘"。晚年倡美学的"实践观点"，提出"文艺活动是一种生产劳动，和物质生产劳动显出基本一致性"，人在自己所创造的作品里欣赏到人的本质力量；又提出"整体人"的观点，强调人的身心两方面各种本质力量的统一。有《悲剧心理学》《文艺心理学》《西方美学史》，收入《朱光潜美学文集》；译有黑格尔《美学》《柏拉图文艺对话集》、歌德《与爱克曼谈话录》、莱辛《拉奥孔》、克罗齐《美学原理》、维柯《新科学》等。宗白华卒。《美学与意境》于同年出版。提出美的"源泉是人类最深心灵与他的环境世界接触相感动时的波动"；"美的踪迹要到自然、人生、社会的具体形象里去找"；"'静照'是一切艺术及审美生活的起点"；"化景为情，融情于景，境与神会，美在神韵"。有《美学散步》《美学与艺境》《艺境》等；译有康德《判断力批判》上卷、《欧洲现代派画论选》《宗白华美学文学译文选》等。蒋孔阳《先秦音乐美学思想论稿》《美学与文艺评论集》出版。尼采《悲剧的诞生》中译本出版。

1987年 蒋孔阳主编《二十世纪西方美学名著选》上册出版。马奇主编《西方美学史资料选编》上下卷出版。李泽厚、刘纲纪主编《中国美学史》第二卷出版。辽宁人民出版社编辑"当代中国美学思想研究丛书"第一辑出版，有朱光潜、宗白华、王朝闻、蔡仪、李泽厚、蒋孔阳、高尔泰等美学思想研究七种。辽宁人民出版社"当代西方美学名著丛书"出版，所收译著有布洛克《美学新解》、伽达默尔《真理与方法》、尧斯《接受美学与接受理论》、巴特《符号学美学》、沃尔夫林《艺术风格学》、里德《艺术的真谛》等十一种。鲍姆嘉通《美学》、荣格《心理学与文学》、萨特《想象心理学》中译本出版。

1988 年 蒋孔阳主编《二十世纪西方美学名著选》下册出版。

（撰于 1988 年，载于《哲学大辞典·美学卷》，
上海辞书出版社，1991 年版）

涉望西学

19世纪英法美学概览

——《十九世纪西方美学名著选·英法美卷》导言

提起19世纪西方美学,人们往往想到的是德国,而不是英法。名噪一时的鲍桑葵《美学史》,将占全书近三分之一的篇幅给了从康德到哈特曼的德国美学,却没有只字述及法国19世纪的美学,对于自己故乡的英国美学,19世纪也仅仅写了一章,不及德国的五分之一。吉尔伯特、库恩的《美学史》,对于这一时期美学在英法的发展,也是语焉不详。

这也不奇怪。因为19世纪西方美学的成就,集中地表现于德国。是德国古典美学的建树,给19世纪初的美学带来划时代的光辉;而随着德国古典美学的解体,才孕育着美学从古典向现代的嬗变;人们考查现代西方美学的理论根基,找到的还是康德、叔本华这些德国人。是德国的费希纳提出的"自下而上"的美学,领导着美学从哲学体系中分化的新潮;风靡一时的"移情说",也是从德国传遍欧洲各国的。克罗奇在谈到德国的哲学和美学时曾指出:"从十八世纪最后二十五年至十九世纪上半叶,德国思想的作品……就其整体而言，是颇堪重视的；它们理所当然地在欧洲思想的一般历史中和美学的特殊历史中占据第一位，而使其他民族的哲学退居第二位、第三位和不重要的地位。"① 这话是一点也不错的。

但是，这绝不意味着英法等国的美学就没有长足的发展。诚然，英法等国没有出现像康德、歌德、席勒、谢林、黑格尔、叔本华、尼采这样出类拔萃的美学大师；没有出现像黑格尔《美学讲演录》那样博大精深的宏伟巨著，但它们同样是多姿多彩的，同样有着自己的传统、自己的创造与贡献。下面，就让我们回溯到这样的时代，对英法等国的美学，做一番匆匆一瞥式的观览。

一

19世纪英法美学给人的第一个印象就是它的色彩缤纷。在这里，法国古典主义美学、浪漫主义美学、现实主义美学、唯美主义美学纷然迭起，各领风骚。这种流派的兴替与20世纪现代派美学的流派纷呈是不同的。在现代派美学那里，往往是哲学、心理学的流派归属，决定着美学的流派差异，即有什么样的哲学、心理学流派，就有什么样的美学流

---

① 克罗奇：《作为表现的科学和一般语言学的美学的历史》，中国社会科学出版社1984年版，第189页。

派。而19世纪英法美学的流派分野,却往往是以艺术的对垒为根基的,即有什么样的艺术流派,就相应地产生什么样的美学流派。这就形成了19世纪英法美学一个很鲜明的特点:作为理论形态的美学思想不具有形而上的性质,却相当接近该时代的艺术创作与批评活动。

首先崛起的美学流派是英法浪漫主义美学。这一流派的崛起,有着风起云涌的文化背景。如法国浪漫主义美学的诞生,就是出于反叛传统的保守的古典主义的需要,也是为浪漫主义作品鸣锣开道,提供理论根据的需要。在拿破仑执政和帝国时期,僵化的古典主义在文坛上占据统治地位,它已经失去昔日法国大革命时期的激情而趋向保守,成为"帝国风格"的表征。在美学上,这种古典主义强调必须模仿古希腊罗马的典范,崇尚理性,追求"理想美",恪守审美标准不可动摇的原则,严格区分美与丑、崇高与卑下、喜剧性与悲剧性的界线,强调个人利益服从国家、社会、宗教利益的原则。正如司汤达所说:"古典主义是只能给当代人的祖先以愉快的文学。"① 显然,它不能满足当代人已经发展、变化了的审美趣味与要求。于是,才有浪漫主义文学冲断桎梏,勃然兴起。一批富于浪漫色彩、展示奇异想象的诗作问世了;《文学纪事》,《法兰西缪斯》等浪漫主义文学刊物雨后春笋般地

---

① 司汤达:《拉辛与莎士比亚》,上海译文出版社1979年版,第26页。

涌现了；浪漫主义者的社团"第一文社""第二文社"等相继成立了。在此种情况下，不在理论上阐明浪漫主义的美学原则，就不能缴掉古典主义手中的美学圭臬，不从理论上总结处于自发阶段的艺术实践活动，就不能更鲜明地举起浪漫主义的旗帜。这些，都呼唤着浪漫主义美学的勃兴。

这批风云骄子在英国有柯勒律治、卡莱尔、拜伦、雪莱；在法国有史达尔夫人、夏多布里昂、雨果、德拉克洛瓦等等。虽然从社会倾向上，人们通常把他们分成积极与消极两派，但在美学主张上，却有不少共同点：他们热爱大自然，崇拜大自然，追求直接认识自然现象；主张抒发个人的真情实感，珍视感情的冲动与自然流露，肯定直觉与灵感在艺术创作中的巨大作用；把自由提到最高的地位，认为"人类的第一需要，第一个权利，第一个义务，就是自由"[①]，"浪漫主义，其真正定义不过是文学上的自由主义而已"[②]；重视个人价值，认为它大于社会价值，艺术家的个性绝对自由，不受任何理性、法典、道德的约束，应当以心灵的火焰代替冷冰冰的理性，以热情代替逻辑，以灵感代替勤奋的写作。无疑，这些都是与古典主义美学原则针锋相对的。

重视艺术想象，给其以极高的评价，是浪漫主义美学的

---

① 雨果：《玫洛桑和平大会的信》1869年9月4日。
② 雨果：《欧那尼》序，《雨果论文学》，上海译文出版社1980年版，第92页。

一大贡献。柯勒律治在《文学传记》中,把想象与幻想区别开来,认为想象有"第一性"与"第二性"之分,"第一性想象"是"无限的'我在'所具有的永恒创造活动在有限心灵中的重现";"第二性想象"则是"第一性想象的回声,与自觉的意志并存"。而幻想"无非就是从时间和空间的秩序里解放出来的一种记忆"。"良知是诗才的躯体,幻想是它的衣衫,运动是它的生命,想象则是它的灵魂。"雨果也指出,"诗人是哲学家,因为他想象。""莎士比亚首先是一种想象。"① 稍后的波德莱尔把想象力提到更高的程度,他认为想象力"这个各种能力的王后真是一种神秘的能力!"它不用思辨的方法而能洞察事物之间隐秘的、内在的、应和的关系,"整个可见的宇宙不过是个形象和符号的仓库,想象力给予它们位置和相应的价值"②。所惜的是浪漫主义美学虽然重视想象的创造作用,但对这一心理机制的深入研究,则是后来审美心理学完成的。

与强调艺术想象的同时,浪漫主义美学家还触及象征问题。柯勒律治区分了象征与寓意的差别,卡莱尔在他的著作《旧衣新裁》中专门写了论象征一章。他认为象征的作用就

---

① 雨果:《莎士比亚论》,《雨果论文学》,上海译文出版社1980年版,第151页。
② 波德莱尔:《1859年的沙龙》,《十九世纪西方美学名著选·英法美卷》,复旦大学出版社1990年版,第433页。

在于能把"沉默"与"秘密"两者完善地结合起来,"在一个象征中既有隐蔽,又有显示","我们能够称为象征的物体中,总多多少少清晰而又直接地包含并显示出一些永恒的东西;无限的东西与有限的东西被结合起来,可望而又似乎可及",它能使人感受到愉快或者不幸。他还探讨了象征物的外在意义与内在价值问题。这种对象征的注重,实为现代象征主义的先河。

与古典主义绝对排斥丑相反,浪漫主义美学主张艺术表现丑与怪诞,并把丑提高到审美中心范畴的地位。雨果在著名的《〈克伦威尔〉序》[①]中提出,在结束了中世纪的漫漫长夜之后,一种新的诗学在成长起来。这种诗学发现,万物中的一切并非都是合乎人情的美,丑就在美的旁边,畸形靠着优美,丑怪藏在崇高的背后,"美与丑共存,光明与黑暗相共"。围绕丑的审美属性以及它在艺术中的地位,雨果提出了如下观点:第一,丑是客观存在的,它与崇高、优美一样,都"是大自然给予艺术的最丰富的源泉";第二,在新的诗歌中,"滑稽丑怪则表现了人类的兽性";第三,描写滑稽丑怪的艺术,虽然古已有之,但它在艺术中广泛运用和发展,还是近代艺术的事,特别是在浪漫主义艺术中,"滑稽丑怪在文学中比崇高优美更占优势"。第四,滑稽丑怪的

---

① 《〈克伦威尔〉序》,《雨果论文学》,上海译文出版社1980年版,第20—86页。

作用在于可作为"崇高优美的配角和对照",它提供了"一段稍息的时间,一种比较的对象,一个出发点",使人们从这里带着更新鲜更敏锐的感受朝着美上升。雨果关于丑的美学观点,后来在波德莱尔、罗丹关于艺术如何表现丑的阐述中,在德国美学家罗森克兰兹《丑的美学》中,有了进一步的发展。

19世纪40年代,随着欧洲资产阶级民族民主革命走向低落,资本主义社会矛盾的加深,英法民族的浪漫热情已经衰退,兴盛一时的浪漫主义美学日渐显现出危机,它强调抒发个人主观情感,文学与社会生活脱离的主张,越来越暴露出其不能反映时代的弱点,从而催促着一种以严峻眼光正视现实的美学原则的诞生,这就是现实主义。法国画家库尔贝在《1855年个人画展目录》前言中申明:"现实主义名称强加于我,正如浪漫主义者的名称被强加于1830年的艺术家们一样。""像我所见到的那样如实地表现出我那个时代的风俗、思想和它的面貌,一句话,创造活的艺术,这就是我的目标。"英法的现实主义大师们没有给我们留下系统地论述美学基本问题的著作,他们散见于序言、综述、评论、书信中的美学观点,本书限于篇幅,未能入选,兹不赘。

到了19世纪70年代,英法美学界出现了浪漫主义艺术向唯美主义的转化。唯美主义美学在英国的代表人物为佩特、王尔德,在法国的代表人物为戈蒂埃、波德莱尔。唯美主义不赞成浪漫主义，更反对现实主义，认为"艺术放弃了它的想象力的媒介时，也就放弃了一切。作为方法来说，现实主义是一个完全的失败"①。"19世纪对现实主义的厌恶，正是丑恶而残忍的人在镜中看到自己面容后发出的狂怒"，"对浪漫主义的厌恶，正是丑恶而残忍的人在镜中看不到自己的面容而发出的狂怒"②。为了避免这两种倾向，他们主张不应采用浪漫主义直抒胸臆与现实主义模写自然的方法，而应当"为艺术而艺术"，表现与生活无关的、独特的、纯粹的美。

通常认为，"为艺术而艺术"是法国唯美主义者戈蒂埃提出的，其实这一美学命题的提出者应是法国美学家库申。他于1840年在《两个世界》杂志中写道："应当为了道德而懂得和热爱道德，为了宗教懂得和热爱宗教，为了艺术懂得和热爱艺术。"这种非功利观点明显源于康德美学，但是库申又主张"艺术的目的在于借助物质美表现道德美"，从而使他不能成为"为艺术而艺术"的真正倡导者。倒是唯美主义美学家高扬这一口号，把艺术推到神秘而又至上的地步。

在美与真、善的关系上，他们否定美与真的统一，认为艺术是不真实的，"伟大的艺术家不曾看见事物的真面目。

---

① 王尔德：《谎言的衰朽》，《十九世纪西方美学名著选·英法美卷》，复旦大学出版社1990年版，第214页。
② 王尔德：《道林·格雷的肖像》序，同上书，第225页。

如果他看见了，他就不成其为艺术家"①。王尔德还把艺术看作一种"谎言"，认为"'谎言'，即关于美而不真事物的讲述，乃是艺术的本来目的"②。

在艺术与现实的关系上，他们主张"艺术除了表现自己之外，不表现任何别的东西"③，强调美的非功利性，提出"唯一美的事物，就是与我们无关的事物"④，"所有艺术都毫无用处"⑤，因此艺术完全超然于现实，完全按照自己的轨迹发展，而不受现实任何影响。

在艺术内容与形式的关系上，认为"形式就是一切"。艺术家凭借对于形式的感受能力进行艺术创作，艺术鉴赏者凭借对形式的刹那间感受获得丰富美感。艺术批评也是一种创造，"最高级的批评，作为个人印象最纯粹的一种形式，比创造更具有创造性"⑥。因此，艺术创造与艺术批评都应当"从形式、纯粹从形式获取灵感"，"真正的艺术家并不是从他的感情到形式，而是从形式到思想和激情"。

唯美主义追求纯粹美，并不排斥艺术表现丑，反而认为丑可以转化为艺术美。波德莱尔的《恶之花》，就是以现代

---

①②③④　王尔德:《谎言的衰朽》，《十九世纪西方美学名著选·英法美卷》，复旦大学出版社1990年版，第211—215页。
⑤　王尔德:《道林·格雷的肖像》序，同上书，第226页。
⑥　王尔德:《批评家即艺术家》，《十九世纪西方美学名著选·英法美卷》，复旦大学出版社1990年版，第223页。

城市巴黎这座"地狱"中的种种罪恶现象和人性的阴暗面为题材的。他把这种描写丑恶的做法称为化丑为美:"经过艺术的表现,可怕的东西成为美的东西;痛苦被赋予韵律和节奏,使心灵充满镇定自若的快感。"① 如果不敢描写种种人类"相残、相食、相囚禁、相虐害"的丑恶,就会产生"有害"的作品。波德莱尔还从美学观上为这种化丑为美的主张提供根据。他提出,美并不是纯粹单一的,有着多种因素组合在一起,其中就包括丑。"美是这样一种东西:带有热忱,也带有愁思,它有一点模糊不清,……神秘和悔恨也是美的一些特征。"还说:"任何一种美不会没有'不幸'在其中","最完善的男性美就是撒旦——像弥尔顿所描写的那样"②。

波德莱尔的美学思想,具有神秘主义与象征主义的色彩。他崇拜瑞士神秘主义哲学家斯威登堡,称其为"灵魂更为伟大的斯威登堡",宣扬斯氏所得出的神秘的"应和论",认为宇宙中的自然万物都与人的精神存在某种神秘应和的关系。"一切,形式,运动,数,颜色,芳香,在精神上如同在自然上都是有意味的,相互的,交流的,应和的。"③ 诗人的特殊禀赋就在于,当风吹过山水草木发出杂乱无章的声音

---

① 波德莱尔:《美学探奇》。
② 波德莱尔:《随笔》,引自《西方文论选》下,上海译文出版社 1979 年版,第 225 页。
③ 波德莱尔:《维克多·雨果》,《十九世纪西方美学名著选·英法美卷》,复旦大学出版社 1990 年版,第 424 页。

时，却能解悟这些"象征的森林"向人发出的种种信息。诗人应当善于运用自然界有声有色的物象，来暗示自己隐蔽而又微妙的内心世界。这种导向内心和主观世界的倾向，反陈述、重联想和暗示的方法，后来成为象征主义的先声，并对20世纪现代派文艺产生深远的影响。人们把波德莱尔称为"象征主义的先驱"，把他的诗歌视为现代派诗歌的远亲，都反映着唯美主义与象征主义、唯美主义艺术与现代派艺术之间的因缘。

纵览19世纪英法美学从浪漫主义到唯美主义的更迭，可以看到它具有许多与19世纪德国美学的不同点：

第一，19世纪，对于德国美学做出宏伟建树的，主要是杰出的哲学家。而在英法，那些企图建立哲学体系的美学家，如法国的库申、儒弗鲁瓦、勒韦克等人，倒没有给人留下什么深刻的印象。推动各种美学流派形成与发展的，恰恰是一批具有丰富创作经验和艺术鉴赏能力的艺术家和批评家。如英国的柯勒律治、卡莱尔、罗斯金、佩特、王尔德，法国的史达尔夫人、雨果、罗丹、丹纳、波德莱尔等。

第二，19世纪的德国美学崇尚理性，充分显示出其富于思辨的特性，出现了一大批卷帙浩繁的美学著作；而英法美学思想却多见于有关艺术作品的序言、评论、札记以及个人艺术经验的总结中，它们不像德国美学家那样致力于建构庞大严密的理论体系，不重视对于美的本质的哲学探讨，不屑于对美的概念做出抽象的定义，却热衷于对具体美学问题做出阐释。

第三，英法美学思想不是远离艺术实践的，而是同艺术创作与评论活动有着极为密切的联系。正是上述艺术家和艺术批评家，把同代人艺术实践中的种种问题升华为美学理论，用以否定对立的艺术流派，张扬自己流派的艺术追求，成为左右他们艺术活动的理性力量。

二

我们说19世纪英法美学不注重对美的哲学探讨，并不等于说它们不受到哲学思潮的影响。柯勒律治关于主客体统一的论述，就直接源于谢林；佩特的唯美主义，也明显有着康德的影响。然而，对英法美学思潮发生较普遍影响的，还应当提到19世纪中叶兴起的实证哲学。

把实证主义树于哲学之林的，是法国哲学家孔德。他于1830—1842年写成《实证哲学教程》，宣布了这一新哲学的诞生。实证主义认为，科学应当摒弃对事物本质的探讨，不应揭示事物的因果关系，只需对"实证事实"（即经验事实）做出描写与记录。人们只需说明"是什么"，而无需回答"为什么"。孔德还提出人类认识发展三阶段说，第一阶段为"神学阶段"，人们求助于超自然的力量——神来说明世界；第二阶段为"形而上学阶段，又名抽象阶段"，人们竭力用抽象的概念来解释一切。这两个阶段都有着自身不可克服的局限，因此必须进入第三阶段即"实证阶段"。在这一阶段，一切知识、科学、哲学都以"实证"的事实为基础。它能摆脱以往哲学的困惑，是人类知识发展的最高阶段。

19世纪30年代，孔德还没有很大影响。到了50年代，人们突然发现了他，实证主义哲学红极一时，被人们竞相引用。同样，这股哲学思潮也很快渗入到文艺批评与美学研究方面，给英法美学界带来令人瞩目的变化。

首先，孔德的理论为美学研究开拓了社会学的新领域，促成艺术社会学的诞生。

诚然，在孔德之前，史达尔夫人已经注意到社会环境对艺术作品的影响。这位曾掀起法国早期浪漫主义风暴的女批评家，对法国古典主义僵化的美学批评极为不满，她于1800年发表《从文学与社会制度的关系论文学》，明确以考察宗教、风俗、法律与文学之间的双向作用为己任，提出"在历史发展的不同阶段上，存在着不同的美学和诗学标准"。她将欧洲文学分为南方与北方两大类型，所依据的还是地理、气候、种族、风俗等社会环境的差异。从一定意义上说，称史达尔夫人为艺术社会学的前驱，是不过分的。

但是，正式提出把艺术作为社会现象来研究的是孔德。孔德作为实证主义的创始者、社会学的奠基人，给美学研究以社会学的取向。他主张把人的理智、情感、行动综合为一个整体来系统地考察，而艺术作品是人的创造物，要真正理解艺术作品，就必须研究创造这些作品的人，研究影响人创造这些作品的环境。孔德提出了课题，完成它的则是法国著名批评家丹纳。丹纳的代表作《艺术哲学》，正是孔德实证主义哲学的产物。

丹纳主张，对于艺术活动的考察，应同时选择历史与社会纵横两条坐标系。他在《英国文学史》序言中说，人作为文学艺术作品的创造者，有看得见的一面，又有看不见的一面。看得见的是人的衣着、姿势、动作，可称"外部的人"；看不见的是人的灵魂，可称"内部的人"，它是"才能和情感的总体"，是"真正的人"。如何通过人的种种外表，窥见那隐蔽着的中心，对于艺术批评家来说，乃是一个全新的课题。为此，他提出了著名的种族、环境、时代"三因素"说，"种族为内部主源"，"环境为外部压力"，"时代为后天动量"。三者相互联系、综合作用，决定着艺术家的追求与艺术创作的发展。他的《艺术哲学》，正是从种族、环境（特别分析了地域、气候等"物的气温"与社会精神习俗的"精神的气温"）、时代等社会因素，对古希腊到文艺复兴到近代欧洲文艺的历史演变，进行了纵横交错的整体考察，为艺术社会学勾勒了一幅令人赞叹的草图。

还需指出的是，丹纳《艺术哲学》采用的研究方法，也是实证主义的。实证主义的方法论认为，研究社会现象应与研究自然现象一视同仁，采用自然科学的方法。而19世纪生物科学的发展，特别是细胞学说和达尔文进化论的成就，使生物科学的研究方法被广泛地引入人文与社会科学领域。这一点在《艺术哲学》中得到极为强烈的反映。丹纳声称："我唯一的责任是罗列事实，说明这些事实如何产生。"他强调，美学的研究对象是艺术作品，植物学的研究对象是植物，研究美学的方法，应当同植物学研究植物的方法是一样的，"美学本身便是一种实用植物学"。显然，从理论到方法，丹纳所弘扬的都是实证主义哲学。正如他所说的："美学跟着目前精神科学与自然科学日益接近的潮流前进。精神科学采用了自然科学的原则、方向与严谨的态度，就能有同样稳固的基础，同样的进步。"

当然，受实证主义方法热熏染的并非丹纳一人，它作为一股时髦的潮流，吸引着不少卓有建树的文艺批评家。与丹纳同时代的文艺理论家圣·佩韦就公然以"我们这些主张在文学中应用自然科学方法的人"而自豪。他说，"我们这些同一门科学的工作者和服务者，都在争取使这门科学尽可能的准确，因此就让我们继续拒绝那些模糊概念、空泛言词的诱惑，观察、学习、检验那些以不同理由而著称的作品所具有的各种情况"[1]，批评的任务就在于发掘、研究有关文学家

---

[1] 圣·佩韦:《丹纳的〈英国文学史〉》。

和文学史的种种"实证""确实"的事实。

居约的《从社会学观点看艺术》，是继丹纳的《艺术哲学》之后又一部重要的艺术社会学著作。在该书的第一部分（理论部分），居约多层次地阐述了他关于以社会学的观点研究艺术的主张。首先，他不同意康德的美无任何目的的观点，论证了美与功利的区别与联系。一、不能把美和功利视作同一的，功利是为了将来的享乐而使用的某种手段，是对快感的一种追求，而美应该是让人直接感到的愉悦。二、功利感并非一概排除美的愉悦，功利有时在被感知的物体中可以构成一种初步的和非常低级的美；而美却不一定具有功利，美能始终独立于功利而存在。三、功利有着极原始的美，当功利客体符合人们理性的目的，并在感性上被人们明显地感觉到时，就表现出它的美；但是功利客体固有的这种美并不随着用途的完善而加强，它越是拘泥于确定的用途，其美的价值就越为减少。一个物体的功利性越是增加，其可能的美越是有限，在功利客体具有的有限美与广泛的自由美之间，存在着二律背反。

其次，他论证了美感的社会性。功利目的具有社会性。人们同情一切具有社会目的和人类目的的事物，同情一切为了生活尤其是集体生活需要而创造的事物。功利的社会性，决定它所固有的初级美的社会性。"从美的基础阶段开始，逐渐上升到美的最发达阶段，那么美的社会性一面将随之变得越来越重要，直至最后压倒一切。"人们进行审美活动，首先要通过理智活动使各种事物程度不同地拟人化：无生命的变为有生命的，有生命的形神似人。比如人们观赏自然风景，就需要与这美景融为一体，与它产生共鸣；又需要使美景与人融为一体，使之有情化，变得通人情；当人们与风景心灵间相通时，就能观赏到它的美。因此，人"对自然的感情已经是一种社会感情"，"所有由我们的同伴引起的审美感情都具有社会性。美感越是高级，就越是非个人化。"审美情绪是一种已经存在的社会连带感情，是已经感到的心灵相通。"美是已经实现了的善"，美学应当与伦理学一样，到与生活协调一致中、到对利己主义的否定中，去探求那永恒的东西。

再次，论证了艺术激动是一种社会同情。艺术基本上是表现社会生活的，是表现集体生活的。它所引起的艺术激动，包含如下因素：第一种因素是通过记忆来认识事物的理智愉悦。第二种因素是对艺术品的作者、他的劳动、他的终于获得了成功的意图、他的灵巧抱有同情时产生的愉悦。第三种因素是对艺术家塑造的人物抱有同情时产生的愉悦。"因此，艺术激动说到底是一种社会激动，我们之所以感到这种社会激动，是因为看到了一种经过艺术家加工后类似于我们的和接近于我们生活的生活。"《从社会学观点看艺术》阐述的观点并不止于这些，但仅此已足以表明居约在艺术社会学理论上的贡献。它弥补了丹纳偏重于艺术史实的搜集与整理之不足，起到了《艺术哲学》不可取代的作用。居约早逝，虽然只活了三十四岁，然而他的理论影响却相当久远。

在英国，19世纪下半叶最杰出的艺术社会学家是罗斯金与莫里斯。鲍桑葵曾指出："过去半个世纪英国最优秀的美学——它主要是罗斯金先生和莫里斯先生的研究成果——的优点和弱点都在于它局限于造型艺术。"① 罗斯金熟悉绘画与建筑艺术，对它们所受到的伦理、宗教等社会因素的影响，做出许多独到的分析。他把宗教之爱和感情美视为艺术创作与欣赏的标准，将牺牲、真理、力量、美、生命、记忆和服从视为照亮建筑艺术的七盏明灯。他批评资本主义社会阻碍艺术的发展，主张回复到中世纪的个体手工业方式的劳动，认为只有这种艺术才能创造出符合理想的美。在《威尼斯之石》中，他高度赞扬建筑工人，说他们的工作看起来虽然是简单的、局部的、明确的，但却应当把他们看作是艺术家。"请你再去看看那些古老礼拜堂的正面吧！""它们是每一个雕刻石像的工人的生命和自由的象征，其中包含着自由的思想和高度的生命力；是依靠任何法则，任何特许状，任何慈善都无法达到的。"然而，这交融与渗透奠定了基础。现代美学的巍峨大厦，正是建筑在德国，当然也包括英法

---

① 鲍桑葵:《美学史》，商务印书馆1985年版，第570页。

19世纪美学的基础之上的。

三

现代基础美学是由美的哲学、审美心理学、艺术社会学三者共同构成的。作为审美对象的艺术品，既是一定时代的社会的产物，成为艺术社会学的研究对象；又是特定时代人们审美心理结构的对应品，成为审美心理学的研究对象。在19世纪，正当艺术社会学家们对艺术作品与社会环境做出种种考察之际，还有不少美学家把视线集中到审美的主体——人上，对美的创造与鉴赏活动的生理与心理基础进行了深入探求。在这一领域，英国的美学家的贡献是不容忽视的。

注重审美活动的生理、心理研究，是英国美学家的传统。18世纪，英国经验派的美学家休谟、夏夫兹博里等人，就曾从生理及心理的角度，对美感和审美趣味作过不少研究，特别是阐述了联想律在审美中的作用。到了19世纪，英国美学家远远超越了他们的前辈，在不少方面取得突破性的进展。

美感的生理基础，是研究的热点之一。从达尔文、斯宾塞到"快乐"说的美学家艾伦、马歇尔，都围绕这一课题，付出多年心血和精力。

博学多才的达尔文,用进化论的观点研究了从动物的美感到人的美感的进化。他认为作为高级精神形态的人类的美感也像人体结构的起源一样,可以溯源于比较低等的动物的美感。这里的关键是,动物是否像有些人说的那样没有美感,审美的观念是否为人所独有？达尔文的回答是否定的。他说,许多鸟种的雄鸟在恋爱季节里唱出的甜美的音调肯定受到雌鸟的赞赏。"如果雌鸟全无鉴赏能力,无从领悟雄鸟的美色、盛装、清音、雅曲,则后者在展示或演奏中所花费的实际劳动与情绪上的紧张,岂不成为无的放矢、尽付东流？""事实是摆着的,就是人和许多低于人的动物对同样的一些颜色、同样美妙的一些描影和形态,同样一些声音,都同样地有愉快的感受。"①

但是,人的美感与动物美感相比,又有许多不同。达尔文对这些不同也作了分析。第一,动物的美感只限于对异性吸引的满足,而人的美感,特别是有文化的人的美感乃是一种精神的满足,它同复杂的意识联在一起。第二,从动物到人的进化,使人具有许多动物不可能有的心理功能,如想象、惊奇、探索等等。第三,有些美动物没有能力欣赏,如"夜间天宇澄清之美,山水风景之美,典雅的音乐之美",只有受到文化教育,富有想象力的人才能欣赏。这里,达尔文

---

① 达尔文:《人类的由来》,商务印书馆1983年版。

实际上提出了人的审美活动，既有与动物相通的生理基础，又有动物不具备的心理功能问题，推进了人们从生理、心理的不同角度对其进行研究。

"快乐"说的美学家认为美的显著特征是持久不变的快乐。为了揭示这种特征，他们首先致力于快乐与痛苦生理机制的研究。艾伦的《生理学美学》，正是从探讨一般的快乐和痛苦开始的，他将人的精神活动分为理智与情感两种。理智的对象是一致和不一致，情感的对象是快乐和痛苦。快乐是生命力增进、肌体的健康在精神上的伴随物，痛苦则是营养不良和生理机能的损伤。但仅作如此解释，未免又失于宽泛。于是他又用一种"刺激"说来补充它。提出快乐所以产生，还与人的肌体和器官上布有神经传入脑脊髓有关，当人们给这些器官以适宜的刺激时，这种刺激不超出神经系统所具有的补偿力，那么人就会感到一种快乐。快乐的程度与刺激涉及的神经纤维的数目成正比，而与刺激的自然频率成反比。在不超出神经系统补偿力的范围内，刺激越强，引起的快感越大；刺激越弱，引起的快感越小。就刺激的自然频率来说，长时间间歇之后的刺激、快乐就大；而刺激过于频繁，便几乎感觉不到快乐。

在揭示出一般快乐与痛苦的机制之后，艾伦又对作为特殊快乐的审美快乐作了分析。他指出，美感的快乐与劳动的快乐不同，长时间的劳动其后果是疲劳和痛感；与游戏的快乐也不同，游戏是肌肉组织以闲暇方式取得的快感，仍需筋肉的积极活动。而美感的快乐只以视觉、听觉为审美器官，以空气和声波为媒介来接受事物，因而没有劳动和游戏中的疲劳。由此，他得出结论："美是在与生命功能不直接发生联系的过程中，那种提供最大量的刺激与最小量疲劳或消费的东西。"① 这实际上是为美的非功利说做了生理学上的论证。李斯特威尔曾指出，"他对美学的重要贡献，是在感觉的水平上对于美的享受的出色解说，是令人赞叹地提出了区分美的享受和通常的肉体快乐的标准。"②

对美感心理机制的分析，也是研究的热点之一。19 世纪末 20 世纪初欧洲的心理学美学，流行着影响极为广泛的三大学说，即"移情说""游戏说"与"距离说"。"移情说"诞生于德国，但在英法也广为流传，其法国的代表人为巴希，英国的代表为浮龙·李。"游戏说"的代表人物先是德国人席勒，后是英国人斯宾塞，人称"席勒-斯宾塞游戏说"。斯宾塞在他的皇皇巨著《心理学原理》中，把审美活动的本质与游戏等而视之，认为游戏活动的特征在于不以直接方式推动有利于生活的进程，正是在非功利这一点上，与审美是相

---

① 艾伦：《生理学美学》，《十九世纪西方美学名著选·英法美卷》，复旦大学出版社 1990 年版，第 164 页。
② 李斯特威尔：《近代美学史评述》，上海译文出版社 1980 年版，第 135 页。

通的。游戏是真实活动的模仿,艺术也是如此,审美活动在本质上也是种游戏。他发挥了席勒关于审美和游戏都是过剩精力发泄的观点,提出动物越是发展到较高阶段,其维持生命所必需的活动消耗掉的能量就越少。能量的节约,营养的丰富,使人有大量过剩精力需要发泄,这就是审美与游戏活动的缘由。审美快感的来源有三:一是过剩精力带来的大量活动及其完美性,二是大量悦人刺激的扩散;三是这种扩散引起的各种特殊满足的部分复苏。斯宾塞只看到了审美与游戏有共同性的一面,肯定了它们都是不受外来目的强制、不受社会功利约束的自由活动的特征,但对于两者的不同却未能揭示。稍晚于斯宾塞的英国美学家、心理学家萨利,纠正了斯宾塞的偏颇。他肯定了审美与游戏的"近亲关系",又着重指出两者在许多重要方面的区别:第一,审美是较平静而消极的态度,而游戏则通常包含一定程度上肉体和精神上的紧张努力;第二,游戏者的心情并不和爱美者平静的观赏心情相近,往往包含着深藏在实际利益下的各种感情和冲动,而美与艺术在无关利害的纯洁性上,远远超过了游戏;第三,审美活动往往是由一定的审美理想和审美标准指导的,而游戏则没有。当然,萨利对斯宾塞的批评还是浮面的,他没有看到斯宾塞"游戏说"与席勒观点的根本差异,因而也没有能够指出斯宾塞抹杀美感社会性这一根本缺欠。

萨利的更大功绩,是他对美感经验所作的心理学研究。

李斯特威尔曾高度评价萨利的这种研究，称其"在英国的哲学家中，可说是无与伦比的。"① 可见估价之不低。确实，萨利对美感心理基础的研究，远比同时代的其他英国美学家来得周密和细致。首先，他考察了美感的愉悦与日常生活情感的区别。一、美感经验与日常生活其他经验不同，就在于它始终贯穿着愉快的感情，并为愉快所支持。它以某种程度的静穆和感情适度为其特征。二、美感经验具有纯洁性、精粹性，它不包含像贪得、疲劳、冲突、焦急、失望等痛苦的因素，不像日常生活情感那样，伴随着欲望和其他需要的满足。审美欣赏中，整个欲望和意志都几乎沉睡着，它与带有实际需要和目的的日常生活无涉。因此，审美欣赏需要一种与日常生活、科学观察不同的审美态度。它包括两个方面，一方面是知觉和想象的自由运动，一方面是观赏心境对于对象魅力的自愿顺从。

萨利对于美感心理要素的分析也是值得人们注意的。他明确指出美感经验的构成有着感觉、知觉、想象三种要素。这种区分比把美感笼统地视为感觉无疑是前进了一步。他不仅注意对审美中视觉、听觉以及它们的种种组合进行分析，而且强调审美中理性因素——知觉的作用，比如人们对形式关系的知觉就属于理性方面。更饶有兴味的是他把想象视为

---

① 李斯特威尔：《近代美学史评述》，上海译文出版社1980年版，第136页。

审美欣赏中最根本的因素。他指出，想象是联想的一种自由形式。审美中，想象首先唤起与审美对象有关的种种具体经验的回忆，然后人们借助联想，可以获得比从审美对象上直接获得的更为丰富、更具广度的审美享受。想象虽然还靠从联想中引出它的素材，却形式比较自由，能赋予自然事物以新的更有幻想色彩的意义。显然，萨利对于想象的重视已不同于前述浪漫主义、唯美主义美学家。他们还停留在就想象在艺术创作中的地位、作用来肯定它，而萨利已能从审美心理要素的根本一环上来认识它，这不能不是对于审美心理机制认识上的深化。

19世纪末20世纪初，欧洲美学中还出现了将心理学的研究同社会学的研究结合起来的趋向。芬兰美学家、艺术理论家希尔恩就是首倡这种结合的代表人物。他在《艺术的起源——一个心理学和社会的探索》中，不仅论证了这种结合的必要，而且作了具体尝试。他提出，艺术是情感的表现，而情感是一种心理现象，探讨艺术起源，不能离开心理学的研究；另一方面，艺术又是社会现象，只有在人类社会中才能产生，又离不开人类学和社会学的研究。因此，单一的心理学或者社会学的研究都是不足取的，应当融心理学的、人类学的、社会学的多种方法，从多侧面、多角度研究，才是通途。在分析艺术的起源时，他提出了多元的途径说。他认为，艺术的冲动是表现社会性情感的一种冲动，它建立在多种生活冲动之上，信息的传递、记忆的保存、性的抚慰、劳动的需要、战争的刺激、巫术的效果，这些非审美的因素都曾推进着艺术的产生与发展。审美心理学与艺术社会学相互交融、渗透，是美学走向科学的一个必然趋势，在这一点上，希尔恩堪称是开风气之先的。

总起来说，19世纪英法等国的美学家在审美心理研究上虽然不乏建树，但比起20世纪审美心理学大发展及其辉煌成就来说，是远为逊色的。这在很大程度上是受当时心理学的发展水平所限，我们决不能因此而苛求前人。

至此，我们大体概述了19世纪英法等国美学思想的发展。虽然这里的勾勒还显得极为粗疏，但从已经提到的点点滴滴，还是可以看到它并不像有些人想象中的那么贫乏，还颇有些值得人们注意的地方。

第一，19世纪正是美学思想酝酿新的突破、大的变革的时代，美学已经开始了从哲学体系中分化出来的进程，单一的哲学美学，正朝着多元的方向转变，审美心理学、文艺社会学不仅躁动于母腹，且已呱呱坠地，法国的艺术社会学、英国的心理学美学，对于20世纪这两门学科的发展，都起着铺垫地基的作用。

第二，19世纪中叶以后，英法美学普遍受到实证主义思潮的影响。实证主义的勃兴，使美学研究不再仅仅局限于对"美的定义"的抽象探讨，而是开始用科学方法研究审美主体与客体关系中的种种具体问题。对"美的定义"的争辩日渐冷淡，而科学方法的引进却日趋走俏。达尔文、斯宾塞、艾伦、弗雷泽、丹纳、希尔恩等人积累的经验，不仅启迪了后人，更重要的是加速了美学走向科学的进程。

第三，19世纪英法美学思想中，已经出现了反叛启蒙运动所崇尚的古典美的倾向。从注重对自然对象的模拟，到强调对内心世界的暗示；从单纯塑造优美的形象，到把丑作为艺术表现的重要内容；从拘泥于对宏观事物的陈述，到善于采用象征、暗示的方法，这些美学观念的变化，对20世纪现代派艺术的崛起都深有影响。人们把法国美学家、诗人波德莱尔称为"象征主义的先驱"，正说明了这一点。

第四，19世纪英国美学家罗斯金、莫里斯最早提出了工艺设计与艺术相结合的问题，他们的观点被视为现代技术美学的萌芽。技术美学作为美学一个重要分支的诞生，得益于罗斯金、莫里斯的大力提倡。

凡此都说明，对19世纪英法等国美学思想的作用是不能低估的。在人类美学思想发展的长河中，它们毫无愧色地可以占有应占的一席之地，虽然尚比不上德国那样显赫。

（撰于1989年秋季，载于《十九世纪西方美学名著选·英法美卷》）

范畴之廊

"虚"能生美
——中国艺术中的"空白"与美学上的"虚实相生"说

虚,在中国古典美学中,是同时关涉着审美主、客体,有着丰富内涵的审美概念。对于审美主体,人们用"虚壹而静""虚室生白",来描述审美心胸;对于审美客体,人们则用"以实为虚""以虚化实""虚实相生",来表现美的物象的空灵格调和深层意蕴。这里,暂且撇开审美心胸虚静的一面,仅仅探视一下虚能给美带来些什么,也是妙趣无穷的。

空白的美学意蕴

体现着中国古典美学旨趣的中国古代艺术,都相当重视、十分推崇虚。绘画、书法、诗歌、音乐、建筑种种艺术,尽管门类不一,但对于空白的肯定,却是一致的。

留有大片空白,是中国画特有的美学现象。中国画家面对着空白纸,不是像西洋油画那样,让各色油彩填实了画面,也不是像胶片扩印一样,把镜头摄下的景物全部显现出来,而是直接在一片虚白上挥毫用墨,率意挥洒地表现出生命的律动。而其所绘景物的背景、自然生命的活动场所,却被表现为一片无边的空白。

中国诗歌讲究意境,常以空虚衬托实景,追求一种墨气四射四表无穷,"无字处皆其意"的表现效果。正如严冬友所说:"诗文妙处,全在于空。譬如一室内,人之所游焉息焉者,皆空处也。若窒而塞之,虽金玉满堂,而无安放此身处,又安见富贵之乐耶!钟不空则哑矣,耳不空则聋矣。"[1]

音乐中的空白,就是无声。马融的《长笛赋》,对笛声的悠扬动人曾作过如下描写:"微风纤妙,若存若亡","奄忽灭没,晔然复扬"[2],这若有、若无、忽灭、复扬的转折,正是音乐感人的魅力所在。陆机的《演连珠》也曾写道:"繁会之音,生于绝弦。"[3] 而白居易名作《琵琶行》中的"此时无声胜有声",更是流传千古的名句。

中国的传统建筑,造形的炫耀常常让位于精彩绝伦的空间转换。"拆掉了四面无承重作用的墙壁,中国的建筑原来

---

[1] 袁枚:《随园诗话》。
[2] 马融:《长笛赋》,《全汉赋》,北京大学出版社1997年版,第496页。
[3] 陆机:《演连珠》,《文选》,上海古籍出版社1986年版,第2389页。

只是一个开敞的亭或廊罢了",无论亭、台、楼、阁,其真正的主体,都是那可供人穿过、停止、转寰的空白。而民居中的天井,更是建筑群落中的留白。

中国戏剧的舞台,往往不置任何实景使特定的空间具体化,而是空无一物,以纯粹的空白,呈现于观众面前。犹如绘画中的留白,音乐中的无声,建筑中的中庭,舞台的空白,也能引发出婀娜多姿、有情有味的戏剧场面。

人们会问:这些无声、留白、无字、无画处,何以能有审美意味,甚至成为品味极高的美呢?

原因在于:中国艺术中的空白,并不是简单的空无。它是生发出声、色、形、味的初始,是艺术表现的符号,是心境的象征,哲学上道的体现,是指向无限的有限。

首先,空白是艺术空间与时间的展示。中国诗画是善于表现空间的艺术,画面上的空白,往往是表现被画对象活动空间的手段。《李白行吟图》,是南宋梁楷的名作。画面上,诗人凝神前视,大袍披肩,呈飘然动态,似乎诗句萦怀,即将喷涌而出,惟妙惟肖地展现了诗人的仙姿才气。而诗人吟咏的背景,却以空白来表现。是浩瀚的江边,还是陡峭的山巅?是皎洁的月下,还是雨霁的晴天?都可能是。唯有略去了具体的空间,才使人可以驰骋自己的想象;唯有省减背景表现的笔墨,才能更突现诗人潇洒的诗情。这种空白的作用,犹如雪景效应:"只有在大雪之后,崖石轮廓林木枝干

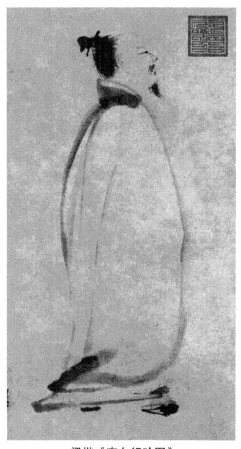

梁楷《李白行吟图》

才能显出它们各自的奕奕精神性格，恍如铺垫了一层空白纸，使万物以嵯峨突兀的线纹呈露它们的绘画状态。所以中国画家爱写雪景（王维），这里是天开图画。"①

时间的流动，也是以空白来表现的。空白的舞台，可以表示河水流淌，也可以表示山路盘旋，当演员从舞台的一端到另一端时，在空间中的位移，标示着时间的转换，他已经完成了爬山或行船的或长或短的过程。而当你漫步于颐和园的长廊，又会产生时光流转的遐想。

第二，空白并不是孤立的存在，无声、无画总是与有声、有画相比照的。当空白、无声、无画与声、色、形相组

---

① 宗白华：《中国艺术意境之诞生》，载《美学散步》，上海人民出版社1981年版，第69页。

合成艺术整体时,空白就有了特定的审美意味。它与有笔墨的地方一样,都是整个艺术形象的组成部分。人们称赞中国山水画的妙趣,常是"山外有山,虽断而不断;树外有树,似连而非连"①。而这种"虽断而不断","似连而非连"画境的形成,多赖虚白之功。南宋的马远,也是善于在画面上留

马远《踏歌图》

---

① 笪重光:《画筌》,四川人民出版社1982年版,第6页。

白的大家。他的名作《踏歌图》，满怀情趣地表现了踏歌欢乐的江南民俗。画中有近、中、远景，近景是岩石、田垅、溪泉、虬松、垂柳，以及踏歌者和欢乐的观者，远景则是弥漫的烟云、对峙的危峰、丛林掩映的殿宇，唯有中景却布以空白，它既隔开又连接了远近景物，显示了江南烟云迷茫，远山峻岭在烟云中若隐若现的神韵。这空白扩大了画面表现的空间，将远景推向了空旷渺漠之境，又缩短了现实景物的距离，将千里之遥的景物缩于咫尺。显然，马远笔下的空白绝不是可有可无的，而是已成为画面一个不可分割的组成部分。清代大画家华琳说得好，空白、纸素之色，与墨之浓、湿、干、淡合在一起，就可以成为六彩。"凡山石之阳面处，石坡之平面处，及画外之水天空阔处，云物空明处，山足之杳冥处，树头之虚灵处"，皆可以采用虚白，"以之作天，作水，作烟断，作云断，作道路，作日光"……由此，他极为精辟地肯定了虚白的表现作用，指出："画中之白，即画中之画，亦即画外之画也。"[①]

第三，空白是表示心境的符号，在表现人类情感的功能上，与有声、有色、有形是同等重要的。声音、色彩、形状、质料，作为构成艺术形式的因素，都有象征或引起人们联想的作用。比如，绿色往往象征生机、活力、春天、新

[①] 华琳:《南宗抉秘》，引自《中国美学史资料选编》，复旦大学出版社2008年版，第545页。

鲜、宁静、久远、神秘、阴惨，橙色可以使人想象丰富、热烈、明亮、温和、喜悦、嫉妒、欺诈，空白也有特定的表情或象征作用。当人们要表现恬淡、闲适、悠然、冷峻、悲哀、愁苦、纯洁、神圣的感受和心境时，常常就选取空白这种表现手段。宋代有一首小诗："冷于陂水浅于秋，远陌初穷见渡头，赖得丹青无画处，画成应遣一生愁。"这首题为《行色》的诗，描写了深秋时节画家所表现的塘水、远陌、渡头景色以及行人凄凉愁苦心境。极目远望，小路蜿蜒，远到渡头，在行人眼中，这渡头比塘水要冷，比秋色要浅，怎样才能表现得恰如其分呢？画家择取了"清空"、无画以表现意境。这种空白，对愁绪难遣的人，堪称是最佳排遣手段了。这就使我们想起了明末清初的八大山人，这位晚明宗室后裔，傲视清朝统治，常画萧疏荒寒、残山剩水之景，他那痛彻心扉的故国之思，真是尽在不画之中。

第四，空白减少了画面给观赏者的信息，却引发了无限联想。这就涉及视觉心理问题。对这一点，英国艺术心理学家冈布里奇曾有过很透彻的分析。他在《艺术与幻觉》这本名著中指出，观赏者面对着一幅绘画作品，总会有一个自我投射的过程。画面上形象越模糊，越容易调动观赏者的投射能力，反之，画面塞入的信息量过多，常常会阻碍审美幻觉的产生，因此，善于创造幻觉效果的艺术家总是削减画面上的信息，以刺激投射机制。他说："在对我称之为'屏幕'

的认识上,远东的艺术家比其他地方的艺术传统要理解得更深刻。中国艺术理论讨论过笔墨空白产生的表现力","凝结了这种观点的格言可作为本章的一句箴言,即所谓'意到笔不到'"。确实,中国艺术家深谙此中三昧。比如南宋时期的山水画,就大量采用画面留白的方法,以表现江南水乡泽国烟雨空濛的景象,目视空白,你会感到那是水的淼无际涯,是云的飘逸舒卷,是气的蒸腾聚散,是天的寥廓高远,倘若将空白处改画景物,还能获得上述效果吗?显然不能。

对于空白所产生的视觉效应,布颜图作过很好的总结,他说:"一任重山叠翠,万壑千丘,总在峰峦环抱处,岩穴开阖处,林木交盘处,屋宇蚕丛处,路径迂回处,溪桥映带处,应留虚白地步,不可填塞",只有不让过多的信息将画面塞满,才能造成"烟光明灭,云影徘徊,森森穆穆,郁郁苍苍,望之无形,揆之有理"①的艺术效果。

第五,中国绘画上的空白,还是可供后人题记之处,显示着中国艺术的无限与未完成。中国画的空白上,常常题有画家写的题记或诗词。如郑板桥题竹石的诗、郑思肖题墨兰的诗,都起到"点睛"的作用,同画面上的竹石、墨兰一样,极有神采。显然,这些题有诗句的空白处,已不再代表实体的空间,而成为抽象的空间了。中国画为了供人题写,

---

① 布颜图:《画学心法问答》。

在裱画时还特意留下一块空白,在立轴上,叫作诗堂,在长卷上,叫作引首与跋尾。这诗堂、这引首和跋尾,为后代人书写题跋,留下了广阔的天地。似乎一幅画的画成,并不意味着作品的完成,唯有在人们接受它的历史长河中,才能显现艺术生命的永久。于是,一幅古画上,盖有飘散着时代风烟的砾红印鉴,题有蕴含着笔情墨韵的款款诗文,才更能展示其艺术价值。这绵连不断的题记与印鉴,犹如演义不尽的章回小说,如同厢庑与进落层层的建筑群体,如同一幕延续一幕的传统戏剧,都使作品的未完成处得到补充,而作品的生命则得到了延续,指向无限。

中国艺术重视空白,还有着深层的哲学上的原因。

中国传统艺术受老庄思想影响,有着淡化感官刺激,追求心境升华与飞扬的一面。具体的声、色、形、质,给人的印象终究是短暂的,而隽永的哲学意味却能久久萦绕心怀,更何况,过度追求声、色,就会"五色令人目盲,五音令人耳聋"呢!所以,最佳的声音是无声,最妙的画是无画,最生动的笔墨是无笔墨,最理想的形象是无形。正是在这一点上,中国艺术上的空白,与老庄追求的艺术极致,完全相通。

老子提出"大音希声""大象无形"的命题。"大音"是指最完美的音乐,"大象"是指最完美的形象,它们都代表着"道"。而"希声"并不是没有声音,"无形"也并非没有形状,只是人们的耳、眼等感觉器官暂时听不到、看不见罢了。《庄子·天运》中记载了一个北门成听黄帝演奏《咸池》之乐的故事。《咸池》是歌颂唐尧之德的古乐，"咸"即皆，"池"意为施，意谓尧之德无所不施。北门成听到这样美妙的古乐，"始闻之惧，复闻之怠，卒闻之而惑；荡荡默默，乃不自得"，便问黄帝：为什么会产生这种迷惑恍惚的感觉？黄帝回答他，《咸池》属于最完美的天乐，当演奏到最高潮时，"林乐而无形，布挥而无曳，幽昏而无声"。所以神农氏称赞它："听之不闻其声，视之不见其形，充满天地，苞裹六极。"① 这说明，最完美的音乐，既诉之于人的感觉（有声），又有着超越人的感觉（无声）的一面。

因此，中国传统艺术，在创造恰当的艺术形式的同时，又尽量克制单纯形式的夸耀与刺激，努力寻求一种超越于声、色、形、质等感性形式的表现途径，力求使艺术成为一种心境的沉思，哲学的诗化。在这种寻求中，空白在中国艺术上的地位，便不可动摇地被确立起来了。

从哲学上的"无"，到美学上的"虚"

中国艺术上的空白，其哲学基石便是老庄哲学中的"无"。

---

① 《庄子·天运》，《庄子集释》，中华书局1981年版，第501—508页。

中国道家哲学是把"无"看成万物之本的。请看他们的表述:

"天下万物生于有,有生于无。"①

"万物出乎无有。"②

王弼在解释这一思想时,也提出:"天下之物皆以有为生,有之所始,以无为本。"③可见,哲学上的"无",绝不意味着一无所有,而是包孕一切、化生万物的母体,就像那混沌未分的宇宙洪荒,一切都将从这里开始;又如幕启后空阔无人的舞台,有声有色的活剧将在这里上演,人们把"无"看成"有"的本原、前态、始起,就不难理解了。

然而,本体意义上的"无",并没有衍变成美学范畴,代表中国艺术上空白的美学概念,是与"无"相联系、交错使用的概念"虚"。

本来,"虚"作为"实"的对应词,是描述事物发展、运动形态的用语。先秦时期,已被用于政治、军事。《战国策》云:"夫本末更盛,虚实有时。"《孙子兵法》还提出应探究敌我双方的虚实,"兵形象水","避高而趋下","避实

---

① 《老子·四十章》,任继愈:《老子新译》,上海古籍出版社1978年版,第78页。
② 《庄子·庚桑楚》,《庄子集释》,中华书局1981年版,第800页。
③ 王弼:《老子道德经注》,《王弼集校释》,中华书局1980年版,第110页。

而击虚"。但将"虚"作为哲学概念来使用的,最早当推《老子》。《老子》的"致虚极,守静笃"①,"虚而不屈,动而愈出"②,都是用"虚"来形容"道"的一种境界。"虚"就是"无","虚"就是"道"。所以,有些哲学家索性用"虚"作为"道"的别称。《管子·心术》云:"虚无形谓之道。"《淮南子·原道》提出:"有生于无,实出于虚。"③王骥德还提出:"剧戏之道,出之贵实,而用之贵虚。""以实而用实也易,以虚而用实也难。"④"出之贵实",就是艺术作品贵在以现实生活作为创作源泉;"用之贵虚",就是艺术创作贵在想象和虚构。他以元曲作例,指出"元人作剧,曲中用事,每不拘时代先后",马致远的《岳阳楼》,写的是唐人,里面却出现了宋事,这就像王维"以牡丹、芙蓉、莲花同画一景,画《袁安高卧图》有雪里芭蕉,此不可易与道也"⑤。不同时代的事、不同季节的花,能出现在同一出戏剧、同一幅画幅上,全仗艺术虚构之功,此即谓"用之贵虚"。清代戏剧家李渔,对这一点作过更为明白的解释。他说:"传奇

---

① 《老子·十六章》,任继愈:《老子新译》,上海古籍出版社1978年版,第46页。
② 《老子·五章》,同上书,第32页。
③ 《淮南子·原道》,《淮南鸿烈集解》,中华书局1989年版,第29页。
④ 王骥德:《曲律·杂论》,《中国古典戏曲论著集成》,中国戏剧出版社1980年版,第四卷,第154页。
⑤ 同上书,第148页。

所用之事，或古或今有虚，有实"，"实者，就事敷陈，不假造作，有根有据之谓也；虚者，空中楼阁，随意构成，无影无形之谓也。"①他认为剧本创作的第一要务，就是"审虚实"。清代小说评论崛起，不少人从小说创作出发，探讨了"虚""实"关系。洪兴全说："从来创说者，事贵出乎实，不宜尽出于虚，然实之中虚亦不可无者也。苟事事皆实，则必出于平庸，无以动诙谐者一时之听。苟事事皆虚，则必过于诞妄，无以服稽古者之心。是以余之创说也，虚实而兼用焉。"②这里的"虚实兼用"，就是强调小说创作既要基于生活真实，又不能机械模拟；既要善于虚构，又不能失之诞妄，唯如此，才算"实中有虚"，虚实得当。

——在艺术所表现的诸种对象之间，"虚"代表着无形的、非具体可感的对象。情与景，是诗文中最常见的一种"虚""实"关系，写景，属于"实"，而抒情，则被视为"虚"。明代诗论家谢榛提出："写景述事，宜实而不泥乎实。有实用而害于诗者，有虚用而无害于诗者。此诗之权衡也。"③他曾以五言诗"山寺钟楼月，江城鼓角风"为例，指

---

① 李渔：《闲情偶寄·卷一》，《中国古典戏曲论著集成》，中国戏剧出版社1980年版，第七卷，第20页。
② 洪兴全：《中东大战演义自序》，引自《中国历代文论选》，上海古籍出版社1980年版，第四册，第231页。
③ 谢榛：《四溟诗话》，《中国美学史资料选编》，复旦大学出版社2008年版，第342页。

出此联所用的"山寺""钟楼""月""江城""鼓角""风",皆为写景的"实字",虽为人们展示了江城山寺钟楼月下景色,却显得诗意板结,缺少感人的魅力与艺术的灵气。原因就在于此句有实无虚,没有传达诗人情感的言情之处。所以谢榛说:"要含虚,活意乃佳。诗中亦有三昧,何独不悟此耶?"而杜甫的一首和咏梅的诗,虽无一处写梅的形态,却获得以虚感人,活意甚佳的艺术效果。那是隆冬时节,裴迪在蜀州送客,于东亭逢雪,恰见雪中早开的寒梅,遂引发诗兴,赠诗杜甫以表怀念。杜甫见诗后诗绪难遣,写下如此和诗:"此时对雪遥相忆,送客逢春可自由?幸不折来伤岁暮,若为看去乱乡愁。"想你此时正对雪相忆故知,又何况送客遇到梅花,更增添相忆之情呢?所幸的是你没有折来赠我,如果那样,将更勾起我岁暮的伤感、撩乱的乡愁。两联中除"对雪""送客"等"实词"外,用了二十二个虚字,"句法老练,意味深长,非巨笔不能到。"①

——在艺术表现的直接性与间接性之间,"虚"表示表现的间接性。任何一件艺术作品,其表现的主体与陪衬对象之间,常采取直接表现与间接表现的不同方法,就是同为表现主体,有时也有直接、间接表现的区别。凡是体现表现的直接性的,就属"实";凡是运用表现的间接性的,就称

---

① 谢榛:《四溟诗话》。

"虚"。如画山水树石，山水树石自然属实，而缭绕其上的云烟，就是虚。孔衍栻在《画诀》中就说："山石树石，实笔也；云烟，虚笔也。"而画幅的灵气所在，不在实笔，却在虚处："笔致缥缈，全在云烟，乃联贯树石，合为一处者，画之精神在焉。"而对以写山为主的山水图和写水为主的水村图，虚实也因表现主体的不同而异。清代画家蒋和就阐发了这点。他说："山水篇幅以山为主，山是实，水是虚。画水村图，水是实而坡岸是虚。写坡岸平浅远淡，正见水之阔大。凡画水村图之坡岸，当比之烘云托月。"在园林构景上，也有这种虚实关系。如陆地为实，水面为虚；有景处为实，留空处为虚；近景为实，远景为虚；呈现在游线上的景为实，掩映于树下、亭后的景为虚；殿堂建筑是实，庭院是虚。从艺术的表现方式与特点看，形象的直接性与间接性，正是区分、界定艺术中虚实的重要方面。

——在艺术作品结构的疏密、浓淡之间，虚代表着疏阔、淡远。凡是有魅力的艺术品，总是能十分巧妙地处理结构上的对比关系与层次变化。人们将那些缜密、浓稠处称为"实"，而那些疏阔、淡远处则被称为"虚"。清代画论家笪重光极为推崇画面的"虚""实"参变。他说："无层次而有层次者佳，有层次而无层次者拙。"[①]"山实，虚之以烟霭；

---

① 笪重光：《画筌》，四川人民出版社1982年版，第23页。

山虚，实之以亭台。"① 唯有做到"密致之中，自兼旷远"，才能形成虚实有致、疏密相兼的艺术情趣。他特别赞誉这种以"疏""虚"取胜的方法："真境现时，岂关多笔；眼光收处，不在全图。合景色于草昧之中，味之无尽；擅风光于掩映之际，览而愈新。"② 大画家黄宾虹论画，也十分重视经营位置中的虚、空："中国画讲究大空、小空，即古人所谓密不通风，疏可走马。""岩岫杳冥，一炬之光，如眼有点，通体皆虚；虚中有实，可悟化境。"③

汉语辞义的丰富性和中国古典美学描述性的特点，使"虚"的美学内涵从艺术的真实与虚构关系，扩大到了艺术表现方法、艺术形象特点、艺术作品结构等等方面，它代表的是想象，是非实有，是无形，是形象的间接性，是含蓄，是隐约，是疏阔，是淡远，是无限……东汉时的王充无论如何也不会想到，他所疾恶的"虚"，竟会衍生出如此丰富的美学意蕴，会受到明清美学家的如此垂青。

这当然不是偶然的。"虚"能生美，"虚"就是美，本是中国古代道家哲学的题中之义，只不过人们对它的认识经过了一个漫长的历史过程罢了。这是艺术实践发展的结果，是中国古代艺术家对艺术规律认识深化的表现，也是中国古典

---

①② 笪重光：《画筌》，四川人民出版社1982年版，第5、23页。
③ 《黄宾虹画语录》。

美学走向成熟的标尺之一。

"虚""实"何以相生

艺术实践的丰富,促使人们从理性上去把握其中的规律,而人们一旦获得理性的自觉,又会自如地将其运用于艺术实践。随着艺术家对"虚"的捕捉,一种"虚实相生"的美学原则也相伴而生了。

"虚"与"实"本是现实事物中诸多关系中的一种,艺术中的"虚"与"实",说到底还是源于现实中的"虚"与"实"。清代大画家石涛就曾将"虚""实"作为自然的不同征象。他说:"山川万物之具体,有反有正,有偏有侧,有聚有散,有近有远,有内有外,有虚有实,有断有连","此生活之大端也"①。正是这种"虚""实""聚""散"的对应与相接,才使得山川万物"有层次,有剥落,有丰致,有缥缈",呈现出万千气象。画论家丁皋则从事物的阴阳、明暗、内外、高低变化,阐述了"虚""实"的产生:"凡天下之事事物物,总不外乎阴阳。以光而论,明曰阳,暗曰阴;以宇舍论,外曰阳,内曰阴;以物而论,高曰阳,低曰阴。"并且明确将笔墨中的"虚""实",归

---

① 石涛:《苦瓜和尚画语录·笔墨章》,《中国美学史资料选编》,复旦大学出版社2008年版,第500页。

源于自然中的"虚""实":"惟其有阴有阳,故笔有虚有实。惟其有阴中之阳,阳中之阴,故笔有实中之虚,虚中之实。"①

富于辩证智慧的中国古代美学不但洞见"虚""实"之间的相分、相含、相依关系,而且发现了它们之间的相生、相成、转化关系。"虚实相生"原则,正是上述关系在美学上的总结与概括。

"虚实相生"包括着以"虚"生"实"和以"实"生"虚"两个层面。

以"虚"生"实",似乎不难解释。因为在中国古代道家哲学那里,"无""虚"原是一切事物(包括美在内)的本原。《淮南子》中"有生于无,实出于虚"这句话,不早就提出了"虚"可以生"实"的命题吗?然而,艺术创作中如何使"虚"生出"实"来,却要靠艺术家的创新与摸索。从他们主要采取的手段来看,大致有如下几种。

一、烘云托月,以"虚"显"实"。"虚"与"实"都是相融相并,共生一体的,有"实"方有"虚",有"虚"方显出"实"。中国戏剧的舞台,就是一种典型的以"虚"生"实"。那虚空、静寂的舞台,犹如虚白的画纸等待画家泼洒,为演员的念、唱、做、打提供了广阔的天地。随着开场

---

① 丁皋:《写真秘诀》。

时的一通锣鼓、演员在幕后唱出铿锵的导板,就开始了舞台上"虚""实"幻化。而演员的一招一式、一腔一调、一颦一笑,都为虚空的画幅上,增添了精彩纷呈的实笔。"虚"能显示"实",能衬托"实"。清代画论家蒋和把这种衬托作用,称为"烘云托月"。他说:"画水村图,水是实而坡岸是虚。写坡岸平浅远淡,正见水之阔大。凡画水村图之坡岸,当比之烘云托月。"① 清代画论家范玑云:"画有虚实处。虚处明,实处无不明矣。"② 强调的也是"实"以"虚"显的道理。

二、避"实"写"虚",以"虚"引"实"。"实"作为艺术的摹写对象,是纷纭复杂、瞬息万变的。在艺术创作中,艺术家为了避免机械复印式地再现对象,或是寻求表现上的不雷同,或是追求描写的含蓄有味,常常采取避"实"写"虚"的手法,反而会收到更好的艺术效果。《三国演义》中刘备三顾茅庐,头两顾,都是如是写法。正如毛宗岗所赞:"此卷极写孔明,而篇中却无孔明。盖善写妙人者,不于有处写,正于无处写。……孔明虽未得一遇,而见孔明之居,则极其幽秀;见孔明之童,则极其古淡;见孔明之友,则极其高超;见孔明之弟,则极其旷逸;见孔明之丈人,则极其清韵;见孔明之题咏,则极其俊妙:不待接席言欢,而

---

① 蒋和:《学画杂论》。
② 范玑:《论画》。

石涛《西樵苍翠图》

孔明之为孔明,于此领略过半矣。"篇中笔墨虽未实写孔明,却处处渲染着孔明,孔明的高雅、飘逸、超凡、俊妙,尽在不言中。这不就是以"虚"生"实"吗?关云长温酒斩华雄一回,也是以"虚写"取胜的佳篇。书中对袁、曹骁将与华雄交战的场面并未实写,只用了"不三合,被华雄斩了",十几镇诸侯"众皆失色",便有力地衬出华雄的勇武善战。而关羽出阵后,与华雄的交战过程亦未实写,却用关羽斩下华雄之头回帐交令,而出帐前诸侯为他酾的酒尚温,极衬出关羽的声威。倘若罗贯中不是采取如此写法,而是实写交战双方如何打法,恐怕笔墨耗得再多,也绝不会有上述效果。难怪毛宗岗对此极为欣赏,连批:"妙""妙"了。

三、以"虚"运"实","虚""实"两活。凡是成功的艺术作品,总是"虚""实"得当,互融共生的。如果不懂得用"虚",一味泥于"实",那么就会缺少"虚"的过渡、缓冲、比照与衬托,而使所写之"实"板结不堪,毫无生气与活力。唯有以"虚"运"实",才可使"实者亦虚,通幅皆有灵气"[1]。蒋和也说:"大抵实处之妙,皆因虚处而生。故十分之三在天地布置得宜,十分之七在云烟锁断。"[2] 诗文创作更不能有"实"无"虚"。正如唐鉴所说:"诗文工拙,难言之矣。其要大率以虚字活句斡旋,则入目易,以实字板

---

[1] 孔衍栻:《石村画诀》。
[2] 蒋和:《学画杂论》。

腔填积，则成章亦拙。曾闻苏文忠见诸子谋业，凡虚字少，实字多者，必涂抹掷还。此为文之法也。"① 写词，也要力避"实"而无"虚"，否则就会如七宝楼台，眩人眼目，碎拆下来，不成片断。南宋词人吴文英曾写过一首描写重九时节于郭清华家园中夜饮的词，起首的三句为："檀栾金碧，婀娜蓬莱，游云不蘸芳洲。"这里，句句写"实"，檀栾写竹，婀娜写柳，金碧写楼台，蓬莱、芳洲写园：楼台金碧辉煌，垂柳婀娜多姿，翠竹挺拔劲健，像仙岛蓬莱一样令人神往。虽然写得典雅奥博，但由于缺少"虚"的灵气灌注，终显得胶着板滞。宋词论家张炎批评说："前八字恐亦太涩"②，实在是精辟之见。而王安石的《金陵怀古》则不同了："登临送目，正故国晚秋，天气初肃。千里澄江似练，翠峰如簇。征帆去棹斜阳里，背西风酒旗斜矗。"这些脍炙人口的名句，以如椽彩笔，画出了晚秋江景。那似练的澄江，那如簇的翠峰，斜阳里的征帆，西风下的酒旗，句句写的是实景，但由于词人怀着思古之情，又值天气肃杀的深秋，因此登临极目所见，都被染上了一层淡淡的哀情。如此以"虚"运"实"的写法，就使得"实"而不涩。张炎称它"清空中有意趣"，正是赞赏它"实"中有"虚"、崇尚"清空"

---

① 《尺牍新钞》，唐堂《与吴冠五》书，《中国美学史资料选编》，复旦大学出版社 2008 年版，第 446 页。
② 张炎:《词源》。

这一点。

"虚实相生"的另一个层面是以"实"生"虚"。如果说以"虚"生"实"兼有美学本原与艺术手法的意义，那么以"实"生"虚"，则主要是就表现手段而言的。

与"实"相较，"虚"是更难表现的。因为它指向的是想象，是无形、无声、无色，是非实有，是隐约与含蓄。这种形象上的模糊、不具体，使它的表现难以采取直接摹写的方法。当然，艺术家并没有望而却步。他们除了采用艺术中的"空白"表现"虚"境之外，更大量地采取的是以"实"写"虚"，"虚"者实之的方法。

如何在"实"中出"虚"，以"实"生"虚"呢？艺术家的作法有：

一、缘"实"求"虚"，以"实"引"虚"。"虚"与"实"总是互为依托的，没有"实"，也就无所谓"虚"。眼睛只盯着"虚"，为"虚"写"虚"，并不一定能写好"虚"，只有从"实"处入，才为得法。韩廷锡《与友人论文》中说："文有虚神，然当从实处入，不当从虚处入。尊作满眼觑着虚处，所以遮却实处半边，还当从实上用力耳。凡凌虚仙子，俱于实地修行得之，可悟为文之法也。"[①] 吴伟的人物画《武陵春图》，以石案为背景，案上是琴、书、笔、砚，加上一盆疏

---

① 《尺牍新钞》，韩廷锡《与友人论文》，见《中国美学史资料选编》，复旦大学出版社 2008 年版，第 446 页。

梅，寥寥三五实景，衬托出手执白卷才女的气质。

吴伟《武陵春图》

从"实"处入，既包含着如实地表现对象"虚""实"关系的意愿，又是强调写"实"乃是写"虚"的基础与入手点。因为"实"中有"虚"，由"实"可以引出"虚"。宋徽宗时，院画盛极一时，院画试题常以诗句作为画题。诸如："乱山藏古寺""竹锁桥边卖酒家""踏花归去马蹄香""落日楼头一笛风""午阴多处听潺湲"等。这些诗句为人们展示了景中有情、境中有趣、"虚""实"相兼的画境。对这些画境表现得如何，确实能看出画者艺术功力的强弱。据说，当时应试的人接踵摩肩于汴道上，但"多有不合而去者"。比如，"野水无人渡，孤舟尽日横"这一画题，画者为了表现野水无人的荒凉意境，多画空舟泊于岸侧，或拳鹭于舷间，或栖鸦于篷背，以示无人。但中魁者独不然，他于舟上画一舟子，卧于舟尾，横一孤笛。孤舟、舟子、横笛，这些都是

"实",画家正是从"实"处入,绝妙地表现了野渡无人的荒、闲情味。

二、化"实"为"虚",以"实"显"虚"。"实"不仅能成为写"虚"的入手点,而且还可以转化为"虚",成为表现"虚"的素材与手段,这就叫作借"实"生"虚"。以诗文中的"情"与"景"来说,"景"能传"情","景"能生"情",寄"情"于"景"正是以"实"生"虚"的常见手段。唐代诗人温庭筠的"鸡声茅店月,人迹板桥霜",是表现羁旅之苦的名句。月色朦胧,板桥上凝着寒霜,然而茅店中的旅者已经闻鸡鸣而起,踏着霜花早行了。诗句中鸡声、人迹、茅店、板桥、月、霜,都是写"实",正是这些景物所组成的意象,传达出早行者的悲苦之情。欧阳修就曾赞叹此诗的含蓄传情,他说:"道路辛苦,羁旅愁思,岂不见于言外乎?"[①] 显然,这是典型的以"景"传"情",借"实"生"虚"。而白朴的《天净沙·春》,则透过倚阑凭眺的闺阁少女的眼中景致,表现出她对春日到来的满心喜悦。"春山暖日和风,阑干楼阁帘栊,杨柳秋千院中。啼莺舞燕,小桥流水飞红。"暖日和风,秋千摇荡,燕舞莺啼,流水飞红,这一幅幅春意盎然的画面,显示着大自然的勃勃生机,窥春少女的欢悦之情,尽在不言之中。人们说,咏物之作,

---

① 欧阳修:《六一诗话》,《历代诗话》,中华书局1981年版,第267页。

应力避"沾沾焉咏一物"①。"沾沾焉咏一物",就是写"实"而止于"实",只有善于以"实"生"虚",于状物时别有"寄托",求得题外韵致,才能获得"虚"以"实"生、神于象外的妙境。

当然,"虚""实"相生的方法远不止这些,艺术家尽可以凭着自己的才性自由地创造,然而种种不同的途径,寻求的艺境却是共同的,这就是"虚""实"相兼。有"虚"无"实",或者有"实"无"虚",都会造成艺术中的败笔,乃是艺术创作的大戒。明代的艺术评论家李日华说得好:"虚者实之,实者虚之。实者虚之故不系,虚者实之故不脱。不脱不系,生机灵趣泼泼然。"②清代艺术评论家刘熙载也强调"虚""实"互藏,于"结实"处求"空灵",于"空灵"处求"结实","文或结实,或空灵,虽各有所长,皆不免于一偏。试观韩(昌黎)文,结实处何尝不空灵,空灵处何尝不结实。"③

为什么"虚""实"相生成佳境,而"虚""实"相乖则为艺术家所不取呢?

单一的"虚"或单一的"实",往往由于缺少对比而形不成节奏与韵律。"实"中有"虚","虚"中有"实",就可使艺术品活泼多变,有参差,有起伏,有疏密,有隐显,有

---

① 沈祥龙:《论词随笔》。
② 李日华:《广谐史序》。
③ 刘熙载:《艺概·文概》,上海古籍出版社1978年版,第23页。

节奏，有韵味。音乐的有声到无声，无声转有声，形成节奏；绘画的实景到虚景，疏处到密处，形成层次；诗文的景语到情语，情中景、景中情，形成韵味。大画家董其昌论画时曾说："有详处必要有略处，实虚互用，疏则不深邃，密则不风韵，但审虚实，以意取之，画自奇矣。"①

单一的"实"，给人的联想毕竟是有限的，而增添了"实"中之"虚"，或以"虚"衬"实"，就可使"实"获得生气灌注，为其增添了诱发人们想象的朦胧美，而"虚"为其扩展的时间与空间，又可使人感受到时间与空间的美。明代画家唐志契说："小幅卧看不得塞满，大幅竖看不得落空。小幅宜用虚，愈虚愈妙。大幅则须实中带虚，若亦如小幅之用虚，则神气索然矣。"②就因为小幅的"虚"拓展了空间，大幅的"虚"带来了灵气，对于大幅的"虚"，不能像小幅那样求之。

单一的"虚"，不易为人们从感官上直接感知，把它化成具有声、色、形、质的"实"，人们就可从视觉形象、听觉形象、触觉形象去把握它们。忧愁与欢乐，烦闷与开心，都很难形成具有质感的形象。倘若把它们化为山、水的形象，人们感受就具体了。诗家有以山喻愁者，如赵嘏之"夕

---

① 董其昌：《画禅室随笔·画诀》，《中国美学史资料选编》，复旦大学出版社2008年版，第371页。
② 唐志契：《绘事微言》。

阳楼上山重迭，未抵闲愁一倍多"；有以水喻愁者，如秦观之"落红万点愁如海"；而贺铸之《青玉案》却以烟草、风絮、梅雨喻愁："试问闲愁知几许，一川烟草，满城风絮，梅子黄时雨。"像烟草一样凄迷，像风絮一样缭绕，像梅子黄时雨一样连绵不断，难以排遣，此种闲愁滋味，不就可视、可触，不难品尝了吗？原来是毫无形象的"虚"，一番点化，竟成了生动可感的艺术形象，全赖"虚者实之"。

单一的"实"并不能逼真地表现客观存在的"虚""实"相依关系，只有既从"实"处入，又善于由"实"到"虚"，才能达到"真""神""美"的艺术极致。清初画家笪重光在《画筌》中曾说："位置相戾，有画处多属赘疣。虚实相生，无画处皆成妙境。"如何获得这种妙境呢？他提出首先要达到"实景清""真境逼"的境界，因为"空本难图，实景清而空景现。神无可绘，真境逼而神境生"[①]。如果泥于实景，不求空景作为衬托和依伴，"无可绘"的"神境"当然也就难以达到。

单一的"实"，艺术表现力总是有限的，使人难于超乎象外，品味到象外之象、韵外之致。而"实"中之"虚"，却可于空寂中注入流荡的生气，使人体察到生命与"道"的无限。王船山在品评王维诗、画时曾说过："右丞妙手能使

[①] 笪重光：《画筌》，四川人民出版社1982年版，第24页。

在远者近,抟虚成实,则心自旁灵,形自当位。"对这段诗论,现代美学家宗白华曾有过一段极好的阐释。他说:"'心自旁灵'表现于'墨气四射,四表无穷';'形自当位',是'咫尺有万里之势'。'广摄四旁,圜中自显','使在远者近,抟虚成实',这正是大画家大诗人王维创造意境的手法,代表着中国人于空虚中创现生命的流行,氤氲的气韵。"①

戴醇士在讲到亭的审美价值时曾说过:"群山郁苍,群木荟蔚,空亭翼然,吐纳云气。"②于郁郁苍苍的群山之上,置一空亭,就能成为山树灵气动荡、云雾吐纳的所在。倘若我们用它来比喻中国艺术中的"实"中有"虚",也是颇为合适的。艺术家孜孜以求的"实"中显"虚",不正像空亭汇聚灵气、吐纳云气一样吗?那流荡的生气,灌注的活力,勃发的生命气机,不正是借助"实"才得以表现吗?艺术家表现的"实"总是具体的、有限的,而"实"中蕴含的宇宙意识和道,却是超越具象,通向无限的。中国古代艺术所以能历久而愈新,唤起后世人们的种种审美共鸣,恐怕与它的"实"中有"虚"大有关系。

(撰于1986年,载于《美学与艺术评论》第三辑)

---

① 宗白华:《中国艺术意境之诞生》,载《美学散步》,上海人民出版社1981年版,第71页。
② 参见宗白华:《中国艺术意境之诞生》,同上书,第72页。

喜剧美简论

在 20 世纪 80 年代，我曾读过任二北先生编著的《优语集》，书中我国古代艺人的妙人妙语令我折服，而当时一首《笑比哭好》的流行歌曲红遍大江南北，被广泛传唱，又令我思考。

的确，生活不能没有笑声，人们改造自然、改造社会的伟大斗争，既有着惊心动魄的悲壮场面，又有着心花怒放的欢乐时刻。喜剧美在艺术与社会生活中，有着悲剧美不能取代的作用。

那么，喜剧美与悲剧美有什么不同呢？它与生活中的喜又有着什么样的区别与联系呢？喜剧性与笑的关系怎样，为什么人们那样喜爱喜剧艺术？让我们对这些问题做一番探求。

一、喜剧性不等同于可笑性

喜剧性不仅是指喜剧。提起喜剧性这个范畴，人们通常以为指的就是喜剧，就会马上联想起古希腊喜剧诗人阿里斯托芬的喜剧、法国剧作家莫里哀的古典喜剧、莎士比亚脍炙人口的喜剧，或者想起喜剧大师卓别林的精彩表演，往往把喜剧美与戏剧艺术的一种类型——喜剧相提并论。

实际上，喜剧性作为一个重要的美学范畴，与作为戏剧艺术的喜剧是不同的概念，喜剧性所包括的范围要比喜剧广泛得多。它包括社会生活中的种种喜剧现象，包括生活中的这些喜剧现象在小说、绘画、雕塑等艺术中的表现，当然也包括戏剧艺术中的喜剧。

喜剧性不等于生活中的喜。生活中的喜，并不一定就是喜剧性现象。比如，某人百折不挠，历尽险阻，在科学事业上获得卓越成就；某人在竞技场上斗志昂扬，力挫群雄；某人在与病魔斗争中化险为夷，摆脱顽症，这些都是令人喜悦，值得庆贺的喜事，但若说这些属于喜剧性，显然不妥。

喜剧性也不同于生活中的可笑性。有人认为，生活中的可笑事物就是喜剧性，德国心理学家缪勒-弗莱恩费尔斯就做如是说："引起我们发笑的每一样东西，都是喜剧性。"[①]黑格尔则不同意这种说法，他主张把喜剧性与可笑性严格区分开来，指出："人们往往把可笑性与真正的喜剧性混淆起来"，"笨拙或无意义的言行本身也没有多大喜剧性，尽管可以惹人发笑"。他还指出："最平庸和最无聊的东西会惹人

---

① 引自李斯特威尔：《近代美学史述评》，上海译文出版社1980年版，第225页。

笑，同时最重要和最深刻的东西也会惹人笑。"① 里普斯也强调"喜剧性和笑是两回事"②。这里，黑格尔们更看重的是可笑言行后面的社会伦理蕴含，对喜剧性的思想性提出了一定的要求。美学史家李斯特威尔强调："我们必须防止把喜剧性和可笑性混淆起来。这种混淆一开头就会表明是严重的错误。"③

可见，喜剧性是一个比艺术中的喜剧要宽，然而又比生活中的可笑性要窄的范畴，它有着自己的特定内容与含义。

那么，生活中的哪些现象是名副其实的喜剧性呢？不妨从马克思的关于喜剧性的两段论述说起。马克思在《黑格尔法哲学批判导言》中讲到："对德国政治现实的斗争就是对现代各国的过去的斗争，而过去的回音依然压抑着这些国家。这些国家如果看到，在它们那里经历过悲剧的旧制度，现在如何通过德国的幽灵在演它的喜剧，那是很有教益的。"

马克思的话，是针对当时德国的现状而言的。马克思所指的"德国政治现实"，就是指 19 世纪 40 年代初期德国的封建割据状态，对这种"现实"的斗争，即为反对封建专制制度，实现国家统一的斗争。相较于英、法这些已经发生

---

① 黑格尔:《美学》,商务印书馆 1981 年版,第三卷(下册),第 291 页。
② 里普斯:《喜剧性与幽默》,见《西方美学史资料选编》,上海人民出版社 1987 年版下册,第 824 页。
③ 《近代美学史评述》,上海译文出版社 1980 年版,第 225 页。

过资产阶级革命的国家来说，也就是反对它们"过去"的斗争。尽管在英、法这些国家，封建的残余依然阻碍着资本主义的发展，但封建制度毕竟已经被新的制度无情地取代，毕竟"经历过悲剧"性的结局，而德国的现状刚好相反，由于德国资产阶级天生的软弱性，他们与封建势力的妥协，使得1848年波及德国的革命，以失败而告终，封建专制制度反而得以貌似合理地存在下去，用马克思的话说，就是"在演它的喜剧"。

马克思不仅把已经过时的旧制度的暂时胜利，称为丑角充当主角的喜剧性现象，而且还讲道："现代的旧制度不过是真正的主角已经死去的那种世界制度的丑角。历史不断前进，经过许多阶段才把陈旧的生活方式送进坟墓。世界历史的最后一个阶段就是喜剧。""这是为了人类能够愉快地和自己的过去诀别。"这里，马克思把人类告别陈旧的生活方式，笑迎新的生活方式，亦称为喜剧。

另一段论述是出自马克思撰写的《路易·波拿巴的雾月十八》中指出："黑格尔在某个地方说过，一切伟大的世界历史事变和人物，可以说都出现两次。他忘记补充一点：第一次是作为悲剧出现，第二次是作为笑剧出现。""一切已死的先辈们的传统，像梦魇一样纠缠着活人的头脑。当人们好像只是在忙于改造自己和周围的事物并创造前所未闻的事物时，恰好在这种革命危机时代，他们战战兢兢地请出亡灵来给他们以帮助，借用它们的名字、战斗口号和衣服，以便穿着这种久受崇敬的服装，用这种借来的语言，演出世界历史的新场面。"1852年发生的路易·波拿巴政变，就是一个典型的笑剧。路易·波拿巴本是个历史上极为平庸的人物，靠着他是拿破仑的侄子，赢得广大农民的拥戴。他用烧酒和腊肠收买军队，取得士兵的支持。这个在半夜里经常和狂夫、荡妇喝得酩酊大醉的小丑，从法兰西银行窃取了二千五百万法郎，用一百万法郎收买了一个将军，用十五个法郎加烧酒收买一个士兵，他偷偷地、像夜间的贼一样去跟自己的同谋者相会，命令他们闯入最危险的议会首领们的住宅，把他们一个个从床上拖下来投入监狱，然后用军队占领巴黎各重要据点和议会大厦，次日一早就模仿着当年拿破仑在雾月十八一样，宣告议会已被解散，进而举行恢复帝制的加冕大典。这出拙劣的模仿秀，并不能使人感到小拿破仑的威风与伟岸，只能感到滑稽，恩格斯说过："即使你苦恼一整年，也不能构思出比这更精彩的喜剧来。"

　　从马克思的分析来看，喜剧性绝不是简单的可笑性，而是有着复杂的社会矛盾冲突根源，有着或肯定或否定的社会意向的选择。鲁迅在《坟·再论雷峰塔倒掉》中说"喜剧将那无价值的撕破给人看"。它们之所以能成为供人观照的审美对象，正在于是通过对丑的否定，达到了对美的间接的肯定，因而可以成为人的本质力量的一种间接的确认。

喜剧性冲突，可以区分为两种既有互相联系又有各自不同的类型。一是真、善、美与假、恶、丑形成的喜剧性冲突，一是喜剧人物自相矛盾的喜剧性表演。

黑格尔在论述古希腊悲剧衰落、喜剧兴起时，曾讲过一段很深刻的话："用这样一种方式把现实中腐朽愚蠢的实况描绘出来，要使它像是自己毁灭自己，就是通过这种毁灭来反映出真正的东西毕竟是坚固耐久的力量，而愚蠢和无理性的那一方面是没有力量来构成真实的东西的对立面。这种新的艺术形式就是喜剧。"①

尽管黑格尔在这里讲的是艺术形式中的喜剧，尽管他所讲的"真正的东西""真实的东西"还是指的他的绝对精神、理念，但他对喜剧冲突的概括，是相当深刻的。

第一，他指出了否定性喜剧性事物的重要特征在于腐朽、愚蠢的东西的自毁灭。黑格尔强调"喜剧只限于使本来不值什么的、虚伪的、自相矛盾的现象归于自毁灭"。为什么它们会自毁灭？因为他们"本来不值什么"，"一件事物，如果不是本身之中包含着可以嘲弄和讽刺的成分，要想用外在的方式去开它的玩笑是不可能的"②。

第二，他指出这些腐朽、愚蠢的东西的自毁灭，除了因为其本身"无价值"以外，还因为它的对立面"真实的东

---

① 黑格尔:《美学》，商务印书馆1979年版，第二卷，第253、254页。
② 黑格尔:《美学》，商务印书馆1979年版，第一卷，第84页。

西"强大有力。也就是黑格尔所说的"没有力量构成真实的东西的对立面"。例如，19世纪40年代，在欧洲社会主义思潮的裹挟下，一些封建贵族也混迹其间，俨然以资本主义的批判者自居，实际上他们的批判，总是抹不去臀部的封建印章，难免令人可笑。

第三，黑格尔还指出了那些"无价值"东西的自毁灭，是为了反映出真实的东西的"坚固耐久"。

二、喜剧性的美感特征

喜剧性对象能给人带来强烈的美感——笑。笑，正是人们在观赏喜剧性对象时所产生最突出的情绪反映，成为这类对象美感的主要特征。

喜剧性审美对象所引起的美感，总是伴随着喜悦、笑的。德国近代著名美学家里普斯指出喜剧性的美感中包含着喜悦的因素："这种要素具有独特的、即格外开心的性质。"[①] 与其同时王国维亦说，喜剧"不独使人能笑，而且使人敢笑，此即喜剧之快乐之所存也"[②]。

喜剧性对象为什么能引起人们发笑？历史上许多美学家

[①] 里普斯：《喜剧性与幽默》，《西方美学史资料选编》，上海人民出版社1987年版，第822页。
[②] 《人闲嗜好之研究》。

做过持续不断的研究。早在古希腊时代,柏拉图就提出喜剧性美感是一种"快感与痛感的混合"。他认为,无知、愚蠢、有缺陷,都是滑稽可笑的,对于人们来说,是一种"灾祸"。当人们看到旁人的"灾祸"时,就会发笑。而"我们耻笑朋友们滑稽可笑的品质时,既然夹杂着恶意,快感中就夹杂着痛感"①。所以,人们又把柏拉图的关于笑的意见,称为笑的"幸灾乐祸"说。

亚里士多德把笑产生的原因归之于对象的"丑陋与乖讹"。他说:"可笑的东西是一种对旁人无伤,不致引起痛感的丑陋与乖讹。"②

17世纪的英国哲学家霍布士则提出了"优越说",认为笑是由于"突然发现自己的优越"。他在《论人性》中写道:"笑的情感是发现旁人的或自己过去的弱点,突然想到自己的某种优越时所感到的那种荣耀感。"

而德国古典美学家康德则把笑说成是"高度紧张的突然消失"。他曾经举过一个很有趣的例子,说一个印地安人在一个英国人家里做客,看到啤酒瓶里冒出气泡很奇怪。英国人忙问他为什么,印地安人回答说,"泡沫流出来我并不奇怪,奇怪的是原先怎么把泡沫装进瓶里的"。急于知道奇

---

① 柏拉图:《斐利布斯篇》,《柏拉图文艺对话集》,人民文学出版社1980年版,第295、296页。
② 亚里士多德《诗学》。

怪原因的英国人，听了如此回答，紧张的心情一下子化为乌有，爆出笑声。这种"紧张的期待突然消失于虚无"①，即所谓笑起源于"失望说"。

叔本华赞同康德的"失望说"，也认为笑是起因于期望的消失。他认为，所以会产生趣味的消失，是由于人们把感觉纳入"概念"去思索，而感觉依附的"概念"却是乖讹的，所以会引起笑声。比如在巴黎一座剧院，听众要求演奏马赛曲，而剧场经理却不肯。双方争执不下时，一个警察跳上舞台，呵斥听众说，凡是没有登在节目单上的都不能演。这时一个听众站了起来，对着警察喊："你自己呢？你登在节目单里吗？"听者发出哄堂大笑。显然，这里的推理是"登在节目单上的才能演奏"这个概念，这个概念是乖讹的，因而引人发笑。

波德莱尔主张笑的"优越说"，他说："在人来说，笑是意识到他自己优越的产物；同时，由于笑本质上是人性的，所以它本质上是矛盾的。"②它既是无限高贵的标志，又是无限灾难的标志，这两种无限的不断撞击中，笑便爆发出来。

里普斯认为喜剧性笑的一般规定在于"惊人的小"。"我们一般说：喜剧性是小，是较少感人性，较少重要性、严重

---

① 康德：《判断力批判》（上卷），商务印书馆1987年版，第180页。
② 波德莱尔：《论笑的本质并泛论造型艺术中的滑稽》，《1846年的沙龙》，广西师范大学出版社2002年版，第273页。

性，故此不是崇高性","它是这样一种小，即装作大，吹成大，扮演大角色，另一方面却仍然显得一种小，一种相对的无，或者化为乌有"。里普斯实际接受了康德"期望消失"的观点，按着他的解释，所谓装扮的"大""化为乌有"，往往是瞬间"突然"发生的，它又通常呈现为两种情况："一种大或较大在被期待着，而一种小却出场了"；另一种是"虽然显得是一种大，或者作为一种大出现，但是另一方面又丝毫没有表现这种大，反过来在我看来倒变成一种'无'"。比如，"大人戴了小孩帽"，"小孩戴了大人帽"。

斯宾赛则认为笑发生于"下降的乖讹"。人们正在聚精会神地期待一个重大事件的出现，结果这样的惊人场面并没有出现，人们原来的投入观照的精力明显过剩了，表现在颜面和呼吸上，就成为笑。

柏格森认为，笑是根源于生命的机械化。他提出生命的运动是绵延不断、生生不息的，而那些违反生命特征的僵死、呆板，使有生命的东西变得机械化，就会变得滑稽，滑稽给人带来的美感就是笑。

无论是笑的"优越"说，还是笑的"乖讹"说，或是"期望消失"说，"生命机械"说，都有着它们依据的一部分现实根据，都能不同程度地说明一些笑的现象的产生，但它们要想涵盖一切笑的现象，就不能完全胜任了。

达尔文则从生理上解释了笑的发生。他在《人类和动物的表情》一书中说道:"笑声是由于一种深吸气而发生的,在进行这种深吸气的时候,紧接着胸部和特别是横膈膜的短促的继续的痉挛收缩。因此,我们就听到'双手捧腹的大笑'。"他认为,笑的时候正好与哭的动作相反,哭是呼气延长,吸气短促而中断,嘴角向下,笑则是呼气短促而中断,吸气延长,嘴角是向上的。他认为"笑是快乐的最初表情",是某种事物"引起愉快感觉的强烈兴奋发生"的。

其实,无论是生理、心理的阐释,离开人的社会际遇,都是说不清的。人的社会际遇不同,呈现出的笑总是千差万别的。

就笑的程度来说,有深浅强弱的区别。有微微一笑,莞尔一笑,淡淡的笑,甜甜的笑,有笑容可掬的笑,眉开眼笑的笑,又有长笑、欢笑、大笑,即使大笑,又有捧腹大笑,哈哈大笑,哄堂大笑等等多种表现形态。

就笑包孕的情感来说,也有喜怒爱憎的不同。有表示憎恶、鄙视、厌恶的笑,如讥笑、讪笑、嘲笑、讽刺挖苦的笑,有表示爱慕、欢喜、自豪的笑,有面对敌人的横眉冷笑,有抚慰亲人的会心一笑,有爽朗的笑,面带羞涩的笑,腼腆一笑,以及奸笑、冷笑、媚笑、呆笑、戆笑、等等。

显然,对于这些不同程度、不同蕴含的笑,都不能用一种说法解释完满。正如画家萨利所说:"关于喜笑的各种学说各个都不能推行无碍，就因为在'复杂原因'特别鲜明的领域中，它们偏要寻出一个唯一无二的原因来。"

人们欣赏喜剧性获得的美感，具有直观与顿悟的特性。司汤达在分析喜剧性美感的产生时，指出它必须"一目了然和出乎意料"①。所谓"一目了然"指的是喜剧性对象的直观性，人们欣赏这类对象的美感是从直观获得的，所谓"出乎意料"，是指喜剧性对象的新奇性、尖锐性，这又使人们的美感——笑，带有突发性。里普斯在描述欣赏喜剧性美感时，用"先是愕然大惊"，"后是恍然大悟"来表现②，确与司汤达异曲同工。所以会"愕然大惊"，是因为喜剧性对象表里不一，言行相反，名实不符，乖张得让人"出乎意料"，所以会"恍然大悟"，是由于喜剧性对象的虚假、欺骗、矛盾已经被自己撕揭得清清楚楚，"一目了然"。

如果说从"大惊"到"大悟"，是笑得以产生的心理过程，那么人们能悟到什么，则是由喜剧性对象自身特有的矛盾决定的。别林斯基说过："喜剧的可笑，则是从现象和高度理性现实法则之间的连续不断的矛盾而来的"，"任何矛盾都是可笑的和喜剧性的源泉"③。

---

① 司汤达：《拉辛与莎士比亚》，上海译文出版社1979年版，第17页。
② 里普斯：《喜剧与幽默》，《西方美学史资料选编》，上海人民出版社1987年版，第824页。
③ 别林斯基：《智慧的痛苦》，《别林斯基选集》，译文出版社1979年第二卷，第118页。

正是不同类型、不同程度的喜剧性矛盾冲突，决定着不同程度的笑。

艺术家往往利用欣赏者从"惊"到"悟"的转折组织笑料，这就是所谓的"系包袱"与"抖包袱"。喜剧大师卓别林谈到，让观众吃惊，是使他们发笑的重要手法。"我经常尝试用新方法制造突如其来的效果。"①

三、喜剧性与喜剧艺术

生活中的喜剧性对象，反映在艺术中就成为喜剧艺术。而作为戏剧艺术中的喜剧，正是喜剧性审美对象的集中表现。

喜剧在戏剧艺术的发展史上，是渊源久远的。早在公元前5世纪的古希腊，随着悲剧的兴起，喜剧也同时诞生。古希腊喜剧来源于庆贺氏族节日的狂欢歌舞，并从民间滑稽戏中吸收了夸张、谐谑、讽刺等艺术手法，成为一种与社会生活联系紧密，而又带有某种批判性的艺术形式。亚里士多德认为，"喜剧是对比较坏的人的摹仿，然而'坏'不是指一切恶而言，而是指丑而言，其中一种是滑稽"②。意指喜剧必须针对现实中的人的缺陷。被誉为"喜剧之父"的阿里斯托

---

① 卓别林:《如何使人发笑》。
② 亚里士多德:《诗学》，人民文学出版社1982年版，第16页。

芬，常常用喜剧来触及一些重大的社会问题。可见，喜剧从它诞生之日起，就有批评现实中丑的传统。

1. 喜剧是风俗的镜子

在古希腊的佚名著作《喜剧论纲》中，曾把喜剧解释成"对于一个可笑的、有缺点的、有相当长度的摹仿"，从而肯定了喜剧与现实生活的依赖关系。古罗马哲学家、散文作家西赛罗说得更明显。他说："喜剧是生活的摹仿、风俗的镜子、一种符合真实的形象。"此后，这种说法从公元前2世纪一直传到中世纪以及文艺复兴时代。公元4世纪的一位文法家伊万提屋斯就说："喜剧人物是有中等财富的人，他们遇到危险，既不重大，又不迫切，他们的行动趋向于圆满的结束。"道窦那陀斯则说："喜剧是一个有关居住城镇的平民的种种风俗的故事，他们从而知道生活中什么东西有用，什么东西应该回避。"直到西班牙文艺复兴时期的戏剧家维加，还在重复这样的观点："喜剧和各种韵文或诗艺相同，也有它的固定目的，这目的总是摹仿人们的行动，描绘他们自己时代的风俗。""喜剧所讨论的是卑贱的平民的种种行动，而悲剧则是王室的高贵行动。"

随着资产阶级的兴起，欧洲喜剧经过中世纪漫漫长夜的沉默，再度从民间吸取力量，迅速勃起。它开始突破过去以摹仿普通人日常生活为主的限制，肩负起揭露封建思想、封建道德的重任。在莎士比亚的喜剧中，封建的门阀观念、封建的道德和对金钱的贪欲,成为鞭挞的对象,而争取个人幸福,个性解放,富有人情味的新兴资产者,则成为理想的形象。而莫里哀的喜剧则把讽刺的矛头对准宗教欺骗、封建礼教,并暴露了资产阶级人与人之间赤裸裸的金钱关系。所以,喜剧讽刺什么,歌颂什么,并不是"无所为而为"的,它同悲剧一样,都是植根于现实生活的土壤。正如别林斯基所说,"喜剧的因素存在于具有客观现实性的幻影中","它的意义和本质现在是很明白了,它描绘生活的否定方面,幻影性的现实。""喜剧的基础是引发笑声的喜剧斗争。"①

这就告诉我们,欣赏喜剧绝不仅仅可以获得笑,它还可以通过笑,认识喜剧所反映的广阔社会生活。恩格斯在给拉萨尔的信中曾谈到"福斯泰夫式的背景"。这种"背景",就是莎士比亚喜剧《温莎的风流娘儿们》所反映的社会生活的一种概括。福斯泰夫,是这部喜剧中的人物。他五十开外,臃肿不堪,是一位露出下世的光景的破落骑士,他已经不能像他的先辈那样,在马背上耀武扬威,而是失去了生活来源,变成了专以冒险、诈骗、伤天害理为生的无业游民。他想觊觎温莎殷实富足市民家中的钱财,便企图对他们夫人下手,结果,反被风流娘们接二连三的算计,落得了被丢进

---

① 别林斯基:《智慧的痛苦》,《别林斯基选集》,译文出版社 1979 年版,第二卷,第 113 页。

泰晤士河、挨揍、受训的囧境。正是在这出戏里，我们看到英国封建关系解体背景下，骑世阶层的没落与新兴富人的自信、勇敢与力量。所以，当罗·贝奈狄克斯在《莎士比亚狂热病》中诋毁莎士比亚时，恩格斯立即予以回击，他在给马克思的信中写道："单是《风流娘儿们》的第一幕就比全部德国文学包含着更多的生活气息和现实性。"①

在喜剧中，我们总是可以看到作者强烈的爱憎褒贬。不仅对旧思想、旧事物的辛辣讽刺，往往包孕着对新思想、新事物的追求与向往，而且有时作者还直接塑造体现着自己愿望与理想的正面人物。喜剧不像悲剧那样多表现严肃、重大的题材，更宜于表现普通人的生活，更宜于描绘当时当地的社会风情，因而被称为"社会风情的镜子"。

2. 喜剧如何引人发笑

喜剧能引人发笑。没有笑，就无所谓喜剧。笑既是喜剧的追求，喜剧的结果，也是喜剧的重要因素。古希腊《喜剧论纲》指出："喜剧来自笑"，"喜剧的情节指把可笑的事件组织起来的安排"，喜剧"借引起快感与笑来宣泄这些情感"②。

然而有些喜剧作者和演员，为了追求票房，博得笑果，

---

① 恩格斯《致马克思》，1873年12月10日，《马克思恩格斯全集》，第三十卷，第108页。
② 《古典文艺理论论丛》，第七辑，第1页。

把一些粗俗、无聊的东西当成宝贝拼凑起来，搬上舞台和屏幕，一些演员更是靠恶形恶状、丑陋不堪的形体动作，或者揶揄对手、贬损弱者的言词取悦于人，从根本上就违背了喜剧的主旨。

喜剧的笑从何而来？《喜剧论纲》说"笑来自言词（＝表现）和事物（＝内容）"。按着我们现在的理解，应当来自戏剧中的喜剧语言，还有形成人物喜剧性格的喜剧情节。

喜剧的语言，通常具有幽默、夸张、颠倒、重复以及不合逻辑等特点。幽默的语言是使喜剧别开生面的因素。语言的重复，可以强化喜剧的效果。语言的不合逻辑，也会使人啼笑皆非。

当然，喜剧的成功，更重要的还在于喜剧的情节。黑格尔说过："如果主题本身之中不包含着矛盾，喜剧就是肤浅的，就是没有根据的。"[①] 喜剧性矛盾冲突，是喜剧的生命所在。对这种矛盾冲突，黑格尔作了深刻的分析。他指出，喜剧"自始至终要涉及目的的本身和目的的内容与主体性格和客观环境这两方面之间的矛盾对立"。具体说来，又有三种情况。

一种为"喜剧的目的和人物性格绝对没有实体性而却含有矛盾，因此不能使自己实现"。"比较富于喜剧性的情况是

---

① 黑格尔：《美学》，商务印书馆1981年版，第三卷下册，第290—294页。

这样：尽管主体以非常认真的样子，采取周密的准备，去实现一种本身渺小空虚的目的"，在意图失败时，呈现出失败而又"高高兴兴地不把失败放在眼里"的情景。

一种为"个别人物本想实现一种具有实体性的目的和性格，但是为着实现，作为个人，却起完全相反作用的工具"，亦即造成了"目的和人物以及动作和性格之间的矛盾。"

一种为由于偶然事故，导致"目的和实现，内在的人物性格和外在情况都变成了喜剧性矛盾"。或者是目的本身空虚渺小，因而追求这种目的的种种努力，都会变成笑柄，或者个人努力与设想的目的正好相反，或者由于偶然性因素使目的得到喜剧性解决，都可构成喜剧性矛盾。

自我矛盾，常常成为重要的喜剧情节。明明自己的言论与行动相反，却一再表白说到做到；明明是反派人物，却装成正面角色；明明假模假样，惺惺作态，却故作一本正经，道貌岸然。种种自相矛盾就会成为被观照的愚蠢，从而使人们产生笑声。观众就会从相反的方向、从事物本来面貌上认识喜剧人物的劣行恶迹。

以其人之道，还治其人之身，是嘲讽喜剧对象的重要手法。从某种意义上说，这也可以是一种归谬法。剧作者往往从喜剧人物的荒谬逻辑，敷衍、发展成怪诞、乖谬的结果，使喜剧人物的愚蠢一目了然，而且进一步自食其苦，自受其咎，受到无情的嘲笑。

这样的喜剧情节和手法，就远比低俗的令人厌恶的装丑与搞笑有趣得多了。

3. 喜剧、悲剧的结合与转化

在古希腊罗马时代，悲剧、喜剧的界限的区分是非常严格的，这大半与悲剧、喜剧分别反映不同社会阶层人的生活有关。悲剧通常表现巨大而又异乎寻常的不幸，它往往发生在英雄、杰出人物的身上，是以英雄、杰出人物的牺牲和忍受苦难来赞颂他们人格的伟大。喜剧则描绘的是普通人的平凡世界，是世俗中的滑稽与乖讹。到了文艺复兴时期，这种界限就渐渐被打破了，反映着新兴的资产者要在文艺舞台上充当主角的愿望。意大利剧作家瓜里尼在《悲喜混杂剧体体诗的纲领》中写道，通常认为"悲剧写的是王侯，是严肃的行动，是恐惧可哀怜的情节，而喜剧所写的则是私人的事，是笑谑；这就是悲剧和喜剧在剧种上的差别"。"它们是否因为不同种，就不能结合在一起产生第三种诗呢？绝对不能说这种结合违反自然常规。"他认为这种混杂剧，既有悲剧成分，但又不像悲剧那样让观众过分悲伤，又有喜剧成分，但不像喜剧那样让人在笑谑中失去礼仪，因而是把悲剧与喜剧快感糅合在一起的新的艺术形式。西班牙剧作家维加也主张戏剧应该逼真地反映现实，把悲剧因素与喜剧因素掺杂在一起。

契诃夫说过："生活是没有主题的，一切都掺混着：深刻的与浅薄的,伟大的与渺小的,可悲的与可笑的。"① 社会生活的复杂,使悲剧性与喜剧性人物、事件往往出现相互交错、相互渗透的状况。悲剧事物中,可能包孕喜剧性因素,喜剧性事物中,也可能包孕悲剧性因素,就拿著名的唐·吉诃德来说,他把客店当城堡,羊群当军队,皮酒囊当巨人头,乱砍乱杀,颇显得滑稽可笑,但是他心地善良,以维护人间正义为天职,颇有一点除暴安良、急人之难的古道热肠。他置个人安危于不顾,舍身忘己地追求实现自己的理想,却身临困境,苦不堪言,其悲剧性的遭遇,也是令人同情的。黑格尔指出:"《唐·吉诃德》这部作品一方面是对浪漫的骑士风的一种嘲笑,一种百分之百的讽刺,……另一方面唐·吉诃德的事迹仿佛只是一条线,非常美妙地把一系列的真正传奇性的小故事贯串在一起,把书中其它用喜剧笔调描绘的部分的真正价值衬托出来。"②

喜剧中渗透着悲剧因素,就是通常所谓的"含泪的笑"。之所以笑而含泪,乃是因为喜剧人物最终结局转化为悲剧,"喜极而泣"或者搞笑的喜剧人物显示出人性善良而得不到善报遂引起同情,或者喜剧的笑虽然激起人们对丑恶的高贵反感,但丑恶的蔓延滋长得不到制止,又使人陷入深深的忧伤。别林斯基评价果戈理的小说时说:"把果戈理的几乎全

---

① 《契诃夫论文学》,人民文学出版社版。
② 黑格尔:《美学》,商务印书馆1979年版,第二卷,第362页。

部中篇小说拿来看,它们的明显特点是什么?差不多每一篇都是些什么东西?都是些以愚蠢开始,接着是愚蠢,最后以眼泪收场,可以称之为生活的可笑的喜剧。""我们的生活也是这样,开始可笑,后来悲伤!这里有多少诗,多少哲学,多少真实……"①

---

① 别林斯基:《论俄国中篇小说和果戈理君的中篇小说》,《别林斯基选集》,上海译文出版社 1979 年版,第一卷,第 183 页。

滑稽作为审美范畴的发生、发展史

人们在审美活动中,不仅喜欢那些令人感觉崇高的对象,而且也喜爱那些惹人愉快的滑稽对象。俳优调笑,诙谐幽默,冷嘲热讽,插科打诨,伶俐乖巧,滑稽的语言,滑稽的动作,滑稽的性格,都可以成为人们观赏的对象。

滑稽作为一种审美类型在概念上的反映,有广义与狭义之分。广义则是指与崇高相对的一切喜剧性对象;狭义的则指与幽默、讽刺、怪诞相区别,仅为喜剧性的一种表现形态。下面,就对这后一种狭义的滑稽,从其审美发生到美学范畴的确立,以及其美学特征,做一番考察。

一、滑稽在我国的审美史

滑稽成为人类的审美对象,有着久远的历史。早在公元前六百年左右,古希腊已有民间滑稽戏的产生。公元前2世纪,在非洲北部古迦太基文物中,已发现有名为"逗笑的矮人"的铜像,这座雕制得十分精美的作品,惟妙惟肖地表现出矮人怪异的舞姿,以及迫于无奈、供人取乐的神态不安和内心苦痛。在我国,传说夏桀时代已经有了倡优侏儒之戏。"桀……收倡优侏儒狎徒,能为奇伟戏者,聚之于旁,造烂漫之乐。"①

但是,滑稽作为审美范畴的确立,却有其特殊的发展、演变过程。

滑稽,在我国古代,原为一种酒器的名称(亦有一说为酒器吐酒时的状态)。它腹大,呈圆形,可以转动注酒。据北魏崔浩《汉记音义》考证:"滑稽,酒器也。转注吐酒,终日不已,若今之阳燧樽。"②这从扬雄在《酒箴》对它的描写可以看出来:"鸱夷滑稽,腹大如壶,尽日盛酒,人复借酤。"可见这种叫作滑稽的酒器,在汉代应属流行常见。直至清代曹寅仍有以滑稽称酒器的诗句:"滑稽腹大原无伦,画槛仍留待晚春。"③

人们在社会生活中,有时也借用滑稽来比喻人的品行。《楚辞·卜居》:"宁廉洁正直,以自清乎?将突梯滑稽,如脂如韦,以洁楹乎?"王逸注:"转随俗已。"④这里的滑稽,显然是在与廉洁正直相对立的意义上来使用的。形容为人圆

---

① 刘向:《列女传》。
② 《太平御览》卷六七一。
③ 《和静夫谢送惠山酒》。
④ 《楚辞·卜居》,《楚辞直解》,复旦大学出版社1996年版,第271、272页。

滑顺俗，像"脂"一样滑利，像"韦"一样柔和，圆滑得可以了。

司马迁在《史记》中，则赋予滑稽以诙谐善辩的意义。他写的《樗里子甘茂传》，将滑稽与"多智"联系在一起，称"樗里子滑稽多智"，从而为其添加了褒义。他专门为滑稽列传，形容那些诙谐善辩者出口成章，辞不穷竭，就像滑稽转注吐酒一样。

对于司马迁赋予滑稽的意义，古代的研究者曾有不同的解释。一种解释是字义上分析。如唐司马贞所说："按：滑，乱也，稽，同也。言辩捷之人言非若是，说是若非，言能乱同异也。"[1] 又姚察云："滑稽犹俳谐也，滑，读如字，稽，言计，以言语滑利，其智疾出，故云滑稽也。"[2]

一种解释则是认为将滑稽用来形容人的诙谐善辩，乃是"取器物以喻人事"的比喻手法。"诙嘲谓之滑稽，犹鄙细谓之斗筲，皆取器物以喻人事，盖古语有然。"批评司马贞等人的说法，皆属于"望文生义之陋也"[3]。

还有一种解释，认为滑稽并不是崔浩说的酒器，而是酒器吐酒的状态。颜师古在为《汉书》所引扬雄《酒箴》作注时曾指出："鸱夷，韦囊以盛酒"，"滑稽，圜转纵舍无穷之

---

[1] 《史记·滑稽列传》，中华书局1982年版，第3197页。
[2] 同上书，第3203页。
[3] 《法言义疏·渊骞》，中华书局1987年版。

状"①。这里又把滑稽作为形容词来看待了。然而不管哪一种解释,却有着共同之处,即司马迁所说的滑稽,指的是与众不同、有着自身特点的一类人,这是肯定的。

这类人多指优人,又称"俳优"。他们生活在宫廷里,跟随在君王、诸侯身边,找机会取笑,以供君主玩乐。春秋战国时期,这种现象已经相当普遍。如《左传》载:"宋华弱与乐辔少相狎,长相优。"②杜预注:"优,调戏也。"《国语·吴语》也记载:"吴王淫于乐,乱民功,逆天时,信谗,喜优。"③《齐语》还记有齐桓公论述齐襄公喜优与国家衰败的关系,"优笑在前,贤材在后,是以国家不日

汉代说书俑

---

① 《汉书·游侠传》,中华书局 1996 年版,第 3713 页。
② 《左传·襄公六年》,《春秋左传集解》,上海人民出版社 1977 年版,第 829 页。
③ 《国语·越语下》,《国语》,上海古籍出版社 1978 年版,第 649 页。

引，不月长"①。韩非子也讲到，不少国君亲近俳优，乐与优、侏儒断事，"俳优、侏儒，固人主之所与燕也"②。

这些优人往往受人歧视，社会地位也不高。人们往往把国家的败亡推在他们头上。夹谷会盟时，孔子施刑于优施，管子、韩非子对俳优极力否定与批判，就是证明。

改变这种态度的是汉代的司马迁，他汇集史上有关俳优的历史资料，专门为他们立传，肯定他们诙笑的讽谏作用，主张给他们一定的社会地位。在司马迁的笔下，"滑稽多辩"的淳于髡，"常以谈笑讽谏"的优孟，"善为言笑"的优旃，皆能劝谏处事有失的君王，使他们心悦诚服地纠正其错，能起到与六艺一样的教化作用。此即为司马迁所说的"谈言微中，亦可以解纷"。张守义《史记正义》解释道："六艺之文虽异，……天下平定，其归一揆。至于谈言微中，亦可以解其纷乱，故治一也。"③

司马迁所说的滑稽，当然不是美学概念，但是，由于他所指的是那些诙谐嬉戏、游戏取乐的人，以及这些人的语言、动作，每每可以成为人们观赏的对象，势必和人的审美活动发生联系。此后，人们不但用滑稽这个词界定审美对象

---

① 《国语·齐语》，同上书，第223页。
② 《韩非子·难三》，《二十二子》，上海古籍出版社1986年版，第1172页。
③ 《史记·滑稽列传》，中华书局1982年版，第3197页。

中的一种特定类型——俳优，而且把那些诙谐风趣、游戏人生的人与俳优相类比，并统称为滑稽。

两汉以降，宫廷中的俳优活动长期存在。后汉李尤在《平乐赋》中写道："侏儒、巨人，戏谑为偶。"王国维注："明明有俳优在其间矣。"① 魏晋之际，谈笑、俳言，盛行一时，曹植得邯郸淳，非常欢喜，令其诵俳优小说数千言。邯郸淳撰辑《笑林》三卷，成为我国古代第一部笑话专书。此后，有多种笑书诞生，据《隋书·经籍志》记载，此类笑书就有《谐诽文》《解颐》《笑苑》多种。与此同时，一些擅长诙谐取乐的著名人物，如汉之东方朔、枚皋，北齐之石动筩、隋之侯白、唐之名优李可及等，皆引起史家的注意。东方朔"诙达多端，不名一行，应谐似优，正谏似智，秽德似隐"。"依隐玩世，诡时不逢，其滑稽之雄乎！"② 枚皋"诙笑类倡优，为赋颂，好嫚戏，以故得媟黩贵幸"③。侯白"性滑稽，尤辩俊"，"好为俳谐杂说，人多狎之。所在处观者如市"④。从这里可以看到，对滑稽的观赏，已经从宫廷，扩展到民间。唐代高彦休在《唐阙史》中提及名优李可及说："滑稽谐戏，独出辈流，虽不能托讽匡正，然智巧敏捷，亦

---

① 王国维：《宋元戏剧考》。
② 《汉书》，中华书局1996年版，第2874页。
③ 同上书，第2366页。
④ 《北史卷八十三列传七十一文苑》。

不可多得。"① 后来马令在《新唐书》中，专为谈谐立传，名曰《谈谐传》，并且序之曰："谈谐之说，其来尚矣。秦汉之滑稽，后世因为谈谐而为之者，多出乎乐工、优人。其廓人主之偏心，讥当时之弊政，必先顺其所好，以攻其敝，虽非君子之事，而有足书者。"②

值得注意的是，我国的滑稽虽由俳优而来，但又不限于俳优、谈谐，而是逐渐被引入到文学、音乐、戏曲、舞蹈等艺术形式中。刘勰在《文心雕龙》中，把滑稽引申到文学范围内，提出了文体风格的一种新类型——"谐隐"。他虽然不像司马迁那样重视滑稽，认为他"辞浅会俗，皆悦笑也"。但还是肯定谐隐是一种独具特色的文体。所谓"谐"，即谐辞，其用在于微讽，故"子长编史，列传滑稽，以其辞虽倾回，义归于正也"。"隐"，即"隐语"，他可以达到"振危释惫"的作用。他指出，"谐隐"不像文人写作的文学作品那样贵重，文人的作品犹如丝麻，它不过是野草，然而在"魏晋滑稽，盛相驱擅"的形势下，它还是不可替代的。"虽有丝麻，无弃菅蒯。"③ 在音乐上，人们也注意运用滑稽这一艺术手段。《乐府杂录》就写道："重翻曲调，全祛淫倚之声，

---

① 《唐阙史·李可及戏三教》。
② 《新唐书·谈谐传》。
③ 刘勰:《文心雕龙·谐隐》,《文心雕龙注》,人民文学出版社1978年版，第271、272页。

复采优伶,尤尽滑稽之妙。"在绘画上,也有些画家把滑稽运用于绘画中,宋李廌《德隅画品》所记石恪"性不羁,滑稽玩世,故画笔豪放,时出绳检之外,而不失其奇",所绘玉皇图像,"不敢深戏,然尤不免悬蟹,欲调后人之笑耳"。在戏剧中,则有唐代参军戏、宋代滑稽戏出现。

所谓参军戏,是由俳优戏弄参军的故事而得名。其事出南北朝期间北赵石勒手下参军周延为馆陶令,盗公绢数万匹,被锒铛入狱。以后,每得大会,石勒便令俳优着黄绢单衣,被人戏弄一番。一优人问:"你为何官,在吾辈(优)中?"对方抖抖单衣,曰:"吾为馆陶令,正为取是,入汝辈中。"这种二人搭档的表演形式,在唐代很为盛行,人称参军戏。本来,俳优表演,都是一人边说边唱边演,表演者中没有被讽刺的对象。到了唐代,参军戏

立式说唱俑

就不一样了，而是由一个演员扮演被讽刺者——参军，一个演员扮演讽刺者——苍鹘。这样演员就从一个发展到两个，以至宋的五个。五个当中有两个主要的，一为副净，是被讽刺对象，即原来的参军，一为副末，是讽刺对方的。这种戏因以滑稽演员为主，又称滑稽戏。这种滑稽戏，正是我国滑稽戏的雏形。

通过以上回顾，我们可以得出如下几点认识：

第一，滑稽作为反映审美对象的特定范畴，是逐步形成的。它开始作为酒器的名称（或形容酒器吐酒状貌的词汇），后来发展成俳优的名称，进而成为审美对象中特指诙谐风趣、以游戏取乐的一类对象的审美概念，是人们审美活动日益丰富、不断发展的结果。没有这些审美活动，就不会有这个概念的诞生。

第二，从我国滑稽来看，它不一定就是丑，更多的是指言语诙谐，机智善辩，伶俐乖巧，它们往往是生活在社会底层的劳动人民的一种美，和西方把滑稽看成丑的传统观念并不一样。

第三，我国的滑稽所以受到人们重视，还与它们有针砭时弊，匡正人心的传统有关。这种传统，从优孟衣冠、优旃谏漆城始其端，在历代滑稽中得以发扬光大。它与为笑而笑的庸俗取笑绝不可同日而语。明代谢肇淛曾指出："自优孟以戏剧讽谏，而后优伶，往往戏语，微发而中，且当言禁猛烈之时而敢于言，亦奇男子也！"① 这种精神，至今值得我们珍惜、继承。

二、滑稽审美在西方

在西方，滑稽作为审美对象，也有着悠久的历史。雨果在论述滑稽这一审美对象时指出："要说古人对喜剧和滑稽完全无知，那也不符合事实，而且这样的事也不可能。"②

事实也正是如此。早在古希腊时代，人们已经开始对滑稽的注意，并在艺术中创造出种种滑稽场面，供人欣赏。亚里士多德在《诗学》中就提到一首《马尔癸忒斯》（已失传）的滑稽诗，亚里士多德认为，"滑稽的事物是某种错误或丑陋，不致引起痛苦或伤害，现成的例子如滑稽面具，它又丑又怪，但不使人感到痛苦。"③

被誉为喜剧之父的阿里斯托芬，就是一位善于用漫画手法制造滑稽场面的大师。他在喜剧《云》中，以诙谐、辛辣的方式，嘲笑了哲学家苏格拉底。正如黑格尔所说："阿里斯托芬并不是一个普通的丑角、打诨者、浅薄的三花脸，只会和最神圣、最卓越的东西开玩笑，费尽心机来卖弄开玩笑的

---

① 谢肇淛:《文海披抄》。
② 雨果:《克伦威尔序》,《雨果论文学》,上海译文出版社1980年版,第32页。
③ 亚里士多德《诗学》,人民文学出版社1982年版,第16页。

机智。"因为"在他的诙谐中是以深刻的严肃性为基础的"[①]。

在文艺复兴中期的意大利,滑稽家也曾风靡一时,他们成了饭后为客人助笑的不可缺少的人物。教皇列奥十世对谐谑表现出特殊的爱好。他不仅让一些丑角、弄臣陪着他转,而且自己动手写作滑稽作品。有人曾说:"教皇们在化装和辞令上,比那些滑稽演员都有过之而无不及。"[②]在佛罗伦萨,滑稽家比比皆是,以至有人不得不到国外宫廷充当演员,以谋取更多的报酬。一些地位较高的滑稽家,往往以王侯自居,滑稽家多尔齐本还获得了"意大利滑稽之王"的称号。他自豪地对查理四世说:"您将征服这个世界,因为您是我和教皇的朋友;您用宝剑,教皇用诏书,而我用舌头。"与此同时,有些人还写了文章,从理论上对滑稽予以探讨。乔维诺·庞达诺在《谈话论》中,试图寻找滑稽的普遍原则。巴达萨尔·卡斯蒂利奥的《廷臣论》,搜集了大量滑稽家的语言,以供人们引用。

人们在社会生活中对滑稽的喜好,必然反映在艺术上。在戏剧方面,则有幕间剧和假面剧的盛行。幕间剧是打扮成小丑的演员在幕间跳舞,假面剧是一种无完整剧本的即兴喜剧演员戴着定型的面具即兴创造。以后,莎士比亚、莫里哀、博马舍等剧作家,都擅长采用滑稽的表现手段,创造出

[①] 黑格尔:《哲学史讲演录》。
[②] 乔维诺·庞达诺《谈话论》。

波罗纽斯、福斯泰夫、阿巴贡、司嘉班、费加罗等众多的滑稽形象。

但是，保守的古典主义者对滑稽采取了抨击的态度。法国古典主义者布瓦罗就是这方面的代表。他指责莫里哀"专爱滑稽，丢开了风雅与细致"，以博取众庶的欢呼。他批评"无耻俳优打诨蔑视着常情常理，曾一度炫人眼目，以新颖讨人欢喜，从此只见诗里面满是村俗的调笑"①。

法国浪漫主义者雨果，针对这种保守主义美学原则，旗帜鲜明地提出在浪漫主义文学中，应当发展一种新的类型，"这种新的类型，就是滑稽丑怪"。他撰写的《克伦威尔序》，成为阐述滑稽美学特征与意义的重要文献。

在德国，18世纪末19世纪初，出现了以耶拿为中心的浪漫主义作家团体。他们把滑稽奉为艺术的最高原则，其代表人物是施莱格尔兄弟。而弟弟弗里德里希·施莱格尔关于滑稽的见解更有影响。他们所说的滑稽态度，不同于喜剧性，喜剧性只限于使本来不值什么的虚伪的、自相矛盾的现象归于毁灭，而施莱格尔的滑稽原则却是把神圣的表现为滑稽的，即如黑格尔所说："凡是对人有意义有价值的东西都被表现为在它们自毁灭过程中变成空无。这就是说，不仅对法律、道德、真理都不持严肃态度，而且就连最高尚最优美

---

① 布瓦罗《诗的艺术》。

的品质也都是空幻的。"① 用我们的话说，就是对现实采取一种玩世不恭的态度，通过艺术创作对其进行自由玩弄。

施莱格尔倡导的滑稽原则，是从费希特关于抽象的"自我"出发的。他把这种抽象的"自我"看成是一切知识、一切理性和一切认识的绝对原则。因此，凡事通过"自我"而存在的东西，"自我"也可以把它消灭掉，于是"自我"就成为一切事物的主宰，拥有无限的权利：它可以让世俗和神圣领域的任何东西获得意义，也可以轻易地把它们消灭，予"生"予"灭"，全凭"自我"高兴。作为滑稽艺术家，就是那种自由建立一切而又自由消灭一切的"我"。它被理解为像神人那样的神通广大，能把凡人视为珍贵、神圣的东西，随意让它们存在，或者给予否定掉。总之，对任何内容都不持严肃态度，只是为开玩笑而开玩笑。

从上述简要回顾，可以得出几点认识：西方对滑稽的欣赏，也是从生活逐渐扩展到艺术领域的。先有生活中的滑稽，后有艺术中的滑稽，而随着对滑稽欣赏的发展，才有种种关于滑稽理论的诞生，并使滑稽成为确定的审美范畴。这一点，中外皆然。

第二，西方与我国对滑稽的理解不同，通常把滑稽看成是否定性现象，把它同丑、可笑联在一起。柏拉图认为无

---

① 黑格尔《美学》，商务印书馆 1979 年版，第一卷，第 84 页。

知、愚蠢、有缺陷，都是滑稽可笑的。亚里士多德把可笑性归结为一种对旁人无伤，不致引起痛感的丑陋与乖讹。莫里哀的滑稽人都是被否定、被嘲笑的对象。他说："把恶习变成笑柄，对恶习就是重大的打击。责备两句，人容易受下去。可人受不了揶揄。人宁可做恶人，也不做滑稽人。"① 黑格尔认为滑稽是形象压倒、超越观念。车尔尼雪夫斯基明确指出滑稽的本质是丑，丑"不安其位"的企图，就是滑稽。他说："丑只有到了不安其位，要显出自己不是丑的时候才是荒唐的，只有到那时候，它才激起我们去嘲笑它的愚蠢的妄想，它的弄巧成拙的企图。"② 这同我国古代的滑稽观，明显有区别。

第三，在西方，出现了大量关于滑稽的论著。从文艺复兴时期的《谈话论》《廷臣论》，到施莱格尔、黑格尔、车尔尼雪夫斯基、柏格森的有关著作，提出了形形色色的滑稽的理论。这一方面是出于美学家抨击保守的古典主义，以及建立自己美学体系的需要，一方面则是由于滑稽丑怪在近代艺术作品中占了重要位置，需要从理论上予以总结和探讨。而我国，虽然保留了大量有关俳优、滑稽的记载，但从理论上对其进行概括、分析的文字并不多见，这与我国古典美学多

---

① 莫里哀:《达尔杜弗》序。
② 车尔尼雪夫斯基:《论崇高与滑稽》，见《车尔尼雪夫斯基论文学》，中卷，上海译文出版社 1979 年版，第 89 页。

带直感性有关。

三、滑稽的审美特征

任何审美范畴的形成,都是对人类审美活动的概括与反映。滑稽这一美学范畴的确立,亦是如此。

作为审美对象的滑稽(客体),之所以能被人类欣赏,正是人的本质力量的丰富性不断展开的结果。它不但带来了对象的丰富性(滑稽被纳入审美范围),而且带来了人的感受的丰富性(能够并乐于欣赏滑稽)。

当人类的祖先战胜动物的威胁,就开始对战胜者的摹仿与嬉戏。我们看到,在欧洲、非洲的旧石器洞窟壁画或器物装饰上,就有人披

跳舞俑

着兽皮跳舞的图像。在我国,也有摹仿狮、孔雀、熊、豹的舞蹈,后来称为"百戏"。这种舞蹈的起因与目的是复杂的。有的属于巫术礼仪活动的组成部分,有的是出于训练狩猎能力的需要,也有的是为着庆贺狩猎的成果丰硕。在这种情况下,那些被摹仿的动物,就成为戏弄的对象。这种戏弄,正是滑稽的初始形态。随着人们战胜自然能力的增强,人们越来越感到自己比被戏弄者优越。后来,当人们逐渐将戏弄的对象从动物转移到人时,就有了滑稽这种审美形态。

柏格森在论述滑稽的产生时,有一句话讲得相当深刻。他说:"滑稽正是产生于社会和个人摆脱了保存自己的操心,而开始把自己当作艺术品看待的那一刻。"① 从他的话中,可以引申出以下几点:一、人能欣赏滑稽,在于"社会和个人摆脱了保存自己的操心"。二、人对滑稽的欣赏,是把"自己当作艺术品",是一种自我欣赏。三、什么样的人可以被当成艺术品欣赏?按柏格森的生命哲学,那些违反生命本质,显示不出生命生生不息创造运动的机械化现象。他认为生命之可贵,正在于在"生之冲动"驱使下,不停的运动。它是紧张的、活动的,不是停滞的、呆板的、僵死的,那些停滞的、呆板的、僵死的机械化现象,就成为惹人发笑的滑

---

① 柏格森:《笑——论滑稽的意义》,中国戏剧出版社1980年版。

稽现象。他说："滑稽与其说是丑，不如说是僵。"正因为滑稽是把这样的人当成艺术品看待，所以"在真正属于人的范围之外，无所谓滑稽"。

对人的缺陷的嘲笑，也有个从低级向高级发展的过程。最初，大都是取笑人的外形丑陋，诸如：畸形、侏儒、丑怪，宫廷弄臣就属于这一类。君主、贵族嘲笑的是他们形体、动作与常人相乖的一些方面。这类玩笑，仅仅是初级形态的滑稽，或者是滑稽的弱形式。

但是，这种对外在形体的嘲笑，毕竟是肤浅的。人们对自己优越性的肯定，不仅仅局限在外形方面。于是，随着人的本质力量的丰富发展，人们嘲笑的对象逐渐从外形丑陋，发展到内在精神方面。金钱富有却精神空虚，仪表堂堂而灵魂肮脏，陈渣剩滓冒充新生力量，以及名实不副，表里不一，手段与目的相左，言论与行动相反，内容与形式相乖，本质与形式相谬，都可以成为供嘲笑的滑稽对象。显而易见，这样的嘲笑，比之于对外形的嗤笑，其社会内容要深刻得多了。

比如，柏格森就分析了对虚荣心的嘲笑。他认为"虚荣心是一种本质上可笑的缺点"，因为"虚荣心是以想象中别人对他的欣赏为基础的自我欣赏"，"虚荣心这个社会生活的天然产物，却阻碍着社会的发展，就像我们身体中不断分泌出来的某些轻微毒素一样，如果没有其他分泌物来中和它的毒性，久而久之，就会使我们的身体中毒"[1]。而对虚荣心的嘲笑，就是要使人看到，他的自我欣赏是建立在虚幻基础上的，不过是个人的一种幻觉。人们对他的笑，足以刺激他清醒，可以成为"医治虚荣心的特效药。"

有趣味的是，正因为嘲笑的对象发展到内在精神方面，那些被君主、贵族嘲笑的侏儒、小丑，却可以凭借自己的机智、聪敏，嘲笑那些道貌岸然、生活奢靡的统治者。这些其貌不扬、内心善良的人物，使他们作为被嘲笑者完成了向嘲笑者的转化，从而出现了外形虽丑，内在为美的滑稽类型。

可见，滑稽作为审美的对象，有着两种类型：一种侧重于丑，但是丑而无害，一种侧重于美，美而奇特。无论哪一种滑稽，本质上都是与优美、崇高根本不同的。优美是美的典型形态，它的本质是排斥丑的，其表现形式为和谐、平静、稳定。崇高是人与客观现实斗争的艰巨状态，其表现形式为悲壮、惨烈，而滑稽则是美与丑斗争的轻松形式。人们往往用滑稽泛指一切喜剧性对象，把它作为与崇高相对立的美学范畴来论述，如车尔尼雪夫斯基的《崇高与滑稽》就是如此。广义的滑稽，等同于喜剧性，这在西方美学的论著中，亦是常见的。

滑稽引起的美感与优美不同。优美给人的审美感受是典

---

[1] 柏格森:《笑——论滑稽的意义》，中国戏剧出版社1980年版。

型的。"云破月来花弄影",是一种优美的意境,它给人的美感是宁静的、和谐的、赏心悦目的。而滑稽给人的审美感受却不像优美那样单纯,而是复杂的。它不单单是快感,而且包含着主体的自信、自我欣赏的优越感,也包含鄙视对象、嫌弃对象,对对象的嘲弄感。这种滑稽快感的产生,带有突发性,它来得快,消失得也快,不是荡气回肠、不绝如缕,而是一霎那间,带有顿悟的特点。

这种顿悟的特点,首先是由滑稽对象的直观性、鲜明性与尖锐性决定的。东施效颦之丑,唐·吉诃德之迂,福斯泰夫之蠢,是那样一目了然,人们很容易对他们冷静认知,由之引起人们的知觉、想象、理解、情感活动异常迅敏。当人们从滑稽对象上看到了丑得到嘲弄、否定,美得到直接或间接的赞颂时,人们的伦理观念得到了满足,能够随着对它的观赏,爆发出满意的笑声。

另一方面,滑稽对象所包含的矛盾,又使观赏者迅速实现观念上的转折,这种转折,即为顿悟。康德所说的紧张心理的突然消失,里普斯讲的期待着大,结果出现了小,即是讲的这种心理转折。往往有这样的情况,初看时觉得荒谬、悖理,再看,则明白这种荒谬、悖理,正是其滑稽可笑之处,刹那间解开矛盾的结,随之爆发出笑声。出乎意料,却又尽在情理之中,此之谓也。

幽默与讽刺的审美特性

滑稽、幽默、讽刺是相互包容、彼此渗透的美学范畴。滑稽中含有幽默、讽刺的因素，幽默中也含有诙谐、讽刺的因素，而讽刺中，也常常运用幽默、嘲笑的手法。加上各国又对这些范畴有着各自习惯的理解，要将它们区分开来，确有难度。然而，幽默与讽刺在审美中确实有着不同的表现，发挥着不同的作用，从区别上加以考察，还是必要的。

一、幽默与审美

根据朱光潜先生的解释，幽默（Humor）本意为体液。古代生理学认为，人的各种性情和脾气，都是由五脏中的液汁决定的。古希腊医生希波克拉底提出"四体液学说"，认为人体内有四种液体，即血液、黏液、黄胆汁、黑胆汁，这些体液都被称为幽默（Humor），由于这四种幽默的比例不同，就形成了人的脾气、心情和癖性的不同。在 14 世纪以前的西方医学界，这种观念，一直左右着人们的认识。但这种理解，实际上已经孕育着一种可能，即将这个医学、生理学的术语，引申为形容人的脾气、性情、心理的术语。

到了 16 世纪，英国作家最先把"幽默"一词移植到戏剧中来，用以形容"一个人非常出奇的特性"。喜剧作家本·琼生先后于 1598、1599 年写了喜剧《每个人在他的幽默里》《每个人出自他的幽默》。他在剧本的序言中把怪僻的性情和打扮都称为幽默。

> 如果一个人的非常出奇的特性，
> 在他身上表现得那样强烈，
> 他的一切欲望、感情和才能，
> 都听从这种特性的调遣，
> 他们全部沿着一个方向努力，
> 这的确可以称为幽默。

> 如果一个蠢夫头上插一根花翎，
> 戴一根华丽帽带或者三重绉领，
> 鞋上扎着一尺长的蝴蝶结，
> 把瑞士领带当成法国袜带——
> 这才称得上幽默，
> 啊！这的确甚于可笑。

这里讲的幽默，正是一种"强烈"而又出奇的怪僻脾性，他可以毫不顾忌旁人的看法和感受，顽固地"沿着一个方向努力"。或者是指喜好一反常态的愚蠢打扮。德国古典戏剧家莱辛在《汉堡剧评》中说："《每个人出自他的幽默》，几乎与情节丝毫无关，剧中先后出现了一群怪里怪气的傻瓜，人们不知道他们是怎样出来的，为什么要出来。"莱辛认为："英国人创造幽默这个词，当时被大部分英国人理解为矫揉造作，琼生描写这种幽默，主要是使人们嘲笑这种矫揉造作。"这里对幽默的理解，虽然与近代幽默概念尚有距离，但确实已成为近代幽默范畴的胚芽。

幽默作为一个美学范畴的确立，始于17世纪末。1690年威廉邓波尔爵士在《诗论》中，从社会环境、自然条件和民族特性等方面，论述了幽默的意义。1695年英国喜剧作家康格里夫在《康格里夫先生致丹尼斯先生论喜剧中的幽默》一文中指出："我把幽默看作一种特殊的、不可避免的言谈举止方式，只对某一个人说来它是特有的、自然的从而使他的言谈举止与别人相区别。"① 正因为幽默是自然的、某一个人特有的，因而是天性的产物。"我不是把幽默看作与生俱来，因而是天然的产物，就是看作由于性格的某些偶然的改变或者体质内在属性的变革而移植到

---

① 见《古典文艺理论译丛》第七册，人民文学出版社1964年版，第12页。

我们身上。"

幽默作为一个审美对象,有着多重含义。

首先,它是指一个人的脾气、性格,是"特殊的、不可避免的言谈举止方式",这种特殊的言谈举止方式,不是愚蠢粗俗,不是机智强辩,不是滑稽俏皮,但却妙趣横生,引人发笑,它不是装腔作势,忸怩作态,而是天性的自然流露,富有幽默性格的人常常嘲笑别人,也嘲笑自己的弱点和错误,他嘲笑别人时,不是言词泼辣,尖酸刻薄,而是宽厚仁爱,富于同情。正如桑塔耶那所说:"我们所说的幽默,其本质是:有趣的弱点应该同可爱的人性相结合。""一个有幽默味的人必有其荒唐的一面,或者落在一种荒唐的情境中。然而,我们所应摒弃的这种滑稽状态,似乎反而使他的性格更为可爱。"①

这种同可爱人性结合在一起的幽默,有时用于自嘲,有时用于嘲人,或者含蓄委婉地回答对方的责难,或者诙谐风趣地反讽对方,无论对事、对人,幽默都拿捏得极有分寸,仅仅是开个小小的玩笑,既不可陷于油滑,又不可超越底线,变成对庄严东西的亵渎。

当然,"幽默的种类无穷无尽。要列举人类种种幽默,就如要总结他们的种种意见一样,那是一桩了无止境的操

---

① 桑塔耶纳:《美感》,中国社会科学出版社1982年版,第174页。

劳。在我看来,'有多少人,就有多少意见'这句话用来解释幽默也许更为恰当"①。

幽默的又一种含义是指创作主体的一种艺术风格。我们讲幽默是人类天性的自然流露,绝不意味着肯定每个人都善于幽默,也不意味肯定每个人在这方面的能力完全相同。事实上,人们的幽默天分,还是有高低之分。那些富于幽默的人,在创作艺术作品时,必然强烈地表现出来,形成创作主体的鲜明个性,亦即创作上的幽默风格。在艺术的百花园中,不仅那些崇高、悲壮的作品能够流芳百世,感发人心,而且那些幽默风趣的作品也能够独放清芬,惹人喜爱。它们虽不能如黄钟大吕那样发聋振聩,却能以含蓄醇正、深情委婉的情调,轻叩人们的心扉。因此,富于幽默的作品,在艺术的大千世界中,是其他风格的艺术品不可取代的。莎士比亚的幽默,鲁迅的幽默,萧伯纳的幽默……一切语言大师的幽默之作,都是世界文学之林的奇花异木,犹如座座丰碑,永远不会磨灭。

幽默的另一种含义是指艺术家的艺术手段。幽默的运用,能赋予喜剧更加照人的光彩。它不但能使喜剧人物的喜剧性格更加突出,语言更加动人,给观众带来更多的笑料,而且由于幽默往往内含哲理,又能增强喜剧的思想厚度和感

---

① 康格里夫:《论喜剧中的幽默》,见《古典文艺理论译丛》第七册,人民文学出版社 1964 年版,第 12 页。

人力量。它的含蓄深沉，还能增强观众的联想，使人回想有余味。所以，大凡喜剧作者都十分重视幽默的运用。我国著名戏剧家李渔在他的《闲情偶寄》中，就曾把科诨看成"看戏之人参汤也。养精益神，使人不倦，全在于此，可作小道观乎？""文字佳，情节佳，而科诨不佳，非特俗人怕看，即雅人韵士，亦有瞌睡之时。"①1819年英国著名喜剧作者哈兹别特所著《英国喜剧家讲座》第一讲即为《机智和幽默》，足见对幽默的重视。黑格尔强调，要把那些"外表上幽默"，而实际上"无聊、琐屑不足道的东西"同"真正的幽默区别开来"，"真正的幽默从来是稀罕的"，"莎士比亚的幽默是丰富而深刻的"②。

鲁迅对幽默也做过精彩的论述。他不同意林语堂把幽默解释成"闲适""在俏皮与正经之间"的说法，深刻论述了幽默发展与人类社会物质文明、精神文明发展的关系，指出在黑暗的旧中国，"人们已经无暇读幽默的东西了"③，"现在又实在是难以幽默的时候"。鲁迅向来反对"为笑而笑"，极力强调幽默所蕴含的思想社会内容。他说："人们谁高兴作'文字狱'中的主角呢？但倘不死绝，肚子里还有半口闷气，

---

① 李渔：《闲情偶寄》，《中国古典戏曲论著集成》，中国戏剧出版社1980年版，第七卷，第61页。
② 黑格尔：《美学》第一卷，商务印书馆1979年版，第374页。
③ 《鲁迅书信集》。

要借着笑的幌子,哈哈的吐他出来。"①

　　作为人的一种脾性的幽默,作为创作主体艺术个性的幽默,作为喜剧艺术重要手段的幽默,这就是幽默的丰富内涵。无论哪一种意义上的幽默,它都属于人类审美活动的对象,属于审美对象中的一种特殊类型,反映着人类审美创造的无限丰富性。

　　幽默与机智、戏谑、讽刺有联系,又有区别。幽默作为构成喜剧性的重要因素,其中包含着机智,莫里哀笔下的"诡计多端"的仆人史嘉班,运用奇智帮助主人与意中人喜结良缘。喜剧《一仆二主》中的特鲁法尔金诺,巧妙地应付出现的险情,形成一幅幅满台生风的喜剧场面。都说明,幽默需要巧智,幽默中有机智,机智与幽默,就像孪生兄弟一样形影不离。

　　但是,幽默并不等于机智,机智并不是幽默。哈兹列特就曾对两者作过比较,他说:"幽默描写荒谬可笑事物的本来面目,而机智则是通过荒谬可笑事物和其他事物的比较或对照中加以暴露。幽默仿佛是自然(天性)和意外事件的成果,机智却是人工幻想的产物。表现在作品中的幽默是对人类的自然或后天的荒谬行为的摹仿,或者是对意外事件、情绪的荒谬之处的摹仿;而机智则是以突发或意外的方式揭示

---

① 鲁迅:《从讽刺到幽默》,《伪自由书》,人民文学出版社1973年版,第35页。

事物之间的雷同或对立,用来表明或加强我们荒谬可笑的感觉。这样就使我们嘲笑或蔑视的事物的特征显得更加可鄙,而且我们的观点更加鲜明。"①

机智是指的才思敏捷,诙谐善辩,善于发现事物之间的相似而迅速作出联想,善于迅速发现对方的矛盾和弱点,以便及时出手,出奇制胜。孔融面对陈韪"小时了了,大未必佳"的讥讽,回敬道:"想君小时,必当了了。"这种借用嘲笑方的语言,回击嘲笑方自身是机智的。孙子荆年少时,误将"枕石漱流"说成"漱石枕流",当人指出:"流可枕,石可漱乎?"他却强辩:"所以枕流,故洗其耳,所以漱石,欲砺其齿。"足见其机智。正如桑塔亚那所说:"意想不到的正确构成机智,正如骤然显露的矛盾造成开心的傻话一样。机智的特征正在于深入到事物的隐秘深处,在那里拣出显著的情况和关系,注意到这情况和关系,则整个对象便在一种新的更清楚的光辉下出现。"② 所以,机智多表现人的聪明,语言犀利,简捷明快,它可能引人发笑,但却不如幽默婉转含蓄,甚至要想一想才能悟到其中精妙。

幽默不同于戏谑。对于两者的区别,车尔尼雪夫斯基就有很好的论述。他认为戏谑"笑的是别人,但却尊崇和原谅自己"。"对谐谑来说,什么都是愚蠢的、可笑的,但是只有

---

① 哈兹列特:《英国喜剧作家讲座》。
② 桑塔耶纳:《美感》,中国社会科学出版社1982年版,第171页。

它自己不可笑也并不愚蠢。"① 而幽默却是"对自己和其他人的笑"。"一个爱好幽默的人既然认识自己内在的价值,他就十分深切地看到在他的处境中、在他的外表上、在他的性格里的一起渺小、无益、可笑、卑鄙的东西。"

幽默不同于打诨。打诨是以笑的形式给丑恶"帮闲",冲淡、掩盖丑的现实,以达到保护丑的目的。鲁迅举例:金圣叹面临杀头之厄,却说:"杀头,至痛也,而圣叹无意得之,大奇!"这种笑话并不是幽默,而是低级的打诨,即所谓"将屠夫的凶残化为一笑,是也"。打诨还有另一种情况,即把庄严的东西、真实的东西蒙上一层滑稽、虚假的色彩,这种对现实的玩世不恭的态度,又称为"油滑",也属于打诨之列。

幽默不同于讽刺。虽然幽默也有含刺的笑,但与讽刺不同,是温和的否定,是从善良愿望出发的否定,包含着同情的因素。既尊重又蔑视,既热爱又有所嘲。正如别林斯基在分析果戈理时,指出存在两种幽默:一种是"平静的、淳朴的幽默",一种是"严峻而露骨的幽默",这后一种,指的就是讽刺。"它咬得你出血,刺透你的皮骨,直言无隐,用毒蛇编织的鞭子前后左右抽打你,一种苦辣的、恶毒的、无慈悲的幽默。"

---

① 车尔尼雪夫斯基:《论崇高与滑稽》。

二、讽刺与审美

讽刺作为一种比幽默更尖锐、更辛辣的否定丑的形式，古已有之。

在古希腊时代，无论阿里斯多芬以前的诗歌，还是柏拉图以前的对话，往往把讽刺同虚假、欺骗同等看待，它还不能成为一个独立的审美范畴。随着社会生活的丰富与发展，讽刺这个概念才逐渐被使用到日常生活中去，逐渐有了明确的含义。

在苏格拉底的方法中，有一种很重要的创造，人称"苏格拉底的讽刺"。这种讽刺，其实是一种辩论方法。苏格拉底装着自己好像对某种东西不懂，便询问对方，以引出对方关于这个问题的观点。对方一旦当众说出自己的观点，苏格拉底则从对方的见解引申出一种与原命题自相矛盾、截然相反的命题，以说明对方观点站不住脚。这种方法就被称作"苏格拉底的讽刺"。

在柏拉图《会饮篇》中，就有对这种讽刺的描写。当阿伽通发表"爱神颂"演说之后，苏格拉底称赞他"任何人听完这样既富丽又优美的颂辞"，都会哑口无言。然后，按着阿伽通"一个人所爱是他所缺乏"的逻辑，推论出爱美就是缺乏美。继而反问，既然是缺乏美的，"你还能叫他美吗？"可以看出，"苏格拉底的讽刺"，实际上是一种论辩中的归谬法。黑格尔说："苏格拉底一定意义上的讽刺，是一种谈话的方式，是一种愉快的社交"，"既不是嘲笑，也不是伪善"①。这种讽刺，当然不同于我们现在所说的讽刺，但他对论敌的赞扬，实为挖坑嘲笑，又同现在的讽刺有所接近了。

在柏拉图那里，讽刺的概念获得了哲学、美学的意义。首先柏拉图赋予讽刺以否定的意义。他在《索斐斯特篇》中指出，有"两种摹仿"，一种摹仿真，一种摹仿假，这后一种即被称为"讽刺的摹仿"。这种讽刺的摹仿者，有一种当众装假的能力，在其用众多华丽词汇包装自己的时候，适得其反，会把自己的内在矛盾暴露出来。在《法律篇》中，柏拉图把奸诈、阴险、不信神、欺骗人等等否定性现象，统统称为"讽刺的一种"，这种讽刺并不是一般的欺骗或空话，而是暴露了外在的虚假，它的外在表现与内在本质是完全相反的。

进一步深化讽刺的意义的是亚里士多德。他在《演讲术》中指出，"讽刺是自由的嘲笑，他引起自己本身的笑，而嘲笑却是对准别人的"。亚里士多德在《尼可马伦理学》中考察了讽刺与说大话的区别。讽刺与说大话都是装假，

---

① 黑格尔：《哲学史讲演录》。

"在大多数情况下装假是说大话者的大话,在少数情况下是讽刺者的讽刺"。说大话的装假,是图虚名,将事实上不存在的东西说成是存在的,或者赋予存在的事物比它实际上更大的意义。而讽刺的装假恰恰相反,是否定事物的存在,或赋予它较小的意义。亚里士多德在《诗学》中把讽刺诗与英雄诗作为平行的艺术类型来看待,认为"比较轻浮的人摹仿下劣人的行动,他们最初写的是讽刺诗"。

可以看出,古希腊时期,讽刺这个概念的美学意义是逐步确立的。到了公元前2世纪的古罗马,由于存在着讽刺的土壤,讽刺得以勃兴。黑格尔分析,在希腊那样美的国度里,讽刺是找不到土壤的,而在罗马世界,精神生活受到抽象概念和死板法律的统治,政治道德原则冷酷无情,法律繁文缛节,个性被抹杀和牺牲,都使美和爽朗的生活破灭。现实生活中的种种丑恶,为讽刺盛行提供了众多的对象,讽刺诗的涌现,乃是时代使然。贺拉斯对社会世俗的揭露,波休斯讽刺诗的尖刻、辛辣,琉善对古希腊诸神和基督教嘲弄,对那些诙谐弄臣的讥讽,都是相当成功的。

在中世纪,讽刺并不被人们重视。即使是文艺复兴时期,在文学、美学中并没有得到广泛的运用。因为文艺复兴时期的艺术旨在重新揭示人与自然的和谐,无论是艺术部门,还是美学领域,都力在排除那种不和谐的状况。仅仅到了17世纪,由于人道主义的危机,世界破坏性的矛盾的频现，以及不均衡状况的加剧，一种不和谐的感觉在审美意识中急剧地表现出来。讽刺这个术语重新在审美的词汇中，在巴洛克艺术中，引起人们的特殊兴趣。

在这个时期，美学家试图肯定讽刺的历史意义，确定它在人类艺术发展中的地位。从事这种努力的一位著名美学家是意大利的维科。在他的著作《新科学》中，可以看到有许多地方是从巴洛克美学学来的。如比喻、寓意、象征、符号等等。但维科又与巴洛克作家相矛盾。他对审美范畴的估价，是建立在历史唯物主义立场上的。他认为，在人类文明的初期阶段，人们还不善于从个别中抽象出一般概念，因为人们是靠形象、图画、讲话来思维的。只有到了人的反省思维产生，丰富、复杂、不同的意识形态形成的时候，才有讽刺的出现。

18世纪以后，讽刺这个范畴才获得巨大的意义。当时，那些浪漫主义作家善于从生活矛盾中获得享受，他们作品的讽刺，正是捕捉生活矛盾的一种游戏。他们认为，人能够生存，就是因为生活在矛盾中。具有自由创造能力的人，能够按照自己的愿望，使各种形式，哲学的、语言的、批判的、诗的、古典的或现代的、历史的或伦理的都统一起来，就像把乐器的各种音调协调起来一样。他们能够毫无痛苦地把自己同别人的矛盾调和起来。耶拿派的浪漫主义作家弗里德里希·施莱格尔写道："讽刺，完全应当是嘲笑，应当是郑重的,应当是淳朴的坦率,应当是深刻的对立……"讽刺不仅仅嘲笑了那些伟大的,而且很好地解释了它的大和重要。"讽刺是荒诞的形式,荒诞同时兼是丰富与伟大的。"

与施莱格尔兄弟同时的梭尔格,在他的两种著作《关于艺术中美的四篇对话》《美学引论》中,也对讽刺做过许多论述。他指出讽刺与艺术家的灵感是对立的。"艺术家的灵感活动处于结束的时候,他应在某种程度上将现实性融化在他的活动中。不仅在现实世界外在形象的范围内,而且在它的思想的反映的范围内,艺术家都应当蔑视它。艺术家的这种心理,使现实世界被看得毫无价值。我们就称它为艺术的讽刺。"任何一种艺术作品,都不可能不包含这种讽刺。它同艺术家的灵感活动一起,构成了艺术家的活动方式。不能把这种讽刺同挖苦混同起来,"挖苦不能给人类任何高尚的东西,而讽刺所指的毫无价值并不是人类的本性,人类的本质在于它的崇高、高尚的存在。讽刺认为在人类的思想财富面前,没有任何东西可以站得住脚"。

黑格尔认为,讽刺的产生,在于作者内在的主体性和抽象原则与外在的经验的现实世界的严重失调。"一种高尚的精神和道德的情操无法在一个罪恶和愚蠢的世界里实现它的自觉的理想,于是带着一腔火热的愤怒或者是微妙的巧智和冷酷辛辣的语调去反对当前的事物,对和它的关于道德与真理的抽象概念起直接冲突的那个世界不是痛恨，就是鄙视。"所以，黑格尔肯定："以描绘这种有限主体与外在世界之间矛盾为任务的艺术形式就是讽刺。"① 这种艺术形式不能给人带来自由的无拘无碍的美，而是把现实世界的腐朽形象揭示于人们面前，使得这种腐朽由于它的空虚而归于毁灭。从这个意义上看，讽刺正是喜剧性的一种表现。

在我国古代，讽刺也有悠久的传统。它既活跃于人们日常生活中，又表现于文学作品上。刘勰在《文心雕龙》所云："昔华元之弃甲，城者发睅目之讴"②，指的就是发生在春秋时代的讽刺事例。鲁宣公二年，郑伐宋，宋帅华元被擒，后被赎回，华元弃甲逃归。人们讽刺地唱道："睅其目，皤其腹，弃甲而归，于思于思，弃甲复来！"③ 可见，这里的讽刺，又何其辛辣、尖刻。

在文学作品中，讽刺也是很早就占有重要地位。孔子说的："诗可以兴、观、群、怨"，这里的"怨"，指的是"怨刺上政"，实为讽刺。《毛诗序》云："上以风化下，下以风刺上"，也强调了诗歌的怨刺作用。我国第一部诗歌总集

---

① 黑格尔:《美学》第二卷,商务印书馆1979年版,第267页。
② 刘勰:《文心雕龙·谐隐》,人民文学出版社1978年版,第270页。
③ 《左传·鲁宣公二年》,《春秋左传集解》,上海人民出版社1977年版,第537页。

《诗经》中，就颇有些"以风怨上"的作品。《伐檀》对不稼不穑、不狩不猎君子的讽刺，《硕鼠》对贪得无厌白食者的讽刺，《山有枢》对悭吝富人的讽刺，《新台》对淫乱卫宣公的讽刺，充分体现了诗的怨刺功能。孔颖达高度肯定这种作用，他在《毛诗正义》中说："夫诗者，论功颂德之歌，止僻防刺之训"，"若政遇醇和，则欢娱被于朝野，时当惨黩，亦怨刺形于咏歌。作之者所以畅怀舒愤，闻之者足以从正"①。

诗人白居易十分重视诗的讽喻作用。他提出，诗之六艺，以"风、雅、比、兴"为精髓，而"美、刺"又是"风、雅"的最高准则。他高度赞扬张籍古乐府诗的针砭时弊作用，在诗中写道：

　　读君《学仙》诗，可讽放佚君。
　　读君《董公》诗，可诲贪暴臣。
　　读君《商女》诗，可感悍妇仁。
　　读君《勤齐》诗，可劝薄夫敦②。

当然，讽刺的运用，并不是只见于诗歌。在小说、戏

---

① 孔颖达：《毛诗正义序》，北京大学出版社版，第3页。
② 白居易：《读张籍古乐府》，《中国历代文论选》，上海古籍出版社1980年版，第二册，第107页。

剧、绘画,均为常见。画家八大山人的《孔雀竹石图》,就是作为明室遗宗对降清朝臣的讽刺。画中残壁之下,两尾雄孔雀立于危石之上,它们没有光彩照人的羽尾,只有光秃秃的三根花翎。画塘题诗一首:

> 孔雀名花雨竹屏,
> 竹梢强半墨生成;
> 如何了得论三耳,
> 恰是逢春坐二更。

点明了那些二更坐等上朝的官僚们,不过是苟存于危石残壁间,其讽刺意味的强烈,足见朱耷遗恨之难消。

讽刺与幽默不同,不是喜剧性的温和方式,而是喜剧性的尖锐形式。它的矛头始终指向那些否定性的社会现象。讽刺的最大意义就在于真实地揭露出社会中的丑恶现象。

朱耷《孔雀竹石图》

鲁迅曾说："一个作者，用了精炼的，或者简直有些夸张的笔墨——但自然也必须是艺术地——写出一群人的或一面的真实来，这被写的一群人，就称这作品为讽刺。"① 这里，鲁迅指出了讽刺的最大意义就在于揭露真实，而正是这种对否定性社会现象的揭露，成为讽刺区别于幽默、滑稽的主要特征。其所以要"写出一群人或一面的真实来"，原因就在于被讽刺的对象是虚伪的，它们的真实没有明白地显现出来，或者被虚假的、漂亮的外在形式所掩盖，或者被众多芜杂的东西所混杂。讽刺的作用就是要撕去丑恶事物的外在形式，把它们从芜杂的事物中剥离出来，以充分显示其丑恶的本来面目，并进一步用其事实上的丑与恶，去照见其原来形式上的虚假与荒唐，从而达到对这类讽刺对象从内到外、从本质到形式的彻底否定。

不过，讽刺对丑恶的揭露与否定，并不是简单、直接的揭露，往往采取以其人之道还治其人之身的手法，因而带有嘲弄、讥刺的味道。洛谢夫在论述讽刺这个范畴时，曾指出："讽刺是在这样的时候发生的：当我想说'不是'的时候，我就说'是'，而在我说这个'是'的时候，我的意图在于表达我真心实意的'不是'。"② 讽刺往往带有正话反说

---

① 鲁迅：《什么是讽刺》，《且界亭杂文二集》，人民文学出版社1973年版，第83页。
② 洛谢夫：《审美范畴的历史》。

的特点。明明是糟,却要说成是好,明明是卑微的举动,却说成伟大的创举,明明丑不堪言,这种反话,并不是是非不分,皂白不辨,而是故意嘲弄,看起来说话的人似乎顺着对方,但这种顺着、符合、奉承、恭维,都是揭露对方的手段,是为着将其原来的荒谬推到极端,让他们自己暴露自己。因此,讽刺中有机智,有幽默,有嘲笑。

讽刺是要引人发笑的。它通常采用夸张、反语、谐音、怪诞的手法,把生活中的假、恶、丑现象集中起来,使其尖锐化到引人发笑的地步。很明显,讽刺的笑,是对假、恶、丑的笑,是对它们的嘲笑,讥笑,蔑视的笑,批判的笑。在笑声中人们认识了丑的本质及其外在形式的虚伪、荒唐,讽刺的目的也就达到了。正是在这个意义上,鲁迅称讽刺为"喜剧变简的一支流"[1]。

---

[1] 鲁迅:《坟·再论雷峰塔的倒掉》。

怪诞的美学意义

在美的大千世界中，还有这样一类审美对象：它们不像优美那样赏心悦目，也不像崇高那样动人心魄，它们不属于逗人的滑稽、深邃的幽默，也不属于催人泪下的悲剧，而是以自己的违反常态、表现奇特、乖戾怪异跻身于审美对象之列，这就是怪诞。在西方现代派艺术中，它独受青睐，取代了优美的地位，风靡一时；在我国，它也愈益受到艺术家的关注，被带进了诗歌、绘画、电影、戏剧等艺术领域。可是，对这样一个重要的审美范畴，在我国目前出版的美学教材[①]中，却基本上没有论及。本文即试图对此作一粗略的探讨。所述的问题为：

一、怪诞为什么能成为审美对象？

二、怪诞作为美学概念的确立及发展。

三、怪诞与其他审美范畴的区别与联系。

[①] 目前笔者所见的教材有：人民出版社版：《美学概论》，人民文学版：《西方美学史》，北大版：《美学原理》，上海人民版：《美学原理》，云南人民版：《美学十讲》等。

一

有人说,"在西方美学理论中,怪诞的概念随着现代派艺术的崛起才升格为美学范畴"①,这种把怪诞作为审美范畴的确立推迟到现代的讲法是不确的。事实上,早在文艺复兴时期,它已经成为具有美学意义的概念。

怪诞原出意大利语 grotteso,意为各种奇形怪状的山洞和钟乳石洞,文艺复兴时期始用于审美活动。那时,随着古罗马城遗址的发掘,人们在山洞中发现了一种特殊的装饰类型:它是由奇奇怪怪、错综复杂的植物的茎、人和动物漫画化的假面具等构成的。显然,这种装饰风格并不是古希腊罗马艺术固有的,而是东方的"原始风格"传到古希腊罗马的产物。文艺复兴时期的艺术家过去不曾见过这种装饰类型,也叫不出它的名字,于是便用意大利语 grotteso 或 la grotesca 来称呼它②。钟乳石是奇形怪状、不规则、不匀称、错杂无形的,人们用钟乳石洞的指称来称呼特定的审美对象,正是因为这些对象有着与钟乳石洞一致的审美特征。从此,怪诞就不仅指称山洞,而且概括了一类特定的审美对

---

① 参见《说怪诞》,载《文艺理论研究》,1984 年第一期。
② 参见 А.ф.лосев:«цсторця зстетцческцх кателорцй»,莫斯科 1965 年版。

象，从而成为审美的范畴。

在我国，刘勰在《文心雕龙》中对奇、正的论述，实际上也涉及怪诞这个范畴。他在《辨骚》中说，"楚骚"有的地方与《诗经》相同，继承了雅颂的传统，有些地方则与其相异。"论其典诰则如彼，语其夸诞则如此。"而这些"夸诞"之处，就表现在："托云龙，说迂怪，丰隆求宓妃，鸩鸟媒娀女，诡异之词也；康回倾地，夷羿弊日，木夫九首，土伯三目，谲怪之谈也。"①

可见，怪诞并非事物发展中的常态，而是一种变态。皇甫湜云："异于常则怪矣。"② "人面蛇身，尾交首上"的轩辕国人，"一臂三目"的奇肱国人，"以乳为目，以脐为口，操干戚以舞"的刑天，"珥两黄蛇，把两黄蛇"追赶太阳的夸父……这些古代神话传说中的形象，之所以被视为怪诞的形象，正因为它们超出人之常态。"夫长本非长，短形之则长矣，虎豹之形于犬羊，故不得不奇也。"③ 所以，就怪诞与常态相较，它是殊态、变态，是"异于常"的；就其与多数相较，它是少数、个别，是"诡于众"的，是为"诡于众而突

---

① 刘勰：《文心雕龙·辨骚》，《文心雕龙注》，人民文学出版社1978年版，第46页。
② 皇甫湜：《答李生第一书》，《中国历代文论选》，上海古籍出版社1978年版，第二册，第172页。
③ 皇甫湜：《答李生第二书》，同上书，第176页。

出曰怪"①。在形式上，它没有美的形式，没有对称、和谐、均衡、寓杂多于统一等形式美的表现，而是不规则，不和谐，不确定，偏畸无形的。正如桑塔耶那所说："怪诞是有形非形，混乱不清，仿佛畸形的东西。"②

问题是为什么这些"异于常""诡于众""偏畸无形"的东西竟能成为审美的对象。

应当看到，有常必有怪。变态与常态，怪诞与优美并生并存，乃是大自然的赐予。雨果曾经说过："滑稽丑怪作为崇高优美的配角和对照，要算是大自然给予艺术的最丰富的源泉。"③郑板桥也说过："门径有芳还有秽"，"不容荆棘不成兰"④，并用"万物总同胞"来解释优美与丑怪与共的现象。即以《山海经》山经中所记载的山藏物产为例，既有美林、美石、美金、美玉，又有怪木、怪石、怪鱼、怪兽。如："苟牀之山无草木多怪石"，"援翼之山其中多怪兽，水中多怪鱼，多怪木"，基山"其阴多怪木"，杻阳之山"怪水出焉"⑤……这表明，美的事物与怪的事物总是杂沓而出的。有同于常，必有异于常；有合于众，必有诡于众；那种只有

---

① 王充：《论衡·自纪篇》，上海人民出版社1974年版，第454页。
② 桑塔耶纳：《美感》，中国社会科学出版社1982年版，第176页。
③ 雨果：《克伦威尔序》，《雨果论文学》，上海译文出版社1980年版，第35页。
④ 《郑板桥集》。
⑤ 《山海经》，上海古籍出版社1980年版，第132页、第3页、第5页。

常态，没有殊态、异态、变态，只有多数，没有少数、特殊、个别的纯而又纯的世界，是根本不存在的。

这种异于优美的怪诞，并非没有美学价值。这就需要对其进行具体的分析。一般说来，它可能呈现两种情况，一种是优于常，一种是劣于常。就前者来说，即属出类拔萃之列。比如，先秦时期的地理著作《禹贡》，记载了青州、岱山之谷的出产："岱畎丝、枲、铅、松、怪石"。孔鲋传："怪石，奇怪之石，古义云，好石似玉者，岱山之谷有此五物，美于他方所有，故贡之也。"① 这里的怪石，即是优于常的那一类。王充也曾讲到希出之物的可贵："鸟无吉凤凰，兽无种麒麟，人无祖圣贤，物无常嘉珍"②。所以皇甫湜在述及"异于常则怪"时提出，"非常者，谓不如常者，谓不如常，乃出常也。"③ 怪诞形象的这种"出常""优于常"之处，正是它引人瞩目，具有审美价值的所在。鬼斧神工的贵州岩洞，神态奇异的黄山怪松，乱石穿空、悬崖笔立的三峡险景，超凡脱俗、不同凡响的扬州八怪书画，都是以它们的"出常""怪异"而增加了自身的美学意义。

当然，"异于常"并不都是"优于常"，自然有一部分

---

① 《禹贡》，《尚书正义》，北京大学出版社1999年版，第142页。
② 王充：《论衡·自纪篇》，上海人民出版社1973年版，第455页。
③ 皇甫湜：《答李生第二书》，《中国历代文论选》，上海古籍出版社1978年版，第二册，第175页。

是"劣于常"者,它们虽不像"优于常"者可成为特殊的美,但其丑陋怪异的形象也有可供人观赏的地方。怪石中的丑石即属于这一类。它们看起来粗糙、不规则、丑陋无形,当然不如圆润光滑、晶莹水灵的碧玉石、玛瑙石可爱,但它们却极少人工雕琢痕迹,更能显出石的自然本性,而且由于它们粗糙与斑痕能够再现石之坚硬与嶙峋,别有一番怪趣,这又是秀丽的石头所不及的了。所以郑燮说:"丑劣中有至好。""燮画此石,丑石也;丑而雄,丑而秀。"清代刘熙载也说:"怪石以丑为美,丑到极处,便美到极处。一丑字中,丘壑未易尽

郑燮《三友图》

言。"① 人们喜欢把这种怪诞的丑石入画，其原因也就不难理解了。即使那种无美可言的怪诞，也可因它的奇异、新颖而自有它引人的魅力。"凡是新的不平常的东西都能在想象中引起一种乐趣，……就是这个因素使一个怪物也显得有迷人的魔力。"②

所以，不论是"优于常"，还是"劣于常"，怪诞自身的审美价值都是不容否定的。但是，人们对怪诞的欣赏，绝不仅仅限于客观方面的原因，即对象自身方面的原因，而且还有着审美主体方面的原因。这就是作为审美主体的人的本质力量的丰富性。具体说来又可涉及这样两个方面：一是人的想象力的丰富性，一是人的审美趣味的多样性。

人的审美过程，决不是对于审美对象的消极反映过程，决不是传统心理学所说的从刺激→反映的单向活动，而是从刺激⇄反应的双向活动过程。在这里，人的丰富的想象力对于怪诞的欣赏起着积极的、能动的作用。首先，人的想象力能够丰富、补充怪诞的模糊不清和不确定的地方，强化怪诞在人们心理上产生的美感效应。优美固然能触发人们的审美想象，但怪诞为人们审美想象的纵横驰骋，留下了更为广阔的天地。它的违反常态、诡怪变异、不可捉摸，以及形式上的错杂多变、不规则、不谐调，都带来审美的不确定性，

---

① 刘熙载：《艺概·书概》，上海古籍出版社1978年版，第168页。
② 爱迪生：《论洛克的巧智的定义》。

正是这种不确定性能触发存贮在人们大脑记忆仓库中的多种信息,引起信息的加工、综合与反馈,形成因人而异、复杂多样的审美效应。人们游览溶岩洞时,对形状变幻不定的钟乳石发出啧啧赞赏,评说它像这像那,即是一例。康德说,想象力能"从真正的自然所提供给他的素材里创造出一个像似另一个自然来"①。人们对怪诞的欣赏尤是如此。

想象力对于怪诞的作用,不仅在于能够丰富人们从其上所获得的审美感受,而且还能创造出新的怪诞形象,以满足人们的审美需要。诚然,艺术中的怪诞是本于自然的。对于这一点皇甫湜曾经说过:"虎豹之文不得不炳于犬羊,鸾凤之音不得不锵于乌鹊,金玉之光不得不炫于瓦石,非有意先之也,乃自然也。"②章学诚在论及奇文所出时则指出:"当对之以水之波澜,山之岩峭,所积深厚,发于外者,不知其然而然,乃可使后生者知文章之本于所积。"③现实中的怪诞,作为自然界物质运动的产物,不仅为艺术家提供了再现的对象,更重要的是唤起艺术家的灵感,激发艺术家凭借想象的飞驰,创造出全新的艺术形象。我国马王堆彩绘漆棺上的兽面人身神怪,莎士比亚《麦克白》中跳舞的女巫,荒诞

---

① 康德:《判断力批判》,商务印书馆1987年版,第100页。
② 皇甫湜:《答李生第一书》,《中国历代文论选》,上海古籍出版社1978年版,第二册,第172页。
③ 章学诚:《皇甫持正文集书后》,同上书,第180页。

派戏剧中能下蛋的嘴……这些怪诞的形象都是现实世界并不存在的，乃是出于艺术家的想象。它凝结着艺术家锐意求新搜奇抉怪的心血，以其形象的新颖性、独特性、奇异性而有别于一般与多数，引起人们的审美兴趣。所以，艺术中怪诞的显著特征之一，就在于它是创造性想象的产物，是在想象中集聚、联合、唤起、合并的新的形象。新的怪诞的形象或者是现实中某些形象的扭曲变形，或者是一些形象的离奇的拼凑与反常的组合，大人国、小人国、无嘴的人、带胡须的蒙娜丽莎属于前一种，而牛头马面、夔龙人蛇则属于后一种。"这种效果的真正优点，正如一切虚构的优点那样，在于重新创造，造成一件自然所没有但想必可以产生的新事物。我们称这些创造是滑稽和怪诞的，因为我们认为它们背离了自然的可能性，而不是背离了内在的可能性。"①

另一方面，人的审美趣味的多样性也使人们产生了对怪诞的审美要求。优美固然是宜人的，但如果人们的审美视野中除了优美，还是优美，那就未免单调了。赏梅自然是一种乐趣，如果让你成天累月只看梅花，也就乏味了。人们审美趣味的多样与广泛性，就如人们味觉的多样与差异一样。柳宗元曾用人们口味有酸咸苦辣之嗜，说明审美爱好也不是单一的。他在《读韩愈所著毛颖传后题》中云："大羹玄酒，

---

① 桑塔耶纳：《美感》，中国社会科学出版社 1982 年版，第 175 页。

体节之荐,味之至者,而又设以奇异,小虫水草,楂梨桔柚,若咸酸辛,虽蜇吻裂鼻,缩舌涩齿,而咸有笃好之者。文王之昌蒲菹,屈到之芰,曾晳之羊枣,然后尽天下之味,以足于口,独文异乎?"① 正像人们不满足于味的甘美,还要品尝苦咸酸辛一样,人们也不满足观赏优美的景致、喜爱艺术中的典雅秀丽的风格,从而萌发了观赏怪诞的要求。韩愈说过:"足下家中百物,皆赖而用也,然其所珍爱者必非常物。夫君子之于文,岂异于是乎?"② 正是这种对非常之物的珍爱,促使人们在审美中对奇味、怪趣的追求,有些人还专门以怪怪奇奇为好,犹如苦咸酸辛之嗜。韩愈所说的"搜奇抉怪,雕镂文字"③,"不专一能,怪怪奇奇"④,都表现了他的这种追求。

汪士慎《行书七古一章》

---

① 柳宗元:《读韩愈所著毛颖传后题》,《中国历代文论选》,上海古籍出版社1978年版,第二册,第142页。
② 韩愈:《答刘正夫书》,同上书,第120页。
③ 韩愈:《荆潭唱和诗序》,《中国历代文论选》,上海古籍出版社1978年版,第二册,第129页。
④ 韩愈:《送穷文》。

在这种审美趣味的驱使下,现实世界千奇百怪的形象,尽收艺术家的眼底,即所谓"百怪入我肠"[①],于是,危峰绝壁、畸松怪石、鲸吸鳌掷、牛鬼蛇神……都成为艺术家的表现素材。他们不但在诗文书画中塑造怪诞的形象,而且揣摩怪诞的神韵,形成怪诞的艺术风格,为怪诞在美的世界的发展开拓了更广阔的天地。人们说,审美活动是审美主体与审美客体相互作用的结果,从上述分析中我们不难得出结论,人们对怪诞的欣赏同样是这种相互作用的结果,是人的本质力量的丰富性不断展开的结果。

但是,仅仅认识到这一点还是不够的,还需要作深层的历史的分析。人们对怪诞欣赏的能力和心理结构,是历史地遗传与积淀起来的。这又不能不涉及人们对怪诞的审美发生史。

从人类审美发生史的角度来考察,人们对怪诞的欣赏可以说早于对优美的欣赏。在原始的宗教仪式中,初民们要戴上兽头,披着兽皮,跳起怪异的舞蹈。他们在洞穴岩壁上,留下了抽象难解、神秘怪异的图画。古埃及的狮身人面像,我国彩陶中的人面含鱼纹,商周青铜器中的夔龙纹,都可称得上是造型艺术上的早期怪诞形象。可见,人们对怪诞的审美史,远远早于这个审美范畴确立的历史。

---

① 韩愈:《调张籍》,《中国历代文论选》,上海古籍出版社1978年版,第131页。

这种对怪诞的崇尚，恐怕与初民的巫术礼仪活动、原始的图腾崇拜有很大关系。图腾崇拜，是原始艺术、审美活动的发端之一。"图腾有动物，有植物，也有无生物，但最习见的还是动物。同一图腾的分子都自认为这图腾的子孙。如果图腾是一种动物，他们就认定那动物为他们的祖先，于是他们自己全团族的男男女女、老老少少也都是那动物了。"[①]许慎曾讲到"越人以箴刺皮为龙文，所以为尊荣也"[②]。应劭也讲到"（越人）常在水中，故断其发，文其身，以象龙子"[③]。这种"人的拟兽化"实际上就创造着种种怪诞的形象。还应看到，无论是植物还是动物的图腾形象，都不是某种动物或植物的写实，其中糅合着初民的很大想象的成分。而部落之间的兼并与融合，又造成了图腾的综合，不同动物之间的综合，不同植物之间的综合，以及动植物之间、人与动物之间的综合，诸如"人首蛇身""羊首人身"之类种种半人半兽的形象，实际上正是初始形态的怪诞。

怪诞之所以在人类审美活动初期占有重要地位，还因为客观世界对认识能力低下的初民来说，带有极大的神秘性。人类祖先的生活条件、自然环境是相当险恶的，他们长期处在"百

---

① 闻一多：《伏牺考》，《闻一多全集》，生活·读书·新知三联书店1982年版，第27页。
② 《淮南鸿烈集解》，中华书局1989年版，第681页。
③ 应劭：《汉书·地理志注》，《汉书》，中华书局1996年版，第1670页。

兽相与群居"的条件下,不得不时时忍受和抵御种种自然灾害的侵袭,狂风、暴雨、惊雷、闪电、山洪、地震,这一切都使他们的生活不可能有宁静和谐的田园风味,而是充满着险阻与骇浪,显得动荡与粗犷,从而孕育起他们狂野的性格。加上他们对自然的认识尚处于低级阶段,自然界中的种种事物都被蒙上一层神秘的色彩,在他们眼中显得恍惚、险异而怪诞,这又使得他们的观念里颇多荒诞的想象,并且这些怪想常同对世界的如实反映扭结在一起,形成了奇异谲怪的怪诞形象,以及人类早期艺术的狂野风格。只是到了后来,随着人类文明的发展,人们的审美视线才渐渐集中到和谐美之上,形成古典主义的美学理想,但对怪诞的观赏始终没有消失,它始终是人类审美活动的一个组成部分,在那些富于浪漫主义的文化中(如春秋战国时期的楚文化),占有更突出的地位。

人类审美活动初期对怪诞的欣赏,不但延续到后来的审美活动中,而且作为历史的成果,积淀在人类特有的审美心理结构中,形成欣赏怪诞的审美要求和审美能力。怪诞之所以能被人们视为审美对象,人们之所以能够欣赏这样的对象,其历史的原因正在这里。

二

任何审美范畴的确立,都是建立在现实的审美活动的基础上的。而审美范畴一经确立，必然促使人们更加自觉地把握这类审美现象。怪诞这个审美范畴的确立也是如此。在西方，自从文艺复兴时期意大利人把怪诞作为审美的概念来使用以后，人们开始对这类对象从理性上予以把握，即在众多的审美对象中，把它同其他类型的对象区别开来，并用怪诞这一概念来界定它的范围，表示它的美学特性。

怪诞作为美学概念确立以后，并不是凝固不变的，它随着人类审美活动的发展而不断充实进新的内容，其在审美活动中的地位也发生了变化。粗略说来，在西方大致经历了三个阶段。第一阶段是文艺复兴时期，也是怪诞作为审美范畴的确立时期。它的确立是和人的丰富的、充沛的创造力量联系在一起的。第二阶段是在浪漫主义文学兴起以后，在德国"狂飙突进"的运动中，这个范畴得到进一步的阐述，并在浪漫主义文学中被广泛使用。在浪漫主义作家雨果那里，怪诞取得了同优美同等重要的地位。第三阶段则是西方现代派艺术崛起以后，怪诞格外受到艺术家、评论家的重视，颇有取优美而代之之势，并且不仅同喜剧性、笑联在一起，而且同悲剧性发生联系。所以，那种把怪诞范畴的确立说成是现代派艺术崛起以后的观点，实际上割断了从文艺复兴到现代派艺术之间四百多年怪诞的发展史。

文艺复兴时期，怪诞在建筑艺术上得到广泛的采用。这种怪诞的装饰风格追求一种离奇古怪的不和谐，违反了古希腊艺术崇尚和谐的原则。它们所用的装饰图纹不是来自对现实事物的模拟与复写,而是出自艺术家的想象与幻想。比如,在建筑物的巨大灰顶砌面上,绘上众多怪戾的图像,它们不是来自生活的具体的明晰的图像;在屋顶的正面,竖起一个接着一个带涡旋式装饰的柔弱的植物的细枝,那或坐或站的小人的雕像,有的竟被加上一颗兽头。民房的木头门上、宫堡的石头正门上、宫殿的大理石门上,都布满了千变万化的丑怪的形象,有的作坊门竟被建成一张正在张开的类似魔怪的血盆大口。文艺复兴时期是人类一次伟大的思想解放运动,人们冲决中世纪的封建樊篱与神学枷锁,勇敢地肯定人的价值,发现了人的不可遏止的创造力量。人的创造力量的丰富,使其不满足古典的和谐美了,要求有新奇的怪异的装饰形式与艺术风格,当他们发现了古希腊曾有过的怪诞的装饰之后,很快地确定了它的美学地位,并使它获得人们的广泛承认。因为人们把怪诞的装饰形式,看成人类创造新形式的能力的证明,看成艺术家创造天才和丰富幻想的表现。

18世纪以后,随着启蒙运动的展开,特别是浪漫主义文学潮流的兴起,怪诞进一步受到启蒙运动文学家和浪漫主义作家的重视。1761年,德国作家缪采尔为了还击保守主义者高特雪特对怪诞的攻击,撰写了《阿尔勒甘·保卫怪诞》,以维护怪诞在文学艺术中的地位。阿尔勒甘,是意大利假面喜剧中的定型角色，缪采尔主张维护这个受贬损的喜剧角色。他认为作品中的怪诞来自现实生活，喜剧作品完全同人们生活中的喜剧性有关。人们在审美中对怪诞的需要，还同人们生活的日益丰富相关联。"人类活动范围不断扩大，生活的式样不断丰富，它令人们迷醉的力量是无处不至的。风格和爱好的无限丰富，就像人的长相各不相同一样。"①

缪采尔关于怪诞的观点，是建立在他对可笑性的分析的基础之上的。他不满足亚里士多德关于可笑性是"不带来灾难的某些缺欠"的观点，把可笑性解释成"伟大而丧失力量"。他说，如果这种关于可笑性的定义是正确的，那么漫画就成为可笑性的方式，因为在漫画中，我们尽可能夸大对象的形象，缩小它的内在精神力量。于是，伟大的对象和它内在精神力量之间显得越来越不和谐，这种对象是荒谬可笑的，它的缺欠将是明显的。怪诞正是这种可笑性的最高形式。例如人们在喜剧中扮演国王、英雄、诗人、哲学家，这些人地位很尊贵，但如果演员却表现他们的愚蠢与缺欠，或者蠢笨得很，或者瘦得腿像山羊腿那样，那么这类角色就将成为"伟大而丧失力量"的怪诞角色。

缪采尔作为德国"狂飙突进"运动代表人之一，他提出用怪诞来讽刺贵族，暴露封建统治者的虚弱，具有明显的反

---

① 参见 А.ф.лосов：«цсторця зстетцческцх кателорцй»，莫斯科 1965 年版。

封建倾向。但他关于怪诞的阐述也有明显的不足，即没有涉及怪诞同幻想、想象的关系这样一个重要方面。这一个方面是在浪漫主义美学中得到发展的。

在德国浪漫主义文学批评家弗利德里希·施莱格尔那里，我们看到了对怪诞的进一步阐述。德国浪漫派作家让-波尔在作品中，常常把客观上风马牛不相及的东西离奇古怪地拼凑在一起，组成令人发笑的场面。施莱格尔将让-波尔称作"怪诞的天才"，并且为让-波尔遭受的责难辩护，他说我们不能对我们的同代人提出过高的要求，因为在不健康条件下的所有表现唯一能找到的是不健康的色调。施莱格尔在《关于浪漫的信》（1800）中，把怪诞称为以喜剧诗为特征的审美范畴，把它看成是诗歌艺术的基本原则之一，是比讽刺与巧智更高一级的喜剧形式。他认为讽刺和巧智是任何艺术都采用的，不论是古典的还是近代的，而怪诞只有到了表现时代的"不健康""病态"精神的浪漫主义诗歌中，才成为自己的中心。这样，怪诞这个范畴的存在充实了浪漫主义的美学体系。当然，在德国浪漫主义美学体系中，怪诞尚未被视为中心范畴，但德国浪漫主义者确实为后来关于怪诞新理论的出现打下了基础。

这种关于怪诞的新理论，就在于它把怪诞与美学的中心范畴——美相提并论，把它提高到文学艺术普遍适用的地位。"滑稽丑怪是戏剧的一种最高度的美。它不仅是戏剧中一种相宜的成分，而且每每是一种必需的要素。"① 这种新理论是由法国浪漫主义文学家雨果提出的，其代表作为《〈克伦威尔〉序》。

雨果认为，人们从喜爱典雅、和谐，歧视畸形、丑怪，发展到把畸形、丑怪也作为审美的对象、艺术的追求，乃是人们审美观念发生变化的缘故。为了阐述这种变化，他回顾了艺术中丑怪的发展史。在古希腊、罗马，虽然也有怪诞的形象出现，但"描写滑稽丑怪的艺术还处于幼稚的阶段"，"古代的丑怪还是怯生生的，并且总想躲躲闪闪"，如希腊传说中的"波里菲墨是一个可怕的怪物"，"西莱尼则是一个怪诞的丑类"，前者被描写成一个巨人，后者被述成一位神仙，人们总是要在这些怪诞的形象上加以掩饰，以减少其畸形、怪异对人们刺激的程度。文艺复兴以后，特别是随着近代艺术的兴起，"前一个时代好不难为情用襁褓裹起来的那些丑怪形象，它都大胆地替他们解开了手脚，让他们跳将出来。"② 它不但出现在民间风俗中，出现在天主教奇异的仪式和古怪的迎神行列中，而且出现在故事作家、编年史家、小说家的作品里，出现在莎士比亚的戏剧中，出现在建筑艺术中。总之，它以旺盛的生命力发展

---

① 雨果：《〈克伦威尔〉序》，《雨果论文学》，上海译文出版社1980年版，第47页。
② 同上，第32、34页。

起来，在近代艺术中得到广泛运用，成为与美并存的又一类型。

雨果认为，人们所以会把怪诞作为艺术表现的对象，因为它是自然界的存在。如果在艺术创作中将怪诞、畸形、丑陋全部摒弃掉，只模仿美，那么这种艺术就不能生动地表现世界，也缺乏感人的力量。可能"在开始的时候是光彩夺目的，但就像一切已经秩序化的事物所常有的情形一样，到后来就变成虚伪、浅薄、陈腐了"。这就实际上肯定了艺术中怪诞的审美意义。

波德莱尔这位著名诗人和文学批评家继承和发展了怪诞解释中的浪漫主义传统。他在《论笑的本性与造型艺术的喜剧性》一文中，将怪诞与笑作了区分。他称笑为"普通的喜剧性"，怪诞为"纯粹的喜剧性"。笑的发生是由于人在感觉上以为比别人优越，是人们在静观周围的人遭受灾难和不幸时情感上获得的一种满足，它同人类自私自利的本性的表现是相通的。而怪诞则不是由于自己优越于别人，而是人优越于自然。怪诞的领域不是社会生活、道德缺欠、社会冲突的领域，而是自然的表现，动物的离奇的形象，事物的怪诞的外貌。由怪诞引起的笑，比由喜剧性引起的笑更接近纯真的生活、纯粹的高兴。一般的喜剧性只是模仿，而怪诞首先是创造。怪诞表现感情的领域十分宽广，这里面有高兴和痛苦，也有愉快和忧伤。

20世纪初,随着西方现代派艺术的流行,怪诞在审美活动中的地位更突出了。现代派的艺术家们一下子捧出许许多多怪诞的形象,它们大摇大摆地占据了各种艺术形式的殿堂,取代了传统的、古典的、和谐的美。诸如超现实主义表现梦魇、无意识的光怪陆离的绘画,荒诞派戏剧中像虫子一样生活的人、脱离肉身的嘴、膨胀的尸体等怪诞的舞台形象,这一切简直令人目不暇接。

这种对于怪诞的崇尚,一方面是由于文艺理论上、美学思想上受表现主义、超现实主义、精神分析主义的影响,使艺术出现了越来越脱离创造原型的倾向;一方面则是西方社会矛盾加深,人们在精神上受到压抑,思想扭曲在艺术上的反映。

表现主义强调文学艺术不以再现现实为使命,也不是传达外在现实刺激下艺术家所产生的内在情感。它认为人们肉眼看到的景色是微不足道的,"事物有其更深一层的形象,事物的艺术景色是上帝最初创造的天堂的景色"[1]。艺术家的使命就是表现这种世界的幻象。而"超现实主义者一开始就把'愿望万能'当作自己唯一的信条",认为人们"完全凭冲动来写作、画画、雕塑和借助妄想狂进行批评活动"[2]。这都使得艺术家完全摒弃了写实的创作方法,而靠主观幻想、妄想甚至无意识活动来创造出一些现实与幻想交错在一起

---

[1] 《埃德施米特》:《创作中的表现主义》。
[2] 布列东:《什么是超现实主义》。

的怪诞形象,或者现实并不存在的、荒诞不经的形象。例如在伊夫·唐居伊的绘画《弧形的繁殖》中,我们看到有许许多多无以计数的弧形物充斥画面,它们在爬行,在生长,在扩张,以极旺盛的生命力繁衍与再生,沉重得使人透不过气来。西班牙画家萨尔瓦多·达利的油画《记忆的永恒》,也是表现痛苦梦境的典型作品。画面上的挂表、幼芽、人头的形象全是怪诞的,挂表像被挤压变形的薄饼,从表匣边缘滑到横躺在地上的幼芽上,同时又挂在折断的枯枝上,而那幼芽却长着人的眼睫毛,又像是变形的人头。美国艺术评论家阿·巴尔对这幅画中怪诞的形象曾作如下评论:"软表是不合理的、幻想的、异端的、扰人的。它使人哑口无言,使人惶乱……它毫无意义,混乱疯狂——但对于超现实主义者来说,这些形容词是最高的赞誉。"①

  西方社会的重重矛盾,特别是日益增长的物对人的支配,也使艺术家们产生了现代西方社会"不可医治"、荒诞无意义的苦闷心理,从而采取荒诞的舞台形象,以离奇、怪诞的表现形式来表现他们这种荒诞感。荒诞派戏剧代表人物尤奈斯库曾说过:"荒诞是指缺乏意义……和宗教的、形而上学的、先验论的根源隔绝之后,人就不知所措,他的一切行为就变得没有意义,荒诞而无用。"② 加缪在解释"荒诞

---

① 见《现代派美术作品集》。
② 《在城市的武器里》。

感"时也说过:"一个能用理性方法加以解释的世界,不论有多少毛病,总归是一个亲切的世界。可是一旦宇宙中间的幻觉和光明都消失了,人便自己觉得是个陌生人。他成了一个无法召回的流放者,因为他被剥夺了对于失去的家乡的记忆,而同时也缺乏对未来世界的希望;这种人与他自己的生活的分离、演员与舞台的分离,真正构成了荒诞感。"[1]尤奈斯库的剧本《椅子》,让一把把椅子占据了所有舞台空间,两个老人只能步履维艰地在缝隙中走动;剧本《未来在鸡蛋里》,让女主角在结婚后,嘴里咯咯地下出鸡蛋,以至一筐筐鸡蛋摆满舞台,都是以怪诞的情节和怪诞的形象,来表现西方世界物质文明的发展,反而使人失去了"自我",物压迫着人,排挤着人,人的行为变得无意义。正如尤奈斯库所说的:"物质充塞每个角落,占据一切空间,它的势力扼杀一切自由;地平线包抄过来,人间变成一个令人窒息的地牢。"[2]法国画家马赛尔·迪尚的作品《大玻璃——被独身汉剥光衣服的新娘》,据说也是在表现现代西方社会"人为机器、机器为人的荒诞感"。怪诞这个审美范畴所以会受到现代西方艺术家如此垂青,也是有着其社会、历史的原因的。

---

[1] 见《荒诞派之荒诞性》。
[2] 《起点》。

三

怪诞作为审美范畴，概括了审美对象中一个特定的类型，它作为人类认识自然现象之网的网上纽结，反映着对审美对象的认识日益深化，划分趋向精细。人们正是凭借这个范畴，把怪诞同其他类型的审美对象区别开来。不过，这种划分只能是粗线条的。不仅不同审美对象之间存在着错综复杂的联系，而且同一类型的审美对象也往往千差万别，这就使划分变得不易进行，不可能像区分锐角、直角那样明确。

在审美发生史上，人类对于怪诞的审美活动虽然先于优美，但其作为审美范畴的确立却后于优美。因为人类审美意识诞生之后，最先确立的美学范畴是"美"，是具有多种内容、包容各种性质美的一般概念，随着人类审美活动的丰富、发展，人类思维认识能力的提高，这个一般的美才逐渐分化，从中区分出优美、崇高、悲剧性、喜剧性等审美范畴，继而再分化出滑稽、幽默、怪诞等。这种美的概念的分化与再分化，是符合人类理性思维从抽象上升到具体的辩证过程的。人们是在认识了美的一般形态——优美之后，才进而认识它的个别形态——怪诞。

怪诞不同于优美。它不是美的典型形态，而是美与丑相混杂的特殊形态，它不具有优美那种和谐的特征，而是"异于常""诡于众"的。雨果在分析两种典型的区别时说,前者"在脱尽了不纯的杂质之后,将拥有一切魅力、风韵和美丽",而后者"则将收揽一切可笑、畸形和丑陋"①。比如,"楚骚"中的秋风、微波、香草、美人,都属优美之类,而其中的"木夫九首""土伯三目",则被刘勰称为"谲怪之谈"了;清澈明净的泉水、蜿蜒蛇行的溪流,都为人们展现了一幅优美的意境,而铺天盖地的海潮奔涌,则被枚乘称为"天下怪异诡观";庄子中的《齐物》《逍遥》诸篇,寓真于诞,寓实于玄,被刘熙载称为"意出尘外,怪生笔端"②。

《罗汉图》

---

① 雨果:《〈克伦威尔〉序》,《雨果论文学》,上海译文出版社1980年版,第36、37页。
② 刘熙载:《艺概·文概》,上海古籍出版社1978年版,第8页。

所以，怪诞虽然会有丑的因素，虽然在形式上表现出极大的不和谐，但毕竟又不同于丑。它是奇异的丑，新颖的丑，与美结合在一起的丑。正如雨果所说："它把千种古怪的迷信聚集在宗教的周围，把万般奇美的想象附丽在诗歌之上。""斯嘉拉莫奚式的人物、克利斯班式的人物和阿尔勒甘式的人物①，都是它的奇想的创造，这都是人的怪象的侧影。"②

怪诞的这种审美特性，决定着它同审美范畴中的美与丑均有一定的联系，它可以在不同程度上具有二者的属性。桑塔耶那说过："一件似乎是怪诞的事物，在本质上可能劣于也可能优于正常的典型。"③究竟是"优于常"，还是"劣于常"，往往决定着怪诞属于美，还是属于丑。"出色的机智是新的真理，出色的怪诞也是新的美。"④古埃及墓葬壁画中的怪诞形象，我国半坡出土陶盆上的人面鱼纹，长沙汉墓彩绘漆官上的羽翼神人……以及瑰丽神奇、变幻莫测的钟乳石洞，都以自己的"优于常"而成为人间殊美。反之，那种"劣于常"的怪诞，诸如嬉皮士运动的怪诞装束、打扮，虽然"异于常""诡于众"，恐怕就无美可谈了。

---

① 均为意大利喜剧中常见的滑稽怪诞角色。
② 雨果：《〈克伦威尔〉序》，《雨果论文学》，上海译文出版社1980年版，第33、34页。
③④ 桑塔耶纳：《美感》，中国社会科学出版社1982年版，第176页。

萨·达利的青铜雕塑《有抽屉的米洛的维纳斯像》，竟在断臂女神的头部、胸腹部及膝盖上，开了一层又一层抽屉。形象是够怪诞的，但这座古典主义杰作原有的和谐美也不见了。

怪诞同丑的联系，使其同喜剧性发生密切的联系。苏联《简明美学辞典》就把怪诞解释成"表现喜剧性事物的特殊方式"。在现实的审美活动中，怪诞也往往是同喜剧性一起出现的。文艺复兴和启蒙运动时期，喜剧中就常有逗人的怪诞角色。怪诞同喜剧性的这种联系，是由怪诞内在的矛盾与喜剧性矛盾冲突的一致性所决定的。黑格尔在分析喜剧性的矛盾冲突时曾指出，喜剧"自始至终要涉及目的本身和目的内容与主体性格和客观环境这两方面之间的矛盾对立"[1]。或者是目的本身空虚渺小，却要以极大代价去实现它，结果使追求目的的努力变成笑柄；或者是个人的努力与设想的目的正好相反，南其辕而北其辙；或者是由于偶然的因素，使目的得到喜剧性的解决……这些虽然未必包罗喜剧性矛盾冲突的全部，但却把握住了喜剧性矛盾冲突的特征。凡是手段与目的相反，言论与行动相背，内容与形式相乖，本质与表象相谬者，都可成为喜剧性的现象。当它们出人意料地呈现于人们面前，并使人能悟到其荒谬、背理之处

---

[1] 黑格尔：《美学》，商务印书馆1982年版，第三卷下册，第293页。

时，人们自然会产生喜悦的情感，随之爆发出笑声。值得注意的是，上述喜剧性矛盾如果以奇特、荒诞的形式表现出来，正是怪诞。怪诞以不和谐为特征，它在内容与形式上都存在不可调和的矛盾，正是这一点，决定着它可以成为喜剧性对象。人们把怪诞说成是喜剧性表现方式的一种，不无道理。

怪诞能作为喜剧性的表现方式，是因为它兼有讽刺、滑稽，令人发笑的功能。怪诞如果作为被嘲笑的对象，它具有讽刺的作用。漫画大师们运用他们富于夸张、变形的神来之笔，创造出奇异诡怪的怪诞形象，用以鞭挞腐朽丑恶的社会现象。比如，有的画家曾用"没有嘴的人"，讽刺那种一声不吭、唯唯诺诺式的干部；有的画家则用没有其他感官，只有一张如留声机样的大嘴，讽刺那些只会照搬上级指示的人。当艺术家用怪诞的形象开玩笑时，它又与滑稽相通。法国画家马赛尔·迪尚在世界名画《蒙娜利莎》上加上男人的小胡子，表示了他对一切神圣事物的亵渎，他把一个尿斗翻过来钉在画板上，并取名为《泉》，更表现了一种玩世不恭的态度。宫廷弄臣的滑稽表演所以会博得君主的欢心，除了他们言词诙谐善辩之外，恐怕与他们怪诞的长相与动作也颇有关系。至于喜剧艺术中运用怪诞以增强喜剧效果的，更属屡见不鲜。喜剧大师卓别林谈到，让观众"吃惊"，是使他们发笑的重要手法，"我经常尝试着使用新方法以制造突如其来的效果"①。这些"新方法",就包括创造怪诞的形象在内。

但是,怪诞并不等于喜剧性,怪诞的形象同样可以表现悲剧性的结局。当正义的毁灭被表现得悲凉、恐怖、怪异时,这种悲剧性的结局就带有怪诞的色彩了。如果说,在文艺复兴和启蒙运动时期,怪诞多与喜剧联在一起,那么,在现代派艺术中,更多的是悲剧性的怪诞了。这种怪诞与喜剧性怪诞的区别在于,它不是美对丑的嘲笑、讽刺与压倒,反而是丑压倒美,恶压倒善,邪恶战胜了正义。在荒诞派戏剧中,剧作家把常人难以想象的怪诞形象奉献在观众面前,无非是让人感受到世界的荒诞,人生的荒诞,流露出作者对失去"自我"的深深的悲痛。一些现代派画家往往画出一些可怖的、扭曲的、痉挛的、难以名状的人体,以说明人的孤独与苦恼。这些怪诞的形象自然也不可能成为喜剧性的。英国画家弗朗西斯·培根曾作过一幅三联画:《三幅十字架下的形象习作》。其中每一幅都画着一个变形的器官(头、嘴、耳等)以及与器官相连的失去人形的肉体,就像一块块屠宰场上的肉一样。他把人的肉体画成被肢解得奇形怪状,无非是喻示人类在世界上任人宰割的悲惨命运。是否可以这样说,凡是美被摧残、被践踏、被毁灭而产生的畸形、变态,

---

① 《如何使人发笑》。

往往同悲剧性的结局连在一起,这样的怪诞势必属于悲剧性的;反之,凡是丑被压倒、被战胜而产生的怪诞,就往往属于喜剧性的了。

怪诞作为审美对象有着千变万化的表现形态,它同其他审美范畴的联系也是极为复杂的,绝非是用简单的划分就能说清的。正是这种复杂性,为艺术家运用这种审美范畴提供了广阔的用武之地。在我国,随着人们对喜剧性审美兴趣的日渐增长,怪诞也引起了人们的兴趣。报载,南宋时传说的疯僧济颠正成为影视界红极一时的人物,即是一个例证。愿我们随着这些审美实践的丰富,不断增进对这个过去不曾被注意的审美范畴的认识。

(撰于1993年,载于《美学与艺术评论》第四辑)

阳刚、阴柔孰为美?

阴柔之美与阳刚之美,是我国古代文艺理论及美学著作中论述得很多的一对范畴。人们根据这对范畴,区分美的两种不同形态,标志艺术创作中的两种对立的艺术风格。

清代桐城派作家姚鼐在描述这两种范畴的美时,曾写过一段极为精彩的文字:"其得于阳与刚之美者,则其文如霆,如电,如长风之出谷,如崇山峻崖,如决大川,如奔骐骥;

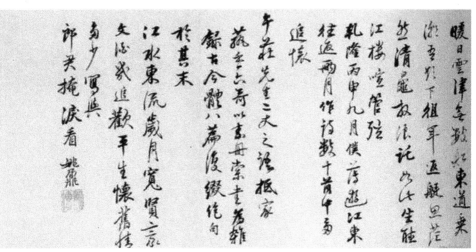

姚鼐《游江东诗册》

其光也，如杲日，如火，如金镠铁；其于人也，如冯高视远，如君而朝万众，如鼓万勇士而战之。其得于阴与柔之美者，其则文如升初日，如清风，如云，如霞，如烟，如幽林曲涧，如沦，如漾，如珠玉之辉，如鸿鹄之鸣而入寥廓；其于人也，漻乎其如叹，邈乎其如有思，暖乎其如喜，愀乎其如悲。"① 姚鼐对于阳刚、阴柔两种美的描绘，极其形象而生动。

一

以阴柔、阳刚作为区分美的标志之一，是我国古代关于阴阳、柔刚的概念在审美领域中的具体运用。

阴阳，最初的意义是指日光的向背，背日为阴，向日为阳。阳的甲骨文字形为：𰀀，金文字形为𰀀；阴的金文字形为：𰀀。许慎《说文解字》云："阳"者，"高明也，从阜，昜声"。"阴"者，"水之南，山之北也，从阜，侌声"。阜为龙起的山，山南为阳，山北为阴，水北为阳，水南为阴。

相传早在上古时代，我国古人已经善于观日月之行，"治阴阳之气。节四时之度，正律历之数，别男女，异雌雄"②，到了殷周之际，人们开始运用阳、阴这两个基本范畴

---

① 姚鼐：《复鲁絜非书》，《中国历代文论选》，上海古籍出版社1980年版，第三册，第510页。
② 《淮南子·览冥训》，《淮南鸿烈集解》，中华书局1988年版，第205、206页。

来解释自然界的事事物物。如，天为阳，地为阴，日为阳，月为阴，火为阳，水为阴，山为阳，泽为阴，以及时间的昼与夜，气候的暖与寒，人类的男与女，鸟类的雄与雌，兽类的牡与牝等等，皆可分为阳阴两大类型。反映在《周易》的卦象上，阴阳就成为两种最基本的范畴，并用两种符号即"－－"（阴爻）与"－－"（阳爻）来代表。

《老子》说"万物负阴而抱阳"，说明一切事物都存在着阴阳对立的特征与趋势。其后的思想家认为，如果阴阳对立与消长出现了不和谐的现象，就会阴阳失调，伯阳父云："阳伏不能出，阴迫而不能烝，于是有地震。""阳失而在阴，川源必塞。源塞，国必亡。"[1] 所以范蠡强调必须顺应天地之恒制，"因阴阳之恒，顺天地之常。柔而不屈，强而不刚"。范蠡还说："古之善用兵者，因天地之常，与之俱行。后则用阴，先则用阳，近则用柔，远则用刚。"[2] 显然，在范蠡这里已经将阴阳、柔刚联系在一起了。

到了战国时期的《易传》中，便有"一阴一阳之谓道"，"刚柔相推，而生变化"的说法，将阳阴与刚柔的概念结合在一起。"昔者圣人之作易也，将以顺性命之理，是以立天之道曰阴与阳，立地之道曰柔与刚，立人之道曰仁

---

[1] 《国语·周语上》，上海古籍出版社1978年版，第26、27页。
[2] 《国语·越语》，上海古籍出版社1978年版，第646、653页。

与义……分阴分阳，迭用柔刚。"① 提出卦爻不仅有阳阴之别，而且有刚柔之分，把事物的运动、变化与刚健等性质看成阳性势力的体现，而把静止、安定与柔顺等性质看作阴性势力的体现；肯定自然界中阴阳、柔刚"相摩"是事物发展变化的普遍规律。"刚柔相摩，八卦相荡，鼓之以雷霆，润之以风雨，日月运行，一寒一暑，乾道成男，坤道成女。"② 后来，阳刚与阴柔的范畴逐渐地丰富着原来的阳与阴的概念，而成为人们把握自然界和社会上复杂事物的一种尺度。

美当然也不例外。在《易传》中，虽然尚不曾出现"阴柔之美"与"阳刚之美"两个范畴，但人们在分析美、善时，又确实涉及它们在阴阳、柔刚上的不同特性。《易传·文言》在论述天道、地道时，就讲到，天道之美贵在阳与刚，地道之美贵在阴与柔。如《乾文言》中说："乾元者，始而亨者也。""元者，善之长也。亨者，嘉之会也。"③ 天作为善之首，它不仅能使万物发生，而且是美的汇合。"乾始，能以美利利天下，不言所利，大矣哉！大哉乾乎，刚健中正，纯粹精也。"④ 天（阳）有以"美""利"利天下的德

---

① 《周易·说卦》，《周易正义》，北京大学出版社1999年版，第326页。
② 《周易·系辞上》，同上书，第259页。
③ 《周易·乾文言》，同上书，第20、11页。
④ 《周易·乾文言》，同上书，第21页。

性，这种"美"和"利"的德性是刚健、中正，十分纯粹的，从而把天道之美与刚健的特性联在一起。而在《坤文言》中，则把地道之美与柔顺的特性联在一起，提出了"阴虽有美"的命题。《坤彖传》云："至哉坤元，万物资生，乃顺承天。坤厚载物，德合无疆，含弘光大，品物咸亨。"[①]这就是说，地（阴）虽有美（至善），虽能资生万物，但它却要顺承天（阳），这种柔顺的德性，正是阴性事物特有的美；所谓"坤至柔"，就是这个道理。尽管《易传》作者在这里讲的美还限于美好的德性，表现出美、善相通的特性，但他们对于美已开始从阳刚、阴柔上进行界定，则是确定无疑的。

西方古代也有把美分为刚性美（男性美）与柔性美（女性美）的主张。如古希腊的伊壁鸠普派思想家瓦拉在把人体美区分为男性美与女性美时，也以刚性美与柔性美在快感上的最大满足为依据，并把这两种类型的美所引起的快感归结为人体美的最高理想。人们把男性、刚毅、强壮、雄健、豪放、壮丽、剧烈运动的美，都视为阳刚之类；而把女性、柔和、优雅、纤巧、缠绵、秀丽、平稳静止的美，都视为阴柔之类。这种区分，在审美过程中是随处可见的。

[①] 《周易·坤彖传》，同上书，第25页。

二

如果说,《易传》中关于刚性美与柔性美的含义还主要是指自然现象或社会生活的美,那么到了汉魏及汉魏以后,人们就把阴柔与阳刚这对范畴普遍用于艺术美领域了。扬雄把"美"的事物看作阴阳二气互相作用的产物,"美"的形式与内容的关系也要从阴阳二气相互作用的变化和发展中表现出来,即谓"阴敛其质,阳散其文,文质斑斑,万物粲然"①。

在文学创作中,亦有刚性美与柔性美的区分。刘勰在《文心雕龙·体性》中论及人的才性时提到,"气有刚柔"②,故文学作品的风格也有"风趣刚柔"的差别。他还在《定势》篇中说:"刚柔虽殊,必随时而适用。"③后来清代姚鼐继承这一思想:"一阴一阳之为道。夫文之多变,亦若是已。"④因"气有柔刚"而引起"风趣刚柔"的差别,使"文之多变"成为文学创作中的一条普遍规律。

在音乐中,也讲究阴阳、柔刚之别。中国古代乐论对此

---

① 扬雄:《太玄·文》。
② 刘勰:《文心雕龙·体性》,《文心雕龙注》,人民文学出版社 1978 年版,第 505 页。
③ 同上书,第 530 页。
④ 姚鼐:《复鲁絜非书》,《中国历代文论选》,上海古籍出版社 1980 年版,第三册,第 510 页。

多有论述。如《吕氏春秋·大乐》中提出:"凡乐,天地之和,阴阳之调也。"《白虎通义》云:"音者,饮也,言其刚柔清浊和而相饮也。"并用阴阳分析宫、商、角、徵、羽五声:"角者,跃也,阳气动跃。徵者,止也,阳气止。商者,弛也,阴气开张,阳气始降也。羽者,纡也,阴气在上,阳气在下……"《白虎通义》的作者用阴阳五行之说来解释"五声",注意到音乐亦有阴阳、刚柔、清浊之分,从而提倡"和而相饮",足以发人深思。

绘画、书法上也是如此。人们把绘画用笔之刚,比喻成"挟风雨雷霆之势,具神工鬼斧之奇,语其坚则千夫不易,论其锐则七札可穿",而把绘画用笔之柔说成是"似惊蛇之入春草,翩翩有态,俨舞燕之掠平地,天外之游丝,未足易其逸"①。

书法上更讲究用笔的刚与柔。刘熙载在《书概》中也曾指出:"书,阴阳刚柔不可偏陂。"②"大凡沈著屈郁,阴也;奇拔豪达,阳也。"书法用笔有方圆、轻重之别。用笔方而多折、断而后起者,人们称之为"折钗股",而用笔多转换而不断者,人们称之为"屋漏痕"。用笔重者,多给人以沉着敦厚的印象;用笔轻者,多给人以超逸秀发的感觉。可见,从用笔刚柔之中亦可显示出书家风格之不同来。

---

① 沈宗骞:《芥舟学画编》。
② 刘熙载:《艺概·书概》,上海古籍出版社1978年版,第169、167页。

总之，在不同的艺术领域，我们都可以看到作为美的不同形态的阳刚之美与阴柔之美的差异。阳刚之美与阴柔之美，作为美的两种不同表现形态，都是美的本质的具体显现，都是人的本质力量的丰富性不断展开的成果。阳刚之美与阴柔之美这一对范畴的形成与确立，正是人们对于美的认识从笼统到具体、从简单到复杂、不断趋向深化的表现。

三

艺术上的阳刚与阴柔的区别，取决于艺术作品所再现的客观对象。对象的刚柔错杂，影响到艺术作品的刚柔不同。

"物之不齐，物之情也。"① 自然界和社会上的事事物物，无不在数量上和力量上呈现出多寡、大小、强弱、硬软的参差错杂，而且它们在时间与空间的运动中，又往往表现出相对静止与剧烈运动等不同形态，或者对立的双方尖锐抗争、相侵相凌，或者矛盾的双方相辅相成、和谐统一。同样是山，却因四时不同、位置各异而呈现出种种不同。清代周亮工就有这样的描绘："春山淡冶而如笑，夏山苍翠而如滴，秋山明净而如妆，冬山惨淡而如睡，海山微茫而隐见，

---

① 《孟子·滕文公上》，《孟子注疏》，北京大学出版社1999年版，第149页。

江山严厉而峭卓,溪山窈窕而幽深,塞山童颓而堆阜。桂林之山,玲珑剔透;巴蜀之山,巉差窾空;河北之山,绵衍庞博;江南之山,峻峭巧丽。"① 正因为如此,才有袁枚"以文论山"的妙论:"……以文论山,武夷无直笔故曲,无平笔故峭,无复笔故新,无散笔故遒紧,不必引灵仙荒渺之事为山称说,而即其超隽之概,自在两戒外,别树一帜。"② 事物本身的这种刚柔异态,决定着再现它们的艺术作品会有刚柔之分,这也是艺术反映生活的普遍规律之一。姚鼐云:"吾尝以谓文章之原,本乎天地。天地之道,阴阳刚柔而已。苟有得乎阴阳刚柔之精,皆可以为文章之美。"③ 这段话如果从艺术的风格得乎客观事物之情,表现的形式必须与表现的对象一致来理解,无疑是正确的。

中国的书法讲究"笔力",笔力之美是书法作品的艺术生命,是中国书法的基本特征之一。有了笔力,方能在笔端纸幅之间达到"力透纸背""入木三分"的要求。大自然与人类生活中的力给艺术家提供了"力"的源泉。据记载,怀素曾从嘉陵江的流水声以及电闪雷鸣中体会到大自然运动之力,而倾注于草书之中,使他运笔"如游丝袅空,飞动圆

---

① 周亮工:《因树屋书影》第四卷。
② 袁枚:《游武夷山记》。
③ 姚鼐:《海愚诗钞序》,《中国历代文论选》,上海古籍出版社1980年版,第三册,第515页。

转"；张旭看公孙大娘舞剑而有所悟，使他挥写狂草时方能"逸势奇状，连绵回绕"；书圣王羲之从鹅颈上看到弹性之力，运用于书法，而创造了妍美流便的书体。这正说明书法家们善于从自然界和生活中汲取"力"之美，而使自己笔力的表达不断地趋向新的境界。

四

作家对于阳刚、阴柔之美的不同爱好，表现于文艺创作上，遂形成艺术风格阳刚与阴柔的差异。

曹操的《观沧海》："秋风萧瑟，洪波涌起。日月之行，若出其中，星汉粲烂，若出其里"，通过对沧海那种辽阔雄壮、洪波浩渺的壮丽景色的描写，来表达诗人叱咤风云的宏大气魄与广阔胸怀，雄浑豪迈，气势磅礴，给人以一种刚毅、沉雄的鼓舞力量。而曹植的《洛神赋》中描

《洛神赋图》（局部）

美的寻踪

写的洛水神女则是"翩若惊鸿,婉若游龙","仿佛兮若轻云之蔽月,飘飘兮若流风之回雪……",给人以阴柔之美。赋文曲折婉转的节奏,情意缠绵的格调,更显出诗人对神女的仰慕与爱恋。从神女的体态之柔,到诗人的情感之柔,到词赋音节、格调之柔,《洛神赋》堪称一篇柔性美的杰作。

柳耆卿的词,人称"清和朗畅,语不求奇,而意致绵密"①。他的"寒蝉凄切,对长亭晚,骤雨初歇……"文辞婉转,音律和谐。而苏东坡的词则豪放潇洒,激情横溢,"如万斛泉源,不择地而出"。他的"大江东去,浪淘尽,千古风流人物",则以与《雨霖铃》迥然不同的情调使读者为之倾倒。人们说,柳耆卿的词"只好十七八女子,执红牙板,歌'杨柳岸晓风残月'",而苏东坡的词,则"须关西大

苏轼词

---

① 黄苏:《蓼园词选》。

汉，（执）铜琵琶、铁绰板，唱'大江东去'"①，这真是一语中的，恰好道出了柔性美与刚性美在诗词上的不同风格与特色。

就是同一位作家的作品，也可以呈现出刚、柔不同的风格。陶渊明的"刑天舞干戚，猛志固常在"，无疑是铮铮作响的刚性诗句，而他的《闲情赋》却以迥异的风格，显现出柔性的韵致："愿在莞而为席"，"愿在丝而为履"，"愿在昼而为影"，"愿在夜而为烛"等等，这又给人以何等情意缱绻的感染力量。苏东坡既有"大江东去，浪淘尽，千古风流人物"，又有"春色三分，二分尘土，一分流水。细看来不是杨花，点点是离人泪"。辛弃疾既有"壮岁旌旗拥万夫，锦襜突骑渡江初"，又有"城中桃李愁风雨，春在溪头荠菜花"之句。

可见，刚性美与柔性美同样能引起读者的共鸣，同样有着扣人心弦的魅力，它们只有风格特征的不同，却很难作出高下、文野之评价。正如叶燮于《原诗》中说春秋四时很难分优劣、高下一样："气之候不同，非气有优劣也。"② 既不应以阳刚之长去贬斥阴柔为短，也不应以阴柔之是去误断阳刚为非。刚、柔之美各具特色，各有千秋。有人说"用刚

---

① 俞文豹：《吹剑录》。
② 叶燮：《原诗》，《清诗话》，上海古籍出版社1978年版。

笔则见魄力，用柔笔则出神韵"①，正是提醒人们要从各自的特点去把握它们，而不能以偏概全，厚此薄彼。如果只凭个人好恶而偏持一端，"喜清幽者，则绌痛快淋漓之作为愤激，为叫嚣；喜苍劲者，必恶宛转悠扬之音为纤巧，为卑靡"，就会因为"偏嗜"而成为"小见"②。

五

尽管刚性美与柔性美之间难以品评高低、上下，然而艺术家对其各有所好，在文艺领域则是司空见惯的事。

《文心雕龙》作者刘勰所贵的是阳刚之美。他把文章风格分为"轻靡"与"壮丽"，说："轻靡者，浮文弱植，缥缈附俗者也"，"壮丽者，高论宏裁，卓烁异采者也"③。他在《风骨》篇中一再强调雄强刚健的妙处："故练于骨者，析辞必精；深乎风者，述情必显。捶字坚而难移，结响凝而不滞，此风骨之力也。"④其总结了"魏晋风骨"的创作经验，开启初唐陈子昂所呼唤的"汉魏风骨"，对刚健雄强审美风格的形成，产生较大影响。

---

① 施补华：《岘佣说诗》。
② 薛雪：《一瓢诗话》。
③ 刘勰：《文心雕龙·体性》，《文心雕龙注》，人民文学出版社1978年版，第505页。
④ 刘勰：《文心雕龙·风骨》，同上书，第513页。

《二十四品》所贵则为冲淡自然的阴柔之美。其描述冲淡的诗风时说，它"犹之惠风，荏苒在衣。阅音修篁，美曰载归"①。诗歌的阴柔之美就像蕙风吹拂在衣衫之上，柔弱淡泊，轻软舒适，就像漫步在竹韵潇洒的修篁之中，清音脆响，优雅恬淡。宋代的欧阳修也是阴柔之美的追求者，他著文力求达到这种理想境界而为人们所津津乐道。

就一个时代来说，虽然作品的艺术风格经常是阴柔与阳刚异态纷呈，但往往又在二者之中有所偏重，而正是这种偏重，鲜明地表现出这个时代所特有的审美趣味与时代风尚。所谓"观晋人字画，可见晋人之风猷，观唐人书踪，可见唐人之典则"②，就是这个意思。人们说建安诗文"雅好慷慨"，"梗概而多气"，正是该时代崇尚阳刚之美的表现。东晋书法家王羲之一变汉魏以来质朴的书风，恬淡成为一种妍美流便的新体，这恐怕与当时晋人讲究风神气韵，追求闲逸、超然放达的风度有关，因此，王羲之的书艺风格获得所谓"清风出袖，明月入怀"的赞誉。唐代诗文大体上中唐以前阳刚居胜，晚唐以后阴柔日繁，也是有目共睹的事实。

每个时代对于刚性美与柔性美的追求与崇尚，总是受制于该时代的社会条件，依赖于人们审美活动的主观情趣以及

---

① 《二十四诗品》，《中国历代文论选》，上海古籍出版社 1979 年版，第二册，第 203 页。
② 翁方纲：《粤东金石略自序》。

在这一活动中所形成的审美理想。鲁迅先生似乎也是阳刚之美的推崇者。他在《看镜有感》中称赞汉唐文物与书画的"魄力究竟雄大",有"豁达闳大之风",欣赏它们表现出来"质而能壮"的劲健骨力与质朴风格。而当他谈论古代绘画形式的继承时,强调宋代院画的"萎靡柔媚之处当舍",并明确表示对米点山水持不欣赏态度。他十分赞赏现代版画,一再称赞它所表现出的"力之美"。木刻版画"也可以逼真,也可以精细,然而这些之外有美,有力,仔细看去,虽在复制的画幅上,总还可以看出一点'有力之美'来"①。正因为"新的木刻是刚健、分明"的艺术,所以它"是新的青年的艺术,是好的大众的艺术"②。

鲁迅之所以鄙薄体现阴柔之美而偏重于体现阳刚之美的艺术,恐怕与他身处险恶的战斗环境,面临反动派激烈复杂的重重文化"围剿"分不开。他指出,"有精力弥漫的作家和观者,才会生出'力'的艺术来。'放笔直干'的图画,恐怕难以生存于颓唐、小巧的社会里的"③,也旨在强调时代、社会的条件对于刚柔趣味的决定性影响。

当然,我们不能忽视艺术家个人的审美趣味在其间的

---

① 鲁迅:《近代木刻选集(2)·小引》,《集外集拾遗》,人民文学出版社1973年版,第302页。
② 鲁迅:《无名木刻集·序》,同上书,第433页。
③ 鲁迅:《近代木刻选集(2)·小引》,同上书,第302页。

作用。有些作家所处的时代相同,如辛弃疾与李清照,虽然都经历了南渡之后国家战乱、社会破败的灾难环境,但二人写的词却同样存在着刚柔差异。王士禛云:"张南湖论词派有二:一曰婉约,一曰豪放。仆谓婉约以易安为宗,豪放惟幼安称首。"① 这种个人对于刚、柔的审美差异,由个人的才性气质、生活经历、社会经验等多种因素所形成,当然也离不开个人的文化艺术的素养。"才有庸俊,气有刚柔,学有浅深,习有雅郑",这些都不能不影响到艺术家的创作个性与风格,不能不影响到他们对柔性美与刚性美的追求。

六

客观事物的刚与柔,并不是绝对的,而是相反相成、相互渗透、处于对立的统一之中的。因此,艺术风格的刚柔也不是绝对孤立、相互排斥的,而应当阴阳柔刚并行相济,不容偏废,以达到《乐记》中所说的"阳而不散,阴而不密,刚气不怒,柔气不慑"③ 的理想境界。如果不是从

---

① 王士禛:《花草蒙拾》。
② 刘勰:《文心雕龙·体性》,《文心雕龙注》,人民文学出版社 1978 年版,第 505 页。
③ 《乐记·乐言篇》,人民音乐出版社 1982 年版,第 25 页。

两者的相互联系中来把握它们,而是偏执一端,或者刻意求刚,或者一味使柔,其结果就可能使"刚者至于偾强而拂戾,柔者至于颓废而闇幽"①,就会刚不成其为刚,柔不成其为柔,就会显不出刚柔错杂的美来。譬如,在一般人心目中,京昆剧种中的小生这一角色,他们的唱腔、音色因为是真假声(大小嗓)并用,而往往给人以优柔、飘畅的感觉。其实,小生的声音虽然要求明亮清脆,要求柔和流畅,但必须柔而不媚,柔中有刚,方能表现出具有青春活力的男性气派。至于那种错以阴柔表现阳刚之美,或者硬把阴柔之美表现为阳刚,就更属刚柔错位、表现不当之类了。

多样统一,是艺术表现的重要法则之一。人们在处理艺术风格的柔刚过程中,同样必须遵循寓多样于统一的原则。只有那些既深蕴刚、柔异趣,而又不失其和谐统一的艺术作品,才能显示出它多样统一的美,才能给人以强烈的审美感受。在这方面,艺术家积累了极其宝贵的经验。他们通过刚柔对比、刚柔相济、刚中见柔、柔中见刚等一系列手段,为我们创造了阴柔之美与阳刚之美相互衬托、交相辉映的瑰丽世界。王羲之的字轻盈秀丽,表现出一种灵巧潇洒的风姿,似乎更趋向于阴柔之美。其实,昔人在评论他的书法时称他

---

① 姚鼐:《海愚诗钞序》,《中国历代文论选》,上海古籍出版社 1980 年版,第三册,第 515 页。

的字为"雄秀",这种既雄强又姿媚的书法艺术,即在秀美的外形中含有内在的劲力,具有刚柔结合的骨力,就很难说是单纯的阴柔之美了。刚柔对比是形成艺术作品的节奏美、神韵感的重要手段。

阳刚与阴柔之美是相对而言的,两者的对比不仅使彼此相得益彰,刚者愈刚,柔者愈柔,而且使艺术作品显得多彩多姿,美不胜收,刚中见柔、柔中见刚,是刚柔相济的重要手段。它不以仅仅表现刚与柔相比较而存在为满足,而是要深一步开掘刚中的柔性因素、柔中的刚性因素,使刚、柔的每一方又显出多种属性的美。可见,掌握阳刚阴柔之美的辩证法,对于艺术创作与艺术欣赏是何等重要。

节奏：生命之律动

郭沫若曾说过节奏乃诗的之生命。凡是扣人心弦的诗，一般都具有节奏动人、一唱三叹的特点。

李白那首脍炙人口的《蜀道难》，激扬跌宕，笔阵纵横，起雷霆于指颐之间，堪称节奏变化之杰作。"噫吁嚱，危乎高哉！蜀道之难难于上青天！"《唐宋诗醇》评曰："二语通篇节奏。"诗人正是用诗句的节奏，作用于读者内心的节奏，造成或紧张或松弛，或激昂或压抑的种种心境。难怪刘须溪夸奖它"妙在起伏，其才思放肆，语次崛奇，自不待言"了①。

辛弃疾的《永遇乐》"斜阳草树，寻常巷陌，人道寄奴曾住。想当年金戈铁马，气吞万里如虎"，是湍急的节奏，实可谓激昂排宕，龙腾虎跃。李清照的《声声慢》"寻寻觅觅，冷冷清清，凄凄惨惨戚戚"，是舒缓的节奏，真可谓曲尽人意，愁云惨淡。

至于其他艺术门类也都要涉及节奏。绘画要讲究线条、

---

① 刘须溪：《唐诗品会》。

色彩的节奏,舞蹈要研究形体动作的节奏,建筑要安排空间组合的节奏,戏剧与电影则既有场景变换、剪接连缀的节奏,又有人物道白与内心活动的节奏。可以说,节奏美几乎在各种艺术门类中无所不在,它已经成为艺术美中的一种重要形式。

一

运动产生节奏。节奏都是随着客观世界的物质运动而产生的。只要有物质的运动,便有节奏。波涛的时起时伏,潮水的有涨有落,地势的高低错杂、陵谷相间,季节的春秋代序、寒暑更替,以及生物的成长与衰老、新生与死亡等等,这些物质运动的盈虚消长、升降转化、和合分离,就构成了节奏。所以,节奏是物质在运动过程中形成的一种前后对比的关系,它从一个侧面反映着物质运动的规律。

对节奏的敏感,是人类生理、心理的基本特质。达尔文曾说过:"这种纵使不是欣赏至少也觉察拍子和节奏的音乐的能力,看来是一切动物所特有的,而且毫无疑问,这决定于它们神经系统的一般生理本性。"① 人的生理器官都是有规律地运动着的,人的生理、肢体的运动也有节奏。心脏的搏

---

① 转引自《普列汉诺夫美学论文集》,卷一,人民出版社1983年版,第339页。

动起伏，肺叶的吐纳呼吸，血液的环流周转，都具有一种节奏。当人们使自己的身体按照一定的节奏运动时，会伴随产生一种心理上的愉快。如果人的生理、行动的节奏与自然界的节奏相和，就会产生主客体合一的节奏。

节奏是生命之律动。节奏感强的歌曲能激发人们昂扬、亢奋的生命律动。20世纪70年代起流行的饶舌RAP，之所以会成为了年轻人的最爱，就是因为RAP以人的吟唱代替音乐旋律，加上鼓点强烈的节奏，能够引起听者内心、形体的共鸣。音乐人高晓松在分析周杰伦演唱的音乐特色时说："毫不夸张地说，杰伦在华语歌手里的节奏感是头一号，咱们不像黑人，节奏感就天生那么好，但周杰伦的确有这方面的天赋。我认真地记过他的谱，很不好记，既不是三连音也不是后十六，是介乎两者之间，非常独特的节奏。""人说周杰伦的吐字不清……你只要仔细听过他的歌和词，就知道他并不是真正或者故意的吐字不清，那是为节奏服务的。"[①]

广场音乐会上，一段超high摇滚会让现场歌迷疯狂燃起热情。这种炽热场面的形成，正是源于歌者、演奏者与欣赏者的彼此相通的生命律动。欣赏者不像坐在音乐厅里聆听庄严的交响曲或古典音乐，而是唱着歌曲，和着节奏，摇着双臂，狂热地与歌手互动。中国著名吉他手姚林在SELF讲

---

① 玉来生：搜狐博文，2017年10月10日。

坛上生动地把乐队中的架子鼓比作骨骼，吉他与贝斯比作血肉，键盘比作神经，主唱做灵魂，彼此的互相配合才构成了有血有肉的音乐张力与生命活力。"摇滚不止是嘶吼，它真正的魅力在于节拍节奏以及调子背后的精神。"①

二

节奏成为美的形式，是和人类的社会实践活动密切联系着的，正是人们在生产劳动的过程中发现了节奏的美。自古以来，人们在生产劳动时总是按一定的节奏来进行的。我国的《诗经》对这种情况就有所反映。《伐檀》中的"坎坎伐檀兮"就真实地记录了奴隶们"坎坎"伐木的声音和节奏。《生民》中的"或舂或揄，或簸或蹂；释之叟叟"，正形象地再现了人们舂谷、扬糠、淘米的劳动节奏。

据了解，某些尚处于原始部落阶段的民族，尽管他们的音乐听觉发展得很差，但对节奏的敏感却相当惊人。非洲南部的黑人手磨女工"一面舂米一面唱"，巴苏陀部落的妇女手上戴着一动就响的金属环子，她们在磨麦子时也是边磨边唱，手臂有规律地运动着，金属环子也随着发出有节奏的响声，她们的歌声与环子的响声交织在一起，显得十分和

---

① 百度《知道日报》，2017年3月2日。

谐。可见,节奏美的出现是与人类的生产劳动过程分不开的。对此,普列汉诺夫曾明确地指出:"为什么在他(指劳动者——引者注)的生产性的身体运动中恰好遵照着这种而非另一种节奏呢?这决定于一定生产过程的技术操作性质,决定于一定生产的技术。"① 节奏对人类的重要首先表现在它可以带来更高的劳动效率上。

舞蹈纹陶盆

人们在漫长的历史岁月中逐渐认识到,劳动需要节奏,节奏可以给人带来和谐的美,并开始了对节奏美的追求。由于生产力的发展,人们开始把一部分生产工具改造得能够发出各种音响,以反映出各种变化的节奏。于是,乐器产生

---

① 普列汉诺夫:《没有地址的信》,载《普列汉诺夫美学论文集》,卷一,人民出版社1983年版,第339页。

了，体现各种节奏的乐曲也随之出现了。清刘熙载云:"《周礼》乐师郑（玄）注云:'所谓合声，亦等其曲折，使应节奏。'予谓曲之名义，大抵即曲折之意。"① 孙诒让《周礼正义》:"合声，即合乐之声音也。"节奏，越来越成为追求美的合声之重要方面。我们说，美的内容是"人的本质力量的对象化"，那么节奏正是实现"人的本质力量的对象化"的一种条件，是美的内容得以表现出来的一种外在形式。节奏美是形式美的不可缺少的组成部分。

三

艺术离不开节奏。节奏赋予艺术内容以美的形式。据《苕溪渔隐丛话》记载，欧阳修曾问及苏东坡，咏琴诗应以何者为优？苏东坡回答，当以韩愈的《听颖师弹琴》为优。韩愈的这首《听颖师弹琴》，惟妙惟肖地传写出僧颖操琴时的琴音变化:时而轻柔细腻，"昵昵儿女语，恩怨相尔汝";时而慷慨激越，"划然变轩昂，勇士赴敌场";清悠飘逸时，似"浮云柳絮无根蒂，天地阔远随风扬";升降突兀处，如"跻攀分寸不可上，失势一落千丈强"。韩愈运用起伏扬抑的强烈对比手法，表达出琴曲的节奏变化，使他的《听颖师弹琴》

---

① 刘熙载:《艺概·词曲概》，上海古籍出版社1978年版，第132页。

《赵佶听琴图》(局部)

别具一格，不同凡响，其赢得苏东坡的赞赏是理所当然的。

美国戏剧电影导演理查德·波列斯拉夫斯基曾说过："节奏是一件艺术品中所包含的一切不同要素之有秩序的、有节度的变化。"① 这些变化尽管千差万别，但归结起来，无非是表现着自然物质材料（声音、色彩、线条、动作等等）在时间或空间上的间歇与延续、停顿与重复，以及它们在高低、强弱、升降、显隐上的不同对比与组合。

白居易有云："诗者，根情，苗言，华声，实义。"对于一首好诗，除了"情""义"之外，我们也决不可忽视对"言"与"声"的要求。无论是反映如火如荼的激烈场面，还是描绘清逸柔美的低吟浅唱，缺乏节奏美的诗，即使"情""义"

---

① 《演技六讲》。

再高妙,也仍然会读之形同嚼蜡,令人索然寡味。在诗词中,声调是构成节奏感的一个重要因素。汉语的声律是丰富多彩的,因此。它往往可以在声调的抑扬顿挫之中,造成千变万化的节奏美来。

四

郭沫若认为,节奏有两种,可称为"时间的节奏"与"力的节奏"。人们常说的"抑扬顿挫",就包含着这两方面的意思。"抑扬",大致与力的节奏有关,"顿挫",则反映出时间或空间上的对比与转折。只有讲究抑扬顿挫,才能避免节奏上的平板、单调,而节奏不单调平板,起伏便有层次,才能激起人们感情上的波澜。

抑扬是指声调的高低、升降、强弱而言的,它是造成节奏美的一个重要方面。凡是能以情感人

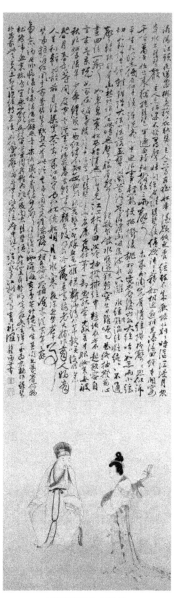

《琵琶行》草书

的文艺作品，一般都具有节奏上轻重分明、升降得体、起伏有序的特色。节拍的舒约徐疾，是抑扬变化的重要手段。即使同一首诗词，也往往疾徐有变，起伏相间。仅就结尾而言，清沈德潜就说过："纡徐而来者，防其平衍，须作斗健语以止之；一往峭折者，防其气促，不妨作悠扬摇曳语以送之，不可以一格论。"① 可见，诗词贵在自辟蹊径，也包括节拍的变化在内。抑扬相间的诗词，在节奏上自有妙趣横生，读来方可回肠荡气，琅琅上口。

顿挫是指声调的起承、对比、转折而言的，它是造成节奏美的另一个重要方面。王士禛在论及古诗时讲到，不论何韵到底，"皆要顿挫，切忌平衍"。顿挫于诗文中是不可缺少的。无论是长文短诗，纵使它行云流水，一泻千里，在行文时也都必然要有或大或小的停顿，尤其是在不宜直接宣泄、不宜一语说尽处更应略作小顿，以便为下文的起始作一必要的准备。周邦彦的《满庭芳》，先是描绘了溧水夏日的秀丽风光："凤老莺雏，雨肥梅子，午阴嘉树清圆"，"人静乌鸢自乐，小桥外新绿溅溅……拟泛九江船"。本拟纵乐，终未偿愿，此中滋味有多少说不出处。词人在此忽作一顿，接着状写出自己离乡作客，社燕飘零，无心赏玩风景的孤寂愁苦心境，"且莫思身外，长近尊前"，借以借酒浇愁罢了。李清照的"闻

---

① 沈德潜:《说诗晬语》,《清诗话》,上海古籍出版社1978年版,第536页。

说双溪春尚好,也拟泛轻舟。只恐双溪舴艋舟,载不动许多愁",也是如此手法。至于苏东坡的"拣尽寒枝不肯栖,寂寞沙洲冷",全词以一"冷"字作结,更是将种种愁情"包笼于一顿之中"。所以顿挫不是"力疲而委顿",而是像走长路的人在半路上小憩一样,"息养其行气之力"①,因而这样的顿挫,就不是辞枯而情尽,索然无味,恰恰是"言有尽而意无穷",于"顿挫中别饶蕴藉"②,更增添了诗文在节奏上的情韵。

五

诗词的声调在节奏上的顿挫转折,早就为人们所重视。任何节奏上的顿挫都不是为顿挫而顿挫,它与诗文中所蕴含的"神气"有着密切的关系。刘大櫆在《论文偶记》中谈道:"音节高则神气必高,音节下则神气必下,故音节为神气之迹。一句之中,或多一字,或少一字;一字之中,或用平声,或用仄声;同一平仄字,或用阴平、阳平、上声、去声、入声,则音节迥异,故字句为音节之矩。积字成句,积句成章,积章成篇,合而读之,音节见矣,歌而咏之,神气出矣。"③

---

① 林纾:《春觉斋论文》。
② 陈廷焯:《白雨斋词话》。
③ 刘大櫆:《论文偶记》,《中国历代文论选》,上海古籍出版社1980年版,第三册,第435页。

诗词文章出自高手，它在声调音节上都必然达到"歌而咏之"的要求，这与戏曲中优秀演员的唱白在声调上的要求是一致的。声调的差异往往形成不同的节奏变化。李渔写道："白有高低抑扬。何者当高而扬，何者当低而抑？曰：若唱曲然。曲文之中，有正字，有衬字。每遇正字，必声高而气长，若遇衬字，则声低气短而疾忙带过。此分主客之法也。"[①]李渔非常强调曲文中的缓急顿挫之法，他甚至做了这样一个对比："轻盈袅娜，妇人身上之态也；缓急顿挫，优人口中之态也。予欲使优人之口，变为美人之身，故为讲究至此。"[②]一个出色的戏曲演员必然重视声调在唱白上的不同运用，以显示出节奏上的开合呼应，从而进一步增强悦人耳目的艺术效果。

诗词文章在声调节奏上的要求亦复如斯。在诗文中为顿挫而顿挫是不足取的，正如美人之身为袅娜而作态一样，令人生厌。但是，顿挫与回荡却是诗文中相辅相成，彼此生发的两个侧面。如果说顿挫是陡起陡落，戛然而止，回荡则是婉转徘徊，余音缭绕。《诗经》中的"彼黍离离，彼稷之苗，行迈靡靡，中心摇摇。知我者为我心忧，不知我者为我何求，悠悠苍天，此何人哉！"这种长言咏叹，把诗人心中的郁结倾吐而出，因而有极大的艺术感染力。袁枚在《续诗

---

① 李渔：《闲情偶寄》，《中国古典戏曲论著集成》，中国戏剧出版社1980年版，第七卷，第105页。
② 同上书，第106页。

品》中曾说:"诗本乐章,按节当歌。将断必续,如往复过。箫来天霜,琴生海波。三日绕梁,我思韩娥。"① 诗歌是否有鲜明的节奏,是否讲究抑扬顿挫,使之达到荡气回肠、绕梁三日的效果,直接关系到作品的艺术魅力。从这一点说,人们把节奏比喻成诗歌的生命,是不为过分的。

音乐节拍和节奏代表着音乐的情绪。欢快的节奏,让人产生开心的感觉,缓慢的节奏,容易引起人的忧伤。节奏的改变可以把整个音乐的情绪改变。吉他乐师姚林曾做过如下演试:一把吉他,三种不同形式的节奏,可以将一首《小星星》弹出三种喜乐滋味。一种形式是大家平时听到的,旋律放慢再放慢之后就令人感觉忧伤了,再变换成欢快跳跃的节奏,又令人产生开心的感觉。拍子改变了你对这段音乐的感觉,这个变化让你觉得开心②。

当然。节奏的变化多端,均无定法。无论是抑扬相间,舒急变化,还是顿挫与回荡,不可能有一成不变的格式。无怪乎李渔在谈到"缓急顿挫之法"以后,紧接着又写道:"此中微渺,但可意会,不可言传,但能口授,不能以笔舌喻者。"③ 如果按一个模式如法炮制,必然矫揉造作,千篇一

---

① 袁枚:《续诗品》,《清诗话》,上海古籍出版社1978年版,第1031页。
② 百度《知道日报》2017年3月2日。
③ 李渔:《闲情偶寄》,《中国古典戏曲论著集成》,中国戏剧出版社1980年版,第七卷,第107页。

律，千人一倡，弄巧成拙。所以切不可为起伏而起伏，为节奏而节奏，而要因自然之波澜为波澜，行乎不得不行，止乎不得不止。正如张笃庆所说："起伏顿挫，亦有自然之节奏在。"① 可见，在运用节奏这种形式美时，要"清浊通流，口吻调利"②，切不可有损于自然之节奏，这一点是至关紧要的。

六

必须指出，节奏美还有一个时代感的问题。人们对节奏美的追求，是随着时代的发展而发展的。最初，人们只是在歌舞中简单机械地摹仿劳动的节奏，这决定了节奏往往比较朴素单调。我国古书上记载的"投足以歌八阕"③，"相与连臂踏地为节"④，都说明了人们在表现节奏上曾处于"投足""踏地"这样幼稚的阶段。

而随着生产力的发展，各种乐器的出现，进一步培养起人们对节奏的敏感，使人们表现节奏的能力也日渐提高。就以战国时楚国民间祭神的歌舞来说，就表现了人们对节奏的认识，已提高到一个新的阶段：

---

① 《师友诗传录》，《清诗话》，上海古籍出版社1978年版，第131页。
② 钟嵘：《诗品》，《诗品注》，人民文学出版社1980年版，第5页。
③ 《吕氏春秋·古乐》，《二十二子》，上海古籍出版社1986年版，第642页。
④ 《西京杂记》。

> 扬枹兮拊鼓,
> 疏缓节兮安歌,
> 陈竽瑟兮浩倡。
> 灵偃蹇兮姣服,
> 芳菲菲兮满堂。
> 五音纷兮繁会,
> 君欣欣兮乐康①。

举起鼓槌轻轻敲起来,竽瑟并陈,按照舒缓的节拍弹奏起来,庞大的合唱队也随之歌唱起来。节奏那样和谐,歌声那样委婉,时而丝竹柔和,时而歌舞纷呈,一时间满堂芳菲,翩翩起舞,与五音和谐地交融在一起,天神也为之动容而乐康。这时人们对节奏美的掌握已远不是那种"踏地为节"的原始状态了。

我国五四以来产生的新诗,它的自由的节奏正是我国现代历史上第一次思想解放运动的产物。要表现新的思潮,必须冲破旧体诗格律的严整的限制,节奏自由的新诗才应运而生。就拿郭沫若的诗集《女神》来说,他的《立在地球边上放号》,就充分显示出"力"的节奏:

---

① 《九歌·东皇太一》,《楚辞通释》,上海人民出版社 1975 年版,第 26、27 页。

> 无数的白云在空中怒涌，
> 啊啊！好一幅壮丽的北冰洋的情景哟！
> 无限的太平洋提起他全身的力量　要把地球推倒。
> 啊啊！我眼前来了滚滚的洪涛哟！
> 啊啊！力哟！力哟！力的绘画，力的舞蹈，力的音乐，力的诗歌，力的律吕哟！

今天，我们已经生活在电子计算、自动控制、卫星转播的时代，过去经年累月才能办到的事情，现在很快就可以办到了，过去不可能看到的遥远地方发生的事情，现在凭着录像和传真技术，瞬息就可看到了。时代的发展大大丰富和发展了人们的理解能力和审美联想、想象的能力，这是过去封建田园时代人们所无法比拟的。

生活的节奏加快了，人们的思维节奏也相应地加快了。人们不但能接受时空穿越，而且习惯了声画分立和3D、4D等现代表现手法，人们已不满足于那种"听我慢慢道来"式的东西，而逐渐适应并喜爱节奏较快的跳跃式的表现手段。这都表明人们要求艺术作品的节奏要有时代感，要适应人们已经变化了的审美习惯。事实上，只要改变过于迟缓的戏剧电影节奏，就可以在有限的时间内获得表现对象的更大的自由，有利于人物的刻画和主题的深化，使观众获得更充实的美的享受。

艺林采撷

艺林掇英[*]
——《中国学术名著提要·艺术卷》前言

中国艺术,举世瞩目。那别具神韵的中国音乐、舞蹈、戏曲、书法、篆刻以及园林、建筑艺术,都植根于深厚的民族文化土壤,以其独特的艺术个性和魅力,屹立于世界艺术之林。

中国艺术的发展,除了造就一代代各领风骚的艺术家之外,还相继推出了一批批世代流传的艺术著作,也就是人们通常所说的乐论、曲论、书论、画论。这些深谙中国艺术三昧的著作同中国哲学、历史、文学、教育等著作一样,也是博大精深、源远流长的。

早在商周之际,当庄严雄浑的雅乐与格调清新的民歌组成中国乐舞的华彩世界之时,记载这种音乐演奏盛况和品评的《季札观乐》,就相伴而生了。探讨音乐与政治、伦理、风俗教化关系的言论,不仅常见于《左传》《国语》《战国策》这样的史著,而且在先秦诸子中也多有涉及。而后,更有集

---

[*] 本文系笔者为《中国学术名著提要·艺术卷》所撰的前言,标题为收入本集时所加。

先秦儒家美学大成的《乐记》,又有《吕氏春秋》中的《大乐》《侈乐》《适音》《古乐》《音初》诸篇。

绘画也一样。魏晋时代,人物画的发展,才促成顾恺之的《魏晋胜流画赞》等名篇的出现,才有了对写"神"的追求,才有了"传神写照,正在阿堵之中"等名句的流传。而谢赫的《古画品录》,是我国第一部以品评人物画为主的画论。他提出的"绘画六法",被称为"画家宗之,千载不易"(《四库全书总目》)。唐、五代山水画勃兴,又导致山水画理论的萌生,才有了郭熙对山水画美学意义的肯定,才能在《山水训》中提出"身及山川而取之,则山川之意度见矣"等精辟的创作经验之谈。

正因为中国艺术著作源于艺术创作实践,指导着艺术创作的实践,因而其对艺术实践的反映,随着艺术的多样性而呈现出多样性。即以广义的中国画论为例,如果把它作一个区分,又大致包括以下几类体裁:研究绘画理论的"画理"类著作,如《林泉高致》《苦瓜和尚画语录》;阐释艺术表现法则的"画法"类著作,如《山水纯全集》《写像秘诀》《竹谱》;指导绘画品评与鉴赏的"画品"类著作,如《续画品》《宋朝名画评》;记载绘画历史和画家志传的"画史"类著作,如《历代名画记》《图画见闻志》;以及有关绘画著录类著作,如《世古堂书画绘考》《墨缘汇观》等。音乐著作的繁富,也是蔚为大观的。仅以唐代的《教坊记》《羯鼓录》《乐府杂录》而论,就从不同层面反映了唐代音乐舞蹈的繁荣,又有着相当珍贵的史料价值。戏曲论著中，明清之际，各家各派的曲论、曲品、曲话、剧品、剧论、剧话，更是琳琅满目，各尽其妍。

与内容的丰富俱来的，是中国艺术著作数量之多。这种"量大"，用"浩如烟海"来形容，一点也不为过。不妨以绘画著作为例，据1929年郑昶所著《中国画学全史》，所录书画著作三百七十多种；1937年吴辟疆《有美堂画学书目》，计有二百三十多种；1962年温肇桐《中国历代画学著述目录》，收有东晋至清代书目八百四十种；而《佩文斋书画谱》纂辑书画书目，多达一千八百四十四种。面对浩瀚的艺术著作，只能使人产生"望书兴叹"。

因此，经过梳理，撮成提要，为阅读者提供方便，就很有必要了。据统计，《四库全书·子部八》艺术类收有书画著作七十一部，收有《琴史》等音乐著作六部，加上"经部九"乐类所收的二十三部音乐著作，总数不过百余部，显然是面窄了些。基于这种考虑，我们这次编撰把所收著作放宽到三百五十八部（篇）。举凡在中国艺术发展史上产生过一定影响，有研究价值的著作，或者有重要地位的名篇，都尽量收录。所收著作，按艺术的分类分编编排，每编又大体按著作出现年代先后为序。如果读者能从中把握到中国艺术发展的脉搏，那将是编者的最大快慰！

（撰于1995年冬季）

《魏晋胜流画赞》提要

《魏晋胜流画赞》，一篇。东晋顾恺之著。唐张彦远《历代名画记》有录。但张彦远将其误记为《论画》，却将《论画》冠以《魏晋胜流画赞》的题目。现据近人研究成果，订正两文文题之误倒。有《津逮秘书》本、《学津讨原》本、《王氏书画苑》本、《四库全书》本。

顾恺之（348—409，一说约345—406），字长康，小字虎头。晋陵无锡（今江苏无锡）人。历任桓温、殷仲堪参军，以散骑常侍终其身。年轻时代，在江宁瓦棺寺壁绘维摩诘像，展露艺术才华，名播京师。后又为许多名人画像，极能反映所画人物神采。是中国画史上颇有盛名的大画家，工人物、肖像，兼善山水、禽兽，亦是著名画论家。名作有《女史箴图卷》《洛神赋图卷》。据《隋书·经籍志》所录，有《通直散骑常侍顾恺之集》七卷，梁时为二十卷。后多流失，流传下来的仅有《论画》《画云台山记》及《魏晋胜流画赞》等篇。生平事迹见于《晋书·顾恺之传》《世说新语·巧艺》及《历代名画记》等。

《魏晋胜流画赞》是顾恺之为品评魏晋两代名画家的作品而作。文中评论了卫协、戴逵等人的二十一幅作品。这二十一幅作品为《小列女》《周本纪》《伏羲》《神农》《汉本纪》《孙武》《醉客》《穰苴》《壮士》《列士》《三马》《东王公》《七佛》《大列女》《北风诗》《清游池》《七贤》《嵇轻车诗》《陈太丘二方》《嵇兴》《临深履薄》等。

评论之前,顾恺之首先提出了评画优劣与衡量绘画难易程度的标准。他说:"凡画,人最难,次山水,次狗马;台榭一定器耳,难成而易好,不待迁想妙得也。此以巧历不能差其品也。"① 他认为,一幅艺术作品能否获得理想的艺术效果,就看其画家能否做到"迁想妙得"。"迁想"即是艺术静观时的想象,"妙得"即是达到以形写神的艺术效果。

顾恺之对具体作品的评论,都贯穿着他注重传神、以形写神的原则。其在评论《小列女》时说:"面如恨,刻削为容仪,不尽生气。又插置大夫支体,不以自然。然服章与众物既甚奇,作女子尤丽衣髻,俯仰中一点一画皆相与成其艳姿。且尊卑贵贱之形觉然易了,难可远过之也。"这里,顾恺之既赞扬了绘画"一点一画"皆成其艳姿的写形之功,但更强调表"神"。正因为作品传"神"不够,"不尽生气",

---

① 见张彦远:《历代名画记》卷四,《古画品录》,上海古籍出版社1991年影印四库艺术丛书,第321页。

"不似自然",才使得作品有不尽如人意处。

他在评论《三马》时说:"隽骨天奇,其腾罩如蹑虚空,于马势尽善也。"其评《壮士》"有奔腾大势,恨不尽激扬之态",都反映出其对绘画传"神"的要求。

顾恺之还谈到了绘画的"骨法""骨趣"与"置陈布势"等。其称赞《周本纪》:"重叠弥纶有骨法。"称《汉本纪》:"有天骨而少细美。"称《孙武》:"骨趣甚奇。"评《醉客》:"多有骨俱,然蔺生变趣,佳作者矣。"这些品评,无疑是对"骨法用笔""经营位置"的最早表述,为后世谢赫绘画"六法"的提出奠定了基础。

也有人认为,"画赞"乃一种文体,当为品评魏晋名臣人品而作。即《魏晋胜流画赞》应是画像与题赞之结合,"赞"不是评赞绘画作品的。以此推论,所谓《魏晋胜流画赞》已经佚失,今天所见到的《魏晋胜流画赞》实为顾恺之《论画》的一部分[①]。

有关《魏晋胜流画赞》的研究著作有中国社会科学出版社1987年版李泽厚、刘纲纪主编《中国美学史》第二卷之《顾恺之的画论》;湖南美术出版社1997年版潘运告编著《汉魏六朝书画论》此篇的注释与译文;民族出版社2005年版袁有根等著《顾恺之研究》;天津人民美术出版社2006年

---

① 参见金维诺:《中国早期的绘画史籍》,文载《美术研究》1979年第一期。

版陈传席著《六朝画论研究》之《重评顾恺之及其画论》；中国社会科学出版社 2009 年版韦宾著《汉魏六朝画论十讲》之《传顾恺之三篇辩伪》等。

《画山水序》提要

《画山水序》,又名《山水画叙》,一篇。南朝宋宗炳著。最初被唐张彦远《历代名画记》著录。余绍宋《书画书录解题》称:"《太平御览》征引书目有宋炳《山画叙》,即此篇。盖误宗为宋,又夺水字也。"通行版本有《津逮秘书》本、《学津讨原》本、《王氏书画苑》本、《四库全书》本等。

宗炳(375—443),字少文,南阳涅阳(故城在今河南镇平县南。"涅阳"或作"沮阳",故城在今湖北保康)人。祖父承,官宜都太守;父繇,曾作汀乡令。炳青年时"妙善琴书,精于言理",屡次被朝廷征召,均不就。笃信佛教,曾提出"神不灭论",著有《明佛论》。主张以佛教统领儒、道两家思想,曾说:"彼佛经也,包五典之德,深加远大之实;含老、庄之虚,而重增皆空之尽。"喜游历,曾西至荆巫,南登衡岳,于是结庐衡山,想终生隐居于此。后因病还江陵(今属湖北),将所游名山一一画在家中壁上。六十九岁时,著成《画山水序》。生平事迹见《宋书·宗炳传》。

《画山水序》是中国山水画形成期的重要文献。起首提出:"圣人含道映物,贤者澄怀味像。至于山水,质有而趣灵。""又称仁智之乐焉。夫圣人以神法道而贤者通,山水以形媚道而仁者乐,不亦几乎?"以佛学观点论述了游山逛水作为"仁者""智者"之乐的意义。宗炳认为,自然界的山川之美所以能起到使仁者智者愉悦的原因,在于山水有形的形质,有着体现佛的"神明"的意趣,即"质有而趣灵",这种"灵"的存在,才使得山水能够"以形媚道"。为此,作为圣人之徒的贤者对亲顺"道"的自然山水非常喜爱,好作名山之游,就不难理解了。"是以轩辕、尧、孔、广成、大块(隗),许由、孤竹之流,必有崆峒、具茨、藐姑、箕首、大蒙之游焉。"① 宗炳提出贤者要能真正体悟到山水蕴含之"道",必须"澄怀味象"。"澄怀"就是保持虚静澄明的心怀,"味象"就是体味、寻索山川形象蕴含的神通、佛理。从佛学与审美的双重角度阐述了山川之乐的缘由。

宗炳认为人们对山水画的创造与爱好,是由对山水的眷恋而来的。他在《画山水序》中写道:"余眷恋庐、衡,契阔荆、巫,不知老之将至,愧不能凝气怡身,伤跕石门之流,于是画象布色,构兹云岭。"宗炳老年时曾叹曰:"噫!老病俱至,名山恐难遍游,唯当澄怀观道,卧以游之。"显然,山水画之好,正是源于山水之好。为此,山水画的创作

---

① 张彦远:《历代名画记》卷六,《古画品录》,上海古籍出版社1991年影印四库艺术丛书,第327—328页。

也就应运而生了。"夫理绝于中古之上者,可意求于千载之下;旨微于言象之外者,可心取于画策之内。况乎身所盘桓,目所绸缪,以形写形,以色貌色也。"① 宗炳指出画家要画好山水,就必须有切身的体会,做到"身所盘桓,目所绸缪",才能"应目会心",真实地表现山水的形与色。但是,画家画山水,又不能仅仅表现山水的形貌、色彩,还要表现画家的心灵世界。这样就要有一个使画家的内心世界与外在的自然界山水相融会、相沟通的过程。正如宗炳所说:"夫以应目会心为理者,类之成巧,则目亦同应,心亦俱会。应会感神,神超理得,虽复虚求幽岩,何以加焉?又神本亡端,栖形感类,理入影迹,诚能妙写,亦诚尽矣。"强调神本来是无形可见的,但却能栖生于有形的事物之中,感生万类,从而使得"理"渗入有形迹的山水之中。画家只要能够达到"妙写"的境地,就可以充分反映出山水的"神理"。

对于山水画的具体创作法则,宗炳也做了阐述。他说:"且夫昆仑山之大,瞳子之小,迫目以寸,则其形莫睹;迥以数里,则可围于寸眸。诚由去之稍阔,则其见弥小。"他提出:"今张绢素以远映,则昆阆之形,可围于方寸之内。竖划三寸,当千仞之高;横墨数尺,体百里之迥。是以观画图者徒患类之不巧,不以制小而累其似,此自然之势。如

---

① 张彦远:《历代名画记》卷六,《古画品录》,上海古籍出版社1991年影印四库艺术丛书,第328页。

是，则嵩、华之秀，玄牝之灵，皆可得之于一图矣。"宗炳用远小近大这一朴素的透视原理，阐述了如何以小见大，于方寸之内，如何显现千仞之峻的技巧。

最后，宗炳提出了著名的"畅神"说。他认为山水画的最大功用，就在于"畅神"，即使人心怡神畅。他写道："于是闲居理气，拂觞鸣琴，披图幽对，坐究四荒，不违天励之藂，独应无人之野。峰岫峣嶷，云林森眇，圣贤映于绝代，万趣融其神思，余复何为哉？畅神而已。神之所畅，孰有先焉！"酌酒弹琴，对着山水画静坐观赏，探求那画幅之外的哲理，人们就会感受到处于"无人之野"的逍遥，获得一种精神的自由与解脱，这就是"畅神"。

宗炳的《画山水序》是中国画论史上最早讨论山水画的一篇文章，它所提出的山水画的创作原则、社会功用和美学意义对后世产生很大影响。张彦远在《历代名画记》中全文收录宗炳此文，并且评论道："图画者，所以鉴戒贤愚，怡悦情性。若非穷玄妙于意表，安能合神变乎天机？宗炳、王微皆拟迹巢、由，放情林壑，与琴酒而俱适，纵烟霞而独往，各有画序，意远迹高，不知画者，难可与论。因著于篇以俟知者。"[①]

有关《画山水序》的研究著作有中国社会科学出版社

---

① 张彦远：《历代名画记》，《古画品录》，上海古籍出版社1991年影印四库艺术丛书，第329页。

1987年版李泽厚、刘纲纪《中国美学史》第二卷第十四章《宗炳的〈画山水序〉》，湖南美术出版社1997年版潘运告《汉魏六朝书画论》《画山水序》之注释、译文，天津人民美术出版社2006年版陈传席著《六朝画论研究》之《宗炳〈画山水序〉研究》，山东人民出版社2008年版张建军著《中国画论史》之《宗炳〈画山水序〉》，北京大学出版社2009年版葛路著《中国画论史》之《宗炳和王微的山水画论》，中国社会科学出版社2009年版韦宾著《汉魏六朝画论十讲》之《宗炳〈画山水序〉与佛教》等。

《叙画》提要

《叙画》，一篇。南朝宋王微著。收入张彦远《历代名画记》卷六。有《津逮秘书》本、《学津讨原》本、《王氏书画苑》本、《四库全书》本。

王微（415—443），字景玄，琅邪临沂（今山东临沂）人。生自王氏大族，很早就入仕，历任司徒祭酒、主簿、太子中舍人等。"少好学，无不通览，善属文，能书画，兼解音律、医方、阴阳、术数"（《宋书》本传），景仰玄学，亦信佛。在其父王孺死后，"尝居一屋，读书玩古，不出十余年"①。与友人何偃书曰："又性知画缋，盖亦鸣鹄识夜之机，盘纡纠纷，或记心目，故山水之好，一往迹求，皆仿佛也。"谢赫将其绘画与史道硕合并评论，曰："并师荀（勖）、卫（协），王得其意，史传其似。"② 著有文集十卷。生平事迹载《宋书》本传、《历代名画记》卷六。

---

① 张彦远：《历代名画记》卷六，《古画品录》，上海古籍出版社1991年影印四库艺术丛书，第328页。
② 同上书，第329页。

《叙画》是王微应友人颜延之来信要求，就绘画与书法艺术价值相比较而发表的见解。"辱颜光禄书，以图画非止艺行，成当与《易》象同体。而工篆隶者，自以书巧为高。欲其并辩藻绘，核其攸同。"在中国画论史上，率先提出了书画相通的观点。

　　王微为了强调绘画的艺术价值，首先分析了绘画作为一门艺术，与绘地图是截然不同的。"夫言绘画者，竟求容势而已。且古人之作画也，非以案城域，辩方州，标镇阜，划浸流，本乎形者融灵，而动变者心也。"明确将山水画的图形与地理图中图形区别开来。王微认为山水画的图形，绝不是简单地画着山川之形，而是融入主观因素的山川之形，是通于神灵或融入神灵的山川之形，因而是"心"能随之变动的。而地理图上的图形，不过是起着"案城域，辩方州，标镇阜，划浸流"的作用，根本谈不上与"心"的沟通。

　　接着王微谈到山水画创造中画家主观因素的重要作用。他说："灵亡所见，故所托不动；目有所极，故所见不周。"如果人们受到目力所限，未能发掘感受到自然山川中所蕴的灵、秀，那么就要借助艺术家的创作了。他提出："以一管之笔，拟太虚之体；以判躯之状，画寸眸之明。曲以为嵩高，趣以为方丈。"用一管之笔，表现山川蕴含的宇宙精神，通过半身肖像的描写，表现人眼中透出的神明。以曲折收敛的笔法，表现嵩山的高耸，以舒展奔放的笔法，表现海上方丈仙山的缥缈，以曲折多变的笔法，表现太华山的高峻，在纵横变化中，表现出山水的动态美来。所画山水会像人面一样，"若晏笑兮"，发出温柔和悦的微笑，"孤岩郁秀，若吐云兮"，秀丽苍郁的树木点饰着孤山，像彩云奔吐。这些都是以用笔的技巧达到"横变纵化，故动生焉"的艺术效果。

最后，王微以充满激情的文字，阐述了山水画的情致和功用。他写道："望秋云，神飞扬；临春风，思浩荡。虽有金石之乐，珪璋之琛，岂能仿佛之哉？披图按牒，效异山海。绿林扬风，白水激涧。呜乎，岂独运诸指掌，亦以神明降之。此画之情也。"强调山水画能使人获得如望秋云、如沐春风一样的愉悦之情，它为人们展示的"绿林""白水"的生动意象，岂是聆听钟鼓之乐所得的欢娱可以比拟的呢！形象点明了山水画美学功能。

王微《叙画》与宗炳《画山水序》，同为中国山水画形成期的两大重要文献。今人的研究成果有：郑午昌《中国画学全史》，徐复观《中国艺术精神》，中国社会科学出版社1987年版李泽厚、刘纲纪主编《中国美学史》第二卷第十五章《王微的〈叙画〉》，天津人民美术出版社2006年版陈传席著《六朝画论研究》之《王微〈叙画〉研究》，山东人民出版社2008年版张建军著《中国画论史》之《王微

〈叙画〉》，北京大学出版社 2009 年版葛路著《中国画论史》之《宗炳和王微的山水画论》，日人中村茂夫著《中国画论的展开》等。

《古画品录》提要

《古画品录》,一卷。南朝齐代谢赫撰。南宋《郡斋读书志》著录。《宋史·艺文志》援《通志》例,名此书为《古今画品》,清卞永誉《式古堂书画汇考》引用书目,称为《古画评》。成于南朝梁武帝中大通四年(532)至太清三年(549)之间。有《津逮秘书》本、《学津讨原》本、《王氏书画苑》本、《四库全书》本。

谢赫(459?—?),可能是晋朝陈郡阳夏(今河南太康)谢氏族人。约活动于南朝齐末至梁武帝时期。姚最《续画品录》称其"写貌人物,不俟对看,所须一览,便工操笔。点刷研精,意在切似;目想毫发,皆无遗失"。但在刻画人物精神状态上则欠生动,"气运精灵,未穷生动之致"。有《安期先生图》《晋明帝步辇图》传世。生平事迹见于张彦远《历代名画记》。

《古画品录》是我国第一部画品著作。谢赫在序中说:"夫画品者,盖众画之优劣也。"全书品评自三国吴至萧梁三百年间的二十七个名画家艺术的优劣。其中吴一人,晋八人，宋十一人，齐六人，梁一人。根据艺术品位的不同，谢赫将他们分为六品。第一品有陆探微、曹不兴、卫协、张墨、荀勖五人。第二品有顾骏之、陆绥、袁蒨三人。第三品有姚昙度、顾恺之、毛惠远、夏瞻、戴逵、江僧宝、吴暕、张则、陆杲九人。第四品有蘧道愍、章继伯、顾宝光、王微、史道硕五人。第五品有刘瑱、晋明帝、刘绍祖三人。第六品有宗炳、丁光二人。

为了便于品评，谢赫提出了应以"六法"作为原则。他说："虽画有六法，罕能尽该；而自古及今，各善一节。""六法者何？一、气韵生动是也。二、骨法用笔是也。三、应物象形是也。四、随类赋彩是也。五、经营位置是也。六、传移模写是也。"① 谢赫总结三国吴以来人物画的创造经验，把其归纳为上述六个方面，并将其推广于各种绘画，成为具有普遍性的"六法"。正如郭若虚所说："'六法'精论，万古不移。"② 谢赫"六法"一直成为后世论画和鉴赏的一般标准。

谢赫不仅从理论上概括出"六法"，而且以"六法"为标准品评所录的二十七位画家。这些品评，皆是"六法"的实际运用，反过来又为人们理解"六法"提供了丰富的例

---

① 《画品丛书》，上海人民美术出版社1982年版，第1—10页。
② 郭若虚：《图画见闻志》，《古画品录》，上海古籍出版社1991年影印四库艺术丛书，第514页。

证。他评卫协为第一品，理由是："古画之略，至协始精。六法之中，迨为兼善。虽不该备形妙，颇得壮气。陵跨群雄，旷代绝笔。"他评张墨、荀勖"风范气候，极妙参神，但取精灵，遗其骨法"，亦被列为一品。顾骏之"神韵气力，不逮前贤，精微谨细，有过往哲"，陆绥"体韵遒举，风采飘然。一点一拂，动笔皆奇"，此二人皆为二品。毛惠远"出入穷奇，纵横逸笔，力遒韵雅，超迈绝伦……至于定质块然，未尽其善。神鬼及马，泥滞于体，颇有拙也"。江僧宝"用笔骨梗，甚有师法。像人之外，非其所长也"。张则"意思横逸，动笔新奇。师心独见，鄙于综采"。这些人均列于三品。

对于谢赫所作的品评，后世论者有不同意见。如他评顾恺之为三品，认为顾画"格体精微，笔无妄下。但迹不逮意，声过其实"。姚最则于《续画品》序中表示了不同意见："至如长康之美，擅高往策，矫然独步，终始无双。有若神明，非庸识之所能效；如负日月，岂末学之所能窥？"唐李嗣真亦云："顾生天才杰出，何区区荀、卫敢居其上？"唐张怀瓘亦云："顾公运思精微，襟灵莫测，虽寄迹翰墨，其神气飘然在烟霄之上，不可以图画间求。"①又如谢赫将宗炳列为第六品，称"炳明于六法，迄无适

---

① 张怀瓘：《画断》。

善；而含毫命素，必有损益。迹非准的，意足师效"。张彦远在《历代名画记》中驳论道："既云必有损益，又云非准的；既云六法亡所适善，又云可师效，谢赫之评固不足采也。且宗公高士也，飘然物外情，不可以俗画传其意旨。"

对于谢赫所立"六法"，后代画家给予高度评价。《四库提要》说："所言'六法'，画家宗之，亦至今千载不易也。"余绍宋《书画书录解题》亦称"'六法'之论，创于是书，洵千载画宗矣"。张彦远《历代名画记·论画"六法"》，是对"六法"的最早的解释，郭若虚《图画见闻志·论气韵非师》，又作了进一步阐述。其后论说文字颇多，不可详述。严可均辑《全上古三代秦汉三国六朝文》，将谢赫《画品》（即《古画品录》）收入《全齐文》，并作出一种不同于张彦远、郭若虚的断句："六法者何。一气韵。生动是也。二骨法。用笔是也。三应物。象形是也。四随类。赋彩是也。五经营。位置是也。六传移。模写是也。"此种断句法，先是得到日本中村茂夫等学者的赞同，又被我国学者钱锺书所发扬（见《管锥编》第四册《"六法"失读》），对"六法"的理解提出另一种意见。今人的研究成果，还有徐复观《中国艺术精神》第三章《释气韵生动》，中国社会科学出版社1987年版李泽厚、刘纲纪主编《中国美学史》第二卷十九章《谢赫的〈画品〉与姚最的〈续画品〉》，齐鲁书社1987

年版敏泽著《中国美学思想史》第一卷第二十四章《魏晋南北朝画论中的美学思想》，陕西人民美术出版社1993年版阮璞著《中国画史论辩》之《谢赫"六法"原义考》，天津人民美术出版社2006年版陈传席著《六朝画论研究》之《谢赫与〈古画品录〉的几个问题》，山东人民出版社2008年版张建军著《中国画论史》之《谢赫〈古画品录〉》，北京大学出版社2009年版葛路著《中国画论史》之《谢赫的"六法"及姚最的"心师造化"论》等。

《续画品》提要

《续画品》，亦称《画评》《后画品录》，一卷。南朝陈代姚最著。此书称梁元帝为湘东殿下，可知应作于梁元帝即位［承圣元年（552）］之前。其为续谢赫《古画品录》而作，当成于中大通四年（532）之后。有《津逮秘书》本、《学津讨原》本、《王氏书画苑》本、《四库全书》本等。

姚最（535—602），字士会，吴兴（今浙江湖州）人，幼而聪敏，及长博通经史，尤好著述。年十九随父姚僧垣至长安，在周任齐王府水曹参军，掌记室事。隋文帝代周后，历任太子门大夫、蜀王府司马。后蜀王秀有异谋，姚最坐蜀王罪被诛，时年六十七岁。生平事迹见于《周书》卷四七《艺术列传》姚僧垣传附。根据此说推断，姚最撰《续画品》年仅十五六岁。

一说认为《周书》所记姚最，生于梁，任于周，殁于隋，一生与陈无关，为何将姚最的朝代说成陈？从《续画品》作者相当熟悉齐梁宫廷绘画来看，当别有一个姚最。是书评论焦宝愿时说："虽未穷秋驾，而见赏春坊，输奏薄伎，谬得其地。今衣冠绪裔,未闻好学,丹青道堙,良足为慨。"可知成书时梁代宫廷绘画繁盛已经过去,此书能以凝练华丽的文字叙述往昔宫廷绘画之盛,恐难出于一个十五六岁的少年之手。

姚最在《续画品》序中,首先说明对画家艺术的品评是件很不容易的事。"夫丹青妙极,未易言尽。虽质沿古意,而文变今情。"有些作品已无保存,"厥迹难详";有些作品今日尚存,"或其人冥灭"。"自非渊识博见,熟究精粗,摈落蹄筌,方穷致理。但事有否泰,人经盛衰,或弱龄而价重,或壮齿而声遒,故前后相形,优劣舛错。"①加上"情有抑扬",对图画必有好恶。"始信曲高和寡,非直名讴;泣血谬题,宁止良璞?"姚最以谢赫对顾恺之的评论为例,指出颠倒优劣的事是极易发生的。他说:"至如长康之美,擅高往策,矫然独步,终始无双。""非庸识所能效","岂末学之所能窥?"将其"列于下品,尤所未安"。

《续画品》是继谢赫《古画品录》而作,全文评论了从梁元帝萧绎到解蒨共二十位画家,因所评人数较少,所以不曾以画家时代先后来排列,亦不曾分列品目,因而不复区分优劣。所录二十人,或一人一论,或二至三人合论,计有一十六论。其在评湘东王时说:"天挺命世,幼禀生知,学

---

① 《画品丛书》,上海人民美术出版社1982年版,第11—22页。

穷性表，心师造化。"这种"心师造化"的思想，对后世产生很大影响。他还说："画有'六法'，真仙为难。"表明姚最在绘画的基本原则上，也采取了谢赫的标准。其在评论萧贲时说："雅性精密，后来难尚。含毫命素，动必依真。尝画团扇，上为山川，咫尺之内，而瞻万里之遥；方寸之中，乃辩千寻之峻。"在评张僧繇时说："善图塔庙，超越群工。朝衣野服，今古不失。奇形异貌，殊方夷夏，实参其妙。""然圣贤瞩，小乏神气，岂可求备于一人？"表现出对画家品评并不求全责备的态度。

姚最对沈标、沈粲、焦宝愿等宫廷画家作了肯定。其评论嵇宝钧、聂松时说："二人无的师范，而意兼真俗。赋彩鲜丽，观者悦情。"在评论谢赫时说："写貌人物，不俟对看，所须一览，便工操笔。点刷研精，意在切似；目想毫发，皆无遗失。丽服靓妆，随时变改；直眉曲鬓，与世争新。"这些评论，保存了研究谢赫最重要的绘画资料。本书编次不按画品优劣排序，而将"湘东殿下"（即梁元帝）列于首位，刘璞、沈标、谢赫直至袁质等宫廷画师居后，其余则为佛教画家。这种按画者身份职位分类编次的方法，为后世不少画论画评著作所袭取。

有人根据张僧繇条下注："五代梁时，吴兴人。"由此推断《续画品》不会出自姚最之手，乃是后人所益。《四库全书总目》认为，其著文笔"出以俪词，气体雅俊，确为唐以前语，非后人所能依托也"。余绍宋《书画书录解题》亦曰："文虽简略，而吐属则甚隽永。张彦远《历代名画记》讥其浅薄漏略，未详其说。"

有关《续画品》的研究著作有：上海人民美术出版社1982年版于安澜《画品丛书》，中国社会科学出版社1987年版李泽厚、刘纲纪主编《中国美学史》第二卷第十九章《谢赫〈画品〉与姚最〈续画品〉》，天津人民美术出版社2006年版陈传席著《六朝画论研究》之《姚最和〈续画品〉的几个问题》，山东人民出版社2008年版张建军著《中国画论史》之《姚最〈续画品〉》，北京大学出版社2009年版葛路著《中国画论史》之《谢赫的"六法"及姚最的"心师造化"论》等。

《唐朝名画录》提要

《唐朝名画录》，亦名《唐画断》，一卷。唐朱景玄著。《通志略》《通考》均称三卷。有明《王氏书画苑》本、清《四库全书》本。

朱景玄（生卒年不详），唐吴郡（今江苏苏州）人，唐武宗会昌（841—846）年间官翰林学士。《全唐诗》收入其诗一卷（第五四七卷），今存十五首。

朱景玄在《唐朝名画录》序中，阐述了著录宗旨和凡例。他认为绘画是通圣之大事："伏闻古人云：'画者，圣也。'盖以穷天地之不至，显日月之不照。挥纤毫之笔，则万类由心；展方寸之能，而千里在掌。至于移神定质，轻墨落素，有象因之以立，无形因之以生。其丽也，西子不能掩其妍；其正也，嫫母不能易其丑。故台阁标功臣之烈，宫殿彰贞节之名，妙将入神，灵则通圣，岂止开厨而或失，挂壁则飞去而已哉？此《画录》之所以作也。"在著录方法上，比较古今画品，提出"以能画定其品格，不计其冠冕贤愚"，"于品格之中略序其事"。他说："自国朝以来，惟李嗣真

《画品录》，空录人名，而不论其善恶，无品格高下，俾后之观者何所考焉？景玄窃好斯艺，寻其踪迹，不见者不录，见者必书。"以此原则，全书记录画家一百二十四人。

本书按照张怀瓘《书断》所立神、妙、能三品，将画家亦分列为神、妙、能三品，每一品中又分为上、中、下三等。不能归入三品、不拘常法的，又别立逸品，以表其优劣。这种神、妙、能、逸的区分，为北宋初期对逸格的标举做了准备。

朱景玄将吴道玄、周昉、阎立本、阎立德、尉迟乙僧、李思训、韩幹、张藻、薛稷等人的画列为神品。他记载吴道玄画大同殿内五龙，"鳞甲飞动，每天欲雨，即生烟雾"，"凡图圆光，皆不用尺度规画，一笔而成"，"立笔挥扫，势若风旋，人皆谓之神助"。他称周昉画人像，能"移其神气"。他称张藻画松，手握双管，一时齐下，一为生枝，一为枯枝，"槎枒之形，鳞皴之状，随意纵横，应手间出，生枝则润含春泽，枯枝则惨同秋色"，所画山水，"其近也若逼人而寒，其远也若极天之尽"[1]。

李昭道、王维、韩滉等二十人为妙品。朱景玄称王维画辋川图"山谷郁郁盘盘，云水飞动，意出尘外，怪生笔端"；称韦偃画山水"曲尽其妙，宛然如真"；称王宰画四时屏风

---

[1]《画品丛书》，上海人民美术出版社1982年版，第63—88页。

"若移造化风候云物、八节四时于一座之内，妙之至极也"。陈谭等人被列为能品。朱景玄把能品的特点概括为"写真"，如说李仲昌诸人"皆以写真最得其妙"，曹元廓等画马"筋骨气力如真"，梁广诸人"写真为能，不相让也"。

王墨、李灵省、张志和三人被归为逸品。朱景玄评述这些人的绘画皆有"应手随意，倏若造化"之功。"一点一抹，便得其象，物势皆出自然"，"得非常之体，符造化之功，不拘于品格，自得其趣尔"。又说："此三人非画之本法，故目之为逸品，盖前古未之有也。"

神、妙、能、逸四品之前，列有唐代亲王三人，皆不入品第，这与其序中所说"不计其冠冕贤愚"相左。记载虽间有舛误，但多半尚较确当，为研究唐代绘画保存了珍贵史料。在品格中略述画家画迹，开后世著录书的先范。《四库全书总目》提要云："李嗣真作《书后品》，始别以李斯等五人为逸品。张怀瓘作《书断》，始立神、妙、能三品之目。合两家之所论定，为四品，实始景玄。至今遂因之，不能易。"

1982年上海人民美术出版社于安澜《画品丛书》收入《唐朝名画录》；1997年湖南美术出版社版何志明、潘运告编著《唐五代画论》，收有此著，并附注释与译文。2007年天津人民美术出版社版韦宾著《唐朝画论考释》，设专章论及《唐朝名画录》。

《历代名画记》提要

《历代名画记》,十卷。唐张彦远著。成于唐末大中元年(847)。有《津逮秘书》本、《学津讨源》本、《王氏书画苑》本、《四库全书》本、人民美术出版社《中国美术论著丛刊》本及上海人民美术出版社单行本。

张彦远(815—875),字爱宾,蒲州猗氏(今山西临猗)人。张彦远喜好绘画,精于鉴赏。其高祖张嘉贞、曾祖张延赏、祖父张弘靖都当过宰相,父张文规任桂管都防御观察使,世代喜好鉴藏名画,加之又与爱好艺术、身居显要的李勉、李约父子交往,从而为其著述创造了良好的条件。张彦远自幼受到其家酷爱绘画艺术的熏陶,把绘画的收藏、阅玩当作精神上的唯一寄托。他说:"余自弱年,鸠集遗失,鉴玩装理,昼夜精勤,每获一卷,遇一幅,必孜孜葺缀,竟日宝玩。"又说:"妻子、僮仆切切嗤笑,或曰:'终日为无益之事,竟何补哉!'既而叹曰:'若复不为无益之事,则安能悦有涯之生!'是以爱好愈笃,近于成癖,每清晨闲景,竹窗松轩，以千乘为轻，以一瓢为倦，身外之累，且无长物，惟书与画犹未忘情，既颓然以忘言，又怡然以观阅。"① 其著成《历代名画记》时，年仅三十二岁。

《历代名画记》是中国最早的一部画史著作，也是一部重要的画论著作。全书十卷之前二卷，实为画论，由十篇专论组成。

卷一：有《叙画之源流》《叙画之兴废》《叙历代能画人名》《论画六法》《论画山水树石》五篇。

《叙画之源流》是对绘画起源与社会功能的总论。张彦远认为在独立的绘画作品产生之前，"书画同体而未分，象制肇创而犹略。无以传其意，故有书；无以见其形，故有画"。又说："周官教国子以六书，其三曰象形，则画之意也，是故知书画异名而同体也。"在论述绘画的功能时，张彦远明确提出"夫画者，成教化，助人伦，穷神变，测幽微，与六籍同功"。然而，同样行劝诫之道，画与书的功能又不尽相同。他引用陆机所说的"宣物莫大于言，存形莫善于画"，强调图画有着文字不可匹敌的长处："记传所以叙其事，不能载其容；赋颂有以咏其美，不能备其象；图画之制，所以兼之也。"故"曹植有言曰：'观画者，见三

---

① 张彦远：《历代名画记·论鉴识收藏购求阅玩》，《古画品录》，上海古籍出版社1991年影印四库艺术丛书，第298页。

皇五帝，莫不仰戴；见三季异主，莫不悲惋；见篡臣贼嗣，莫不切齿；见高节妙士，莫不忘食；见忠臣死难，莫不抗节；见放臣逐子，莫不叹息……是知存乎鉴戒者，图画也。'"

《论画六法》是对谢赫"六法"最早的阐释。张彦远认为绘画之要，首求"气韵"，而非"形似"。"古之画，或能移其形似而尚其骨气。以形似之外求其画，此难可与俗人道也。今之画，纵得形似而气韵不生。以气韵求其画，则形似在其间矣。"然而一般的画工却往往不得这一要领，把"形似"看得格外重要，结果仅有"形似"却全无"气韵"，这样的画绝计不会成为上乘之作。张彦远认为这类摹形之作，甚至连绘画也称不上："得其形似，则无其气韵，具其彩色，则失其笔法，岂曰画也？呜呼！今之人斯艺不至也。"他说："有生动之可状，须神韵而后全。若气韵不周，空陈形似，笔力未遒，空善赋彩，谓非妙也。"

《论画山水树石》概述山水画的发展史。他指出："魏晋以降，名迹在人间者，皆见之矣。其画山水，则群峰之势，若钿饰犀栉，或水不容泛，或人大于山。"唐初阎立本、阎立德兄弟，虽有进一步发展，由于主要采用西域赋彩之法，因此"状石""绘树"，常常"功倍愈拙，不胜其色"。"山水之变，始于吴（道子），成于二李（李思训父子）。树石之状，妙于韦（或谓当作"偃"），穷于张通（璪）"，并提出

"境与性会"的观点。

卷二：有《叙师资传授南北时代》《论顾、陆、张、吴用笔》《论画体工用拓写》《论名价品第》《论鉴识收藏购求阅玩》等五篇。

《叙师资传授南北时代》强调"年代各异，南北有殊"，画家只有"详辩古今之物，商较土风之宜"，才能不混淆古今、错乱风土。"胡服靴衫，岂可辄施于古象；衣冠组绶，不宜长用于今人。芒屩非塞北所宜，牛车非岭南所有。"因此，"指事绘形，可验时代"。

《论顾、陆、张、吴用笔》，着重阐发用笔艺术，并提出了"意存笔先，画尽意在"这一著名论题。张彦远在介绍顾恺之、吴道子的用笔时指出，二人的妙处就在于"意存笔先"。顾恺之用笔"紧劲联绵，循环超忽，调格逸易，风趋电疾，意存笔先，画尽意在，所以全神气也"。吴道子"不假界笔直尺"，而能"弯弧挺刃，植柱构梁"。"守其神，专其一，合造化之功，假吴生之笔，向所谓意存笔先，画尽意在也。"依靠界笔直尺作画，画中无"意"，只能是"死画"；守神专一，"意存笔先"，生气灌注，才是"真画"。所以技艺高超的画家，应追求笔不到而意到的艺术效果。"张、吴之妙，笔才一、二，像已应焉。离披点画，时见缺落，此虽笔不周而意周也。"

《论画体工用拓写》将绘画分为"谨细""精""妙""神"

"自然"五品,并独举"自然"一品,将其列为五品中之最上品。他说:"夫失于自然而后神,失于神而后妙,失于妙而后精,精之为病也,而成谨细。""自然"为上品之上,"神"为上品之中,"妙"为上品之下,"精"为中品之上,"谨细"为中品之中。张彦远认为"谨细"所以品位不高,就因为它太拘泥于"形似",尽管"形貌采章,历历具足",仍免不了舍本逐末。所以"不患不了,而患于了。既知其了,亦何必了,此非不了也。若不识其了,是真不了也"。而"自然"所以品位最高,就因为其能"神工独运"。正如张彦远所说:"夫阴阳陶蒸,万象错布。玄化亡言,神工独运。草木敷荣,不待丹碌之采;云雪飘扬,不待铅粉而白。山不待空青而翠,凤不待五色而䋷。是故运墨而五色俱,谓之得意。"

卷三,有《叙自古跋尾押署》《叙古今公私印记》《论装背褾轴》《记两京外州寺观画壁》《述古之秘画珍图》等五篇。除"装背褾轴"一篇,专论装褾发展演变及技术要领外,其余四篇皆为史实的记录,它们从不同侧面记载了绘画的历史资料。

卷四,记载自上古至三国的画家生平事迹,有史皇、封膜、敬君、烈裔、毛延寿、陈敞、刘白、龚宽、阳望、樊育、赵岐、刘褒、蔡邕、张衡、刘旦、杨鲁、曹髦、杨修、桓范、徐邈、曹不兴、吴王赵夫人、诸葛亮、诸葛瞻等二十四人。

卷五，记载晋司马绍、荀勖、张墨、卫协、王廙、王羲之、王献之、康昕、顾恺之、史道硕、谢稚、夏侯瞻、嵇康、温峤、谢岩、曹龙、丁远、杨惠、江思远、王濛、戴逵、戴勃、戴颙等二十三人。在顾恺之名下，收入其《论画》《魏晋胜流画赞》《画云台山记》等重要文献。

卷六，记载南朝宋陆探微、顾宝光、宗炳、王微、谢庄、袁倩、袁质、史敬文、史艺、刘斌、尹长生、顾骏之、康允之、顾景秀、吴暕、张则、刘胤祖、刘绍祖、刘璞、蔡斌、濮万年、史粲、宋僧辩、褚灵石、范惟贤等二十八人。在宗炳门下，录有《画山水序》一篇；在王微门下，录有王撰《叙画》一篇。

卷七，记载南朝齐宗测、刘系宗、姚昙度、释惠觉、蘧道愍、僧珍、章继伯、范怀珍、锺宗之、王奴、王殿、戴蜀、陈公思、陶景真、张季和、沈标、谢赫、沈粲、丁光、周昙研、谢惠连、谢约、虞坚、丁宽、刘瑱、毛惠远、毛惠秀、毛棱等二十八人，南朝梁萧绎、萧方等、萧大连、萧贲、陆杲、陶弘景、张僧繇、张善果、张儒童、袁昂、焦宝愿、嵇宝钧、聂松、解倩、陆整、江僧宝、僧威公、僧吉底俱、僧摩罗菩提、僧迦佛陀等二十人。张僧繇画迹中，记述了画龙点睛，龙"乘云腾去"的传说。

卷八，记载南朝陈顾野王，后魏蒋少游、郭善明、侯文和、柳俭、闵文和、郭道兴、杨乞德、王由、祖班，北齐高孝珩、萧放、杨子华、田僧亮、刘杀鬼、曹仲达、殷英童、高尚士、徐德祖、曹仲璞，后周冯提伽，隋阎毗、何稠、刘龙、刘衮、展子虔、郑法士、郑法轮、郑德文、孙尚子、董伯仁、杨契丹、刘乌、陈善见、江志、李雅、王仲舒、阎思光、解悰、程瓒、尉迟跋质那、僧昙摩拙义等事迹。

卷九、卷十，记载唐代开国至会昌元年二百零六位画家小传。其中有阎立本、吴道子、曹霸、韩幹等大家。

《历代名画记》所记的画家史料，对研究中国绘画艺术的发展，具有极高的价值。《四库全书总目》称它"述所见闻，极为赅备"。"书中征引繁富，佚文旧事往往而存，如顾恺之《论画》一篇、《魏晋胜流名画赞》一篇、《画云台山记》一篇，皆他书之所不载。"前三卷关于画理的阐述，总结前代绘画艺术和美学思想的发展，颇多精到的见解，确系一部价值空前的巨著。但张彦远认为"自古善画者，莫非衣冠贵胄、逸士高人"，"非闾阎鄙贱之所能为也"的观点有失偏颇。其"失于自然而后神"的说法，也受到后代学者的批评。明王世贞指出："愚窃谓彦远之论，大约好奇。未甚循理。夫画至于神而能尽事矣，岂有不自然者乎？若有毫发不自然，则非神矣。"

有关《历代名画记》的研究著作有：南京大学出版社2001年版《中国思想家评传丛书》许祖良著《张彦远评

传》，北京图书馆出版社2002年版袁有根著《〈历代名画记〉研究》，江苏美术出版社2007年版俞剑华注释《历代名画记》，文物出版社2008年版宿白著《张彦远和〈历代名画记〉》，中国美术学院出版社版毕斐著《〈历代名画记〉论稿》等。

《五代名画补遗》提要

《五代名画补遗》，一卷。北宋刘道醇撰。成书于宋仁宗嘉祐四年（1059），有明毛晋汲古阁影摹宋刻本、《王氏书画苑》本、清《四库全书》本，今人于安澜编《画品丛书》收入《五代名画补遗》（上海人民美术出版社，1982年）。

刘道醇（生卒年不详），大梁（今河南开封）人，生平无考，著有《五代名画补遗》《宋朝名画评》。

《五代名画补遗》系刘道醇为补胡峤《广梁朝名画目》阙坠而作。胡著始自尹继昭，终于刘永，共记有画家四十三人。刘道醇将其书漏略者叙而编之，共补二十四人，撰成是书。全书分为人物、山水、走兽、花竹翎毛、屋木、塑作、雕木七门，其中人物画家十人，山水画家二人，善画走兽的二人，画花竹翎毛的四人，长于画屋木的二人，塑作三人，雕木一人。并且按照神品、妙品、能品三品，对所记画家作了品评。

刘道醇在记录五代画家画迹之时，对这些画家的作品也作出自己的评价，反映出他的鉴赏标准与当时的审美时尚。如其评论关仝的山水画说："仝之画也，坐突巍峰，下瞰穷谷，卓尔峭拔者，仝能一笔而成。其疏擢之状，突如涌出，而又峰岩苍翠，林麓土石，加以地理平远，磴道邈绝，桥彴村堡，杳漠皆备。故当时推尚之。"[①]其评述胡瓌善画"番马"说："或随水草放牧，或在驰逐弋猎，而又胡天惨冽，沙碛平远，能曲尽塞外不毛之景趣，信当时之神巧，绝代之精技欤？""予观瓌之画，凡握笔落墨，细入毫芒，而器度精神，富有筋骨。"其评论赞华画马则说："骨法劲快，不良不驽，自得穷荒步骤之态。其所短者，设色粗略，人物短小，此其失也。"

《五代名画补遗》还记录了画家的作画故事以及画家的诗作。如跋异"败于张将军""取捷于李罗汉"故事，反映出当时画家角逐之烈。荆浩的诗："恣意纵横扫，峰峦次第成。笔尖寒树瘦，墨淡野云轻。嵓石喷泉窄，山根到水平。禅房时一展，兼称苦空情。"为研究荆浩的山水画创作保留下珍贵的历史资料。

晁公武《郡斋读书志》对《五代名画补遗》有录，但将作者误为刘道成，将陈洵直序误记成符嘉祥序。陈振孙《直斋书录解题》将此书书名误记为《五代名画记》。近人余绍宋《书画书录解题》说，五代战乱不已，"盖天下汹汹，文艺堕地几尽"，刘道醇的记载，可谓"硕果仅存"，"可胜叹哉"。

---

① 《画品丛书》，上海人民美术出版社1982年版，第89—106页。

《宋朝名画评》提要

《宋朝名画评》，亦名《圣朝名画评》，三卷，北宋刘道醇著。晁公武《郡斋读书志》有录，成书年代无考，通行版本有《王氏书画苑》本、《四库全书》本，今人于安澜编《画品丛书》收入《宋朝名画评》（上海人民美术出版社，1982年）。

是书卷首有序，据《四库全书总目》分析："首有叙文，不著名氏，其词亦不类序体，疑为书前发凡，后人以原书无序，析出别为一篇也。"余绍宋《书画书录解题》认为此说"良是"。在这篇发凡中，刘道醇提出识画的"六要"与"六长"。"夫识画之诀在乎明'六要'而审'六长'也。""所谓'六要'者，气韵兼力，一也；格制俱老，二也；变异合理，三也；彩绘有泽，四也；去来自然，五也；师学舍短，六也。所谓'六长'者：粗卤求笔，一也；僻涩求才，二也；细巧求力，三也；狂怪求理，四也；无墨求染，五也；平画求长，六也。既明彼'六要'，是审彼'六长'，虽卷帙溢箱，壁版周庑，自然至于别识矣。""六要"从气韵、格制、变异、赋彩、自然、舍短等方面品评绘画作品的优劣，"六长"则强调粗豪奔放仍需讲究用笔技巧，冷僻凝敛仍应有才思法度，细密纤巧中需显现力量，狂放怪诞中应求合理，无墨处亦求渲染，简笔处亦求有形象，反映出刘道醇对艺术法则的辩证掌握。他提出观赏图画宜有一定的条件，"天气晦暝，风势飘迅，屋宇向阴，暮夜执烛，皆不可观"。"必在平爽霁清，虚室面南，依正壁而张之，要当澄神静虑，纵目以观之。且观之之法：先观其气象，后定其去就，次根其意，终求其理，此乃定画之钤键也。"①

刘道醇将画作归为三品，"三品者，神、妙、能也"。全书所记画家，均按三品区分为不同的品第。第一卷为人物门，收有神品六人，妙品十五人，能品十九人。第二卷为山水林木门与畜兽门，前者神品二人，妙品六人，能品十人；后者神品一人，妙品六人，能品十二人。第三卷共有三门，花木翎毛门神品四人，妙品九人，能品九人；鬼神门神品一人，妙品一人，能品二人；屋木门神品二人，妙品二人，能品三人。画家品第的评定，严格按照每人的作品实际，如山水画的神品有李成、范宽，花卉翎毛画的神品有徐熙、唐希雅、黄筌、黄居寀。以善画鹤的黄筌为例，在花木翎毛门被列为神品，在人物门被列为妙品，在山水门则只列为能品。

---

① 《宋朝名画评》，《画品丛书》，上海人民美术出版社1982年版，第109—148页。

可见刘道醇的品评是符合黄筌实际的。

全书共收录九十余人。每人均有小传或合传,传后加以评语,或二三人并为一评,说明所以列入各品的理由。这些品评,反映了作者的绘画见解和美学思想,是全书精彩之处。李成、范宽都是北宋山水画大师,刘道醇在两人小传内对他们的山水画成就给予高度肯定,同时阐发了自己"宗师造化"的美学思想。他说:"成之为画,精通造化,笔尽意在,扫千里于咫尺,写万趣于指下。""评曰:成之命笔,惟意所到,宗师造化,自创景物,皆合其妙。耽于山水者,观成所画,然后知咫尺之间,夺千里之趣,非神而何?故列神品。"其写范宽为"对景造意,不取繁饰,写山真骨,自为一家"。"评曰:范宽以山水知名,为天下所重。真石老树,挺生笔下,求其气韵,出于物表,不资华饰。在古无法,创意自我,功期造化;而树根浮浅,平远多峻,此皆小瑕,不害精致,亦列神品。"从中可见刘道醇强调以造化为师,以创意自我、自成一家为贵,以意在笔先、笔尽意在为神,实为北宋时期绘画成就的理性概括。

刘道醇认为绘画应表达出所画对象的"真体""真骨""生意",他在评赵光辅画马时说:"善观画马者,必求其精神筋力,精神完则意出,筋力劲则势在。"他评论赵邈卓画虎说:"善画虎,多气韵,具形似。夫气韵全而失形似,虽活而非;形似备而无气韵,虽似而死。"他在评析徐熙、唐希雅的花竹翎毛画时说:"江南绝笔,徐熙、唐希雅二人而已。极乎神而尽乎微,资于假而迫于真,象生意端,形造笔下。"

《宋朝名画评》是北宋时期重要画品著作。《四库全书总目》称其评论平允,言之有据:"黄休复《益州名画录》列黄筌及其子居寀于妙格下,而此书(指《宋朝名画评》)于人物门则筌、居寀并列入妙品,花木翎毛门则筌、居寀又列入神品,盖即一人,亦必随其技之高下而品骘之,其评论较为平允。其所叙诸人事实,词虽简略,亦多有足资考核者焉。"余绍宋《书画书录解题》亦说:"词简而意备,洵佳构也。""其发明识画之诀,在明'六要',审'六长',亦千古不易之论。"

《益州名画录》提要

《益州名画录》，又名《成都名画记》，三卷。北宋黄休复著。书前有李畋于宋景德三年（1006）所作序，可知成书约在此时。通行版本有明朱氏等校刻《王氏书画苑》本、清《四库全书》本、人民美术出版社《中国美术论著丛刊》本（1964年版）、四川人民出版社何韫若与林孔翼注本（1982年版）。

黄休复（约1001年前后在世），字归本，江夏（今湖北武昌）人。通晓《春秋》学，校《左传》《公羊传》《穀梁传》，撰有《茅亭客话》。喜好绘画艺术，善访名画，深得其中乐趣。五代时，益州（今四川成都及其周围地区）多名画，富视他郡，善画之士，也多到此地作画。至宋初伐蜀时，寺观壁画大都保存完好无损。到了淳化年间，才由盛转衰，可观者十仅二三。对此，黄休复心郁久之，遂著成《益州名画录》，将珍贵的画史资料以文字形式保存下来。

《益州名画录》是益州地区的绘画品评著作。记录了自唐乾元初年（758）至北宋乾德年间（963—968）五十八位画家的生平事迹与代表作。全书分为三卷,上卷记有孙位、黄筌等二十人,中卷记有李昇、黄居寀等二十六人,下卷记有陈若愚等十二人,并附有"有画无名"与"有名无画"等画史资料。

黄休复将画品分为逸、神、妙、能四格,并推崇逸格,认为它是四格之首。在《益州名画录》目录中,他对四格的区分作了具体解释:"画之逸格,最难其俦。拙规矩于方圆,鄙精研于彩绘,笔简形具,得之自然,莫可楷模,出于意表,故目之曰逸格尔。""大凡画艺,应物象形,其天机迥高,思与神合。创意立体,妙合化权,非谓开厨已走,拔壁而飞,故目之曰神格尔。""画之于人,各有本情,笔精墨妙,不知所然。若投刃于解牛,类运斤于斫鼻。自心付手,曲尽玄微,故目之曰妙格尔。""画有性周动植,学侔天功,乃至结岳融川,潜鳞翔羽,形象生动者,故目之曰能格尔。"①

逸、神、妙、能四格,以能格地位最低。所谓能格,是指画家对山川鸟兽的观察精细,再现技巧高超,达到形象生动、功夫奇巧的地步。黄休复称滕昌祐"攻画无师,唯写生物,以似为工";称张询画早、午、晚三时山景,"貌吴中山水,颇甚工"。前者被归为能格中品,后者列入能格下品,

---

① 《益州名画录》,《古画品录》,上海古籍出版社1991年影印四库艺术丛书,第477—506页。

可见黄休复对"形似"是看得较低的。妙格是指"笔精墨妙",所创造的形象能够超出有限的物象,体现出哲学意蕴,达到"曲尽玄微"、妙不可言的地步。黄休复记载李昇"得张璪员外山水一轴,玩之数日,云未尽妙矣。遂出意写蜀境山川平远,心思造化,意出先贤,数年之中创成一家之能,俱尽山水之妙"。李昇被列为妙格下品。神格是指画家创造的意象符合大自然的造化神工,达到"妙合化权"、天然神化的境界。黄休复称赵公祐"天资神用,笔夺化权,应变无涯,罔象莫测,名高当代,时无等伦"。赵公祐被列为神格。然而神格仍不及逸格。黄休复所说的逸格,具有"得之自然""笔简形具"的特点,达到这一境界的画家,尽管鄙视精研彩绘,拙于规矩方圆,却能创造出"莫可楷模,出于意表",独具艺术个性的作品。黄休复所提倡的这种美学品格,到元代发展成倪云林等元四家"写胸中逸气"的画风。

《益州名画录》不仅记录了蜀中画家的画迹,而且收有关于绘画的诗文。如黄筌名下,收有欧阳炯撰述的《蜀八卦殿壁画奇异记》;在黄居寀名下,录有徐光溥《秋山图歌》,这些诗文为研究画家的作品提供了珍贵史料。《四库全书总目》称:"其书叙述颇古雅,而诗文典故所载尤详,非他家画品泛题高下无所指据者比也。"

《图画见闻志》提要

《图画见闻志》，六卷。北宋郭若虚著。成书于北宋熙宁七年（1074）后。传世版本有明翻南宋陈道人刊本、《津逮秘书》本、《学津讨原》本、《四库全书》本及《四部丛刊》《丛书集成》本。

郭若虚（生卒年不详），太原（今山西太原）人。熙宁三年（1070），官供备库使，七年以西京左藏库副使，副宋昌言为辽国贺正旦使，八年为文思副使。祖父曾官至司徒，与丁谓、马知节同为宋初显官，"蓄画均，故画府称盛焉"。其父去世较早，但也精于鉴赏。其秉承二世之好，对绘画有着较深的理论修养和鉴赏能力。每获佳作，则"宴坐虚庭，高悬素壁，终日幽对，愉愉然，不知天地之大，万物之繁"，"又好与当世名士，甄明体法，讲练精微，益所见闻，当从实录"[①]。清陆心源所撰的《仪顾堂题跋》，对郭若虚的生平事迹有考。

---

① 郭若虚：《图画见闻志》，人民美术出版社1983年版，第1—2页。

《图画见闻志》是继张彦远《历代名画记》后又一部重要的画史著作。《历代名画记》记载迄于唐会昌元年（841），《图画见闻志》则自会昌元年续起，止于宋神宗熙宁七年，记载其间二百三十多年的画家、画迹，也记有郭若虚对画理的阐述和对画家的评述。全书共分六卷，第一卷为《叙论》，共十六篇，记载了有关绘画的著作、收藏、作用和题材含义，论述了绘画创作的源泉、流派和风格、古今优劣。第二至四卷为《纪艺》上、中、下，按时代先后为序，逐个介绍画家的生平事迹、创作活动及传世作品。第五卷为《故事拾遗》，采拾宋以前有关绘画的逸闻轶事。第六卷为《近事》，记述北宋初年的绘画史料。

集中体现郭若虚绘画理论的是《叙论》十六篇。《叙制作楷模》强调画家精细地观察生活。他说："大率图画风力气韵，固在当人，其如种种之要，不可不察也。""画龙者……分成九似，（角似鹿，头似驼，眼似鬼，项似蛇，腹似蜃，鳞似鱼，爪似鹰，掌似虎，耳似牛也。）穷游泳蜿蜒之妙，得回蟠升降之宜。""画水者，有一摆之波，三折之浪，布之字之势，分虎爪之形；汤汤若动，使观者浩然有江湖之思为妙也。"[1]《论气韵非师》指出："六法精论，万古不移。""凡画必周气韵，方号世珍，不尔，虽竭巧思，止同众

---

[1] 《图画见闻志》，人民美术出版社1983年版，第10—16页。

工之事，虽曰画而非画。"认为画家的人品决定画品。"人品既已高矣，气韵不得不高；气韵既已高矣，生动不得不至。所谓神之又神，而能精焉。"《论用笔得失》指出"凡画气韵本乎游心，神彩生于用笔"，"画有'三病'，皆系用笔，所谓'三病'者：一曰版，二曰刻，三曰结"。强调"意存笔先"，他说："意存笔先，笔周意内，画尽意在，象应神全。"

《纪艺》上、中、下，记载画家二百九十二人。其中唐末和五代画家一百十八人；北宋建隆元年（960）至熙宁间画家一百七十四人。郭若虚突破了"诸家画记，多陈品第"的传统，不是机械地把画家简单地区分为不同品第，而是根据每人的艺术风格和特长，以实记之。正如其在卷首序中所说："今之作者，各有所长，或少也嫩而老也壮，或始也勤而终也怠，今则不复定品。"郭若虚的这些记载，不仅为唐末宋初画史提供了丰富的史料，而且反映出他的美学思想与绘画见解。如其记北宋画家易元吉：

> 尝游荆湖间，入万守山百余里，以觇猿狖獐鹿之属，逮诸林石景物，一一心传足记，得天性野逸之姿。寓宿山家，动经累月，其欣爱勤笃如此。又尝于长沙所居舍后，疏凿池沼，间以乱石丛花、疏篁折苇，其间多蓄诸水禽，每穴窗伺其动静游息之态，以资画笔之妙。

强调画家观察事物，研究物理，并对这样的画家给予高度评价。他称赞黄居寀"默契天真，冥周物理"，徐熙"学穷造化，意出古今"，认为张璪画松能特出意象，是其"外师造化，中得心源"的结果。

《图画见闻志》在画论、画史研究上的价值，历代学者都给予高度肯定，并将其与张彦远《历代名画记》相媲美。明毛晋在《隐湖题跋》中说："郭若虚生熙宁之盛时，就所见闻，得若干人，以续彦远之未逮，但有编次，殊乏品骘，政弗欲类谢赫之低昂太著、李嗣真之空列人名耳。"《四库全书总目》云："就其所载论之一百五六十年之中，名人艺士、流派本末，颇称赅备，实视刘道醇《画评》为详。"清周中孚在《郑堂读书记》中亦说："以作者互有短长，不复定品，惟笔其可纪之能、可谈之事，暨诸家画说及古今事迹，采拾略备，所论亦多深解画理，诚足以上继爱宾，而下接公寿矣。"

近人余绍宋所著《书画书录解题》，具体分析了是书的缺欠："其叙述事实固佳，然以较张氏则少逊。"第五卷《故事拾遗》所记张璪事，"《历代名画记》已有其文，不知缘何又收入也？"但对郭氏所著此书的意义，还是颇为肯定的："续前人之书，而不袭其旧式，亦是书之长处也。自来言画之书，义例每嫌芜杂，是编首叙诸家文字，意在著录前人论述，以明其述作之渊源，末一篇叙述画，斥方术怪诞之谬，以明画道之正轨，章法谨严，得未曾有。"

《图画见闻志》的研究著作有邓白注《图画见闻志》(四川美术出版社,1986年)、俞剑华注释《图画见闻志》(江苏美术出版社,2007年)、米田水译注《图画见闻志·画继》(湖南美术出版社,1999年)等。

《林泉高致》提要

《林泉高致》，又名《林泉高致集》，六篇。北宋郭熙撰，其子郭思续补。前四篇《山水训》《画意》《画诀》《画题》为郭熙所作，郭思作注；后两篇《画格拾遗》《画记》出自郭思之手。据卷首翰林学士河南许光凝于政和七年（1117）序可知，此书首刻于宋徽宗时。元惠宗至正八年（1348）豫章欧阳必学重刻，附入王维和李成《山水诀》、荆浩《山水赋》、董羽《画龙辑议》各一篇。通行版本有明詹景凤万历十八年（1590）年所编《画苑补益》本、《四库全书》本、《画论丛刊》本以及2010年中华书局与山东画报出版社分别出版的排印本。

郭熙（1020？—1100？），字淳夫，河阳温县（今河南孟州东）人。宋神宗熙宁元年（1068）宰相富弼判河阳，奉旨征调郭熙入京。曾任御画院待诏、艺学等，后任翰林待诏直长，深得神宗宠遇。其山水画宗李成而又能突破其法，善画寒林，长于表现云烟出没和峰峦隐现，晚年艺术造诣更高，画风雄健。是李成、范宽后北宋中期一位重要的山水画家。

精于鉴赏，宋神宗曾谓其"画鉴极精"，"可将秘阁所有汉晋以来名画尽令郭熙详定品目"。郭熙将前人的艺术创作传统和自己的创作心得融汇为一体，著成《林泉高致》。

郭思，字得之，宋神宗元丰五年（1082）进士，官至徽猷阁待制，秦凤路经略安抚使。善杂画，工画马。自云"卯角时侍先子游泉石，每落笔必曰画山水有法，岂得草草。思闻一说，旋即笔记，今收拾纂集"，"用贻同好"。其在为《山水训》作注时说："平昔见先子作一二图，有一时委下不顾，动经一二十日不向，再三体之，是意不欲。""又每乘兴得意而作，则万事俱忘，及事泪志挠，外物有一，则亦委而不顾，委而不顾者，岂非所谓昏气者乎？""已营之，又撤之；已增之，又润之；一之可矣，又再之；再之可矣，又复之，每一图必重复终始，如戒严敌，然后竟，此岂非所谓不敢以慢心忽之者乎？"其所作《画格拾遗》，记述郭熙生平与绘画真迹，《画记》则记载郭熙在神宗朝所受到的宠遇。

《山水训》为《林泉高致》中最重要的一篇，是北宋时期山水画美学的最重要的著作，也是古典画论中的名篇。篇中对山水画的作用和美学意义给予高度肯定。篇首即提出："君子之所以爱夫山水者，其旨安在？丘园养素，所常处也；泉石啸傲，所常乐也；渔樵隐逸，所常适也；猿鹤飞鸣，所常观也；尘嚣缰锁，此人情所常厌也；烟霞仙圣，此人情所常愿而不得见也。"但是,这种"林泉之志",并非随时随地皆可满足,于是山水画的作用就尤为可贵了。"今得妙手,郁然出之。不下堂筵,坐穷泉壑;猿声鸟啼,依约在耳;山光水色,滉漾夺目。斯岂不快人意实获我心哉?此世之所以贵夫画山水之本意也。"郭熙进一步分析山水的用处无非是"可行""可望""可游""可居",其中又以"可游""可居"最为难得。"君子之所以渴慕林泉者,正谓此佳处故也。故画者当以此意造而鉴者又当以此意穷之,此之谓不失其本意。"①

郭熙总结自己作画的切身体会,对山水画的创作提出了一些相当精辟的见解。他提出山水画欲达到"夺其造化"的地步,"则莫神于好,莫精于勤,莫大于饱游饫看"。"好",即热爱,不仅仅是一般的爱好,而且要全身心注入,使画家的身心与山川融而为一,才能把握山水的性灵。"身即山川而取之,则山水之意度见矣。"郭熙这一名言,深刻揭示了山水画的创作绝不仅仅是简单地描摹自然的过程,而是画家的"林泉之心"与自然景物的交融,是画家对"山水意度"的体验与把握。

这种体验与把握,离不开对山水的"饱游饫看"。《山水训》中,记有作者对祖国壮丽山河的精细观察,并记有郭熙

---

① 《林泉高致》,《古画品录》,上海古籍出版社 1991 年影印四库艺术丛书,第 571—594 页。

对不同季节山水云气、烟岚的生动描述。"真山水之云气,四时不同:春融怡,夏蓊郁,秋疏薄,冬黯淡,画见其大象而不为斩刻之形,则云气之态度活矣。""真山水之烟岚,四时不同:春山艳冶而如笑,夏山苍翠而如滴,秋山明净而如妆,冬山惨淡而如睡,画见其大意而不为刻画之迹,则烟岚之景象正矣。"他又说:"山,春夏看如此,秋冬看又如此,所谓四时之景不同也。山,朝看如此,暮看又如此,阴晴看又如此,所谓朝暮之变态不同也。如此是一山而兼数十百山之意态,可得不究乎?"

郭熙在《山水训》中提出了"山形步步移""面面看"的观察方法。他说:"山,近看如此,远数里看又如此,远数十里看又如此,每远每异,所谓山形步步移也。山,正面如此,侧面又如此,背面又如此,每看每异,所谓山形面面看也。"郭熙还提出了著名的"三远"和"三大"说。"三远"是望山有"高远""深远""平远"之别,"自山下而仰山巅谓之高远","自山前而窥山后谓之深远","自近山而望远山谓之平远","高远之色清明,深远之色重晦,平远之色有明有晦。高远之势突兀,深远之意重叠,平远之意冲融"。"三大"是画山、树、人要"皆中程度",他说:"山有三大,山大于木,木大于人。山不数十重如木之大,则山不大;木不数十百如人之大,则木不大。"

郭熙重视山水画的诗意追求。他在《画意》中说:"'诗是无形画,画是有形诗',哲人多谈此言,吾人所师。"他强调山水画的"景外意"。在《山水训》中,他阐述"景外意"说:"看此画,令人生此意,如真在此山中,此画之景外意也。"诸如"见青烟白道而思行,见平川落照而思望,见幽人山客而思居,见岩扃泉石而思游,看此画令人起此心,如将真即其处,此画之意外妙也"。

郭熙认为要画好山水画,画家应对自身的修养提出较高的要求。"养欲扩充""览欲淳熟""经之众多""取之精粹",是其在《山水训》中关于画家修养的精彩概括。所谓"养欲扩充"就是画家要有广博的文化修养;所谓"览欲淳熟",是指画家应熟悉艺术表现的种种技巧,并能运用自如,达到炉火纯青的地步;所谓"经之众多"是指博采众长,融会贯通,而后独树一帜,自成一家;所谓"取之精粹",是指画家对艺术素材的选取,务求精致。他认为有些画家之所以画不出山水画的佳作,原因就在于"所养之不扩大,所览之不淳熟,所经之不众多,所取之不精粹"。他说:"千里之山,不能尽奇;万里之水,岂能尽秀?太行枕华夏,而面目者林虑;泰山占齐鲁,而胜绝者龙岩,一概画之,版图何异?凡此之类,咎在于所取之不精粹也。"

郭熙《林泉高致》的出现,标志着中国山水画理论和山水美学思想走向成熟,在山水画的创作与古典美学思想的发展中,有着重要的意义。

关于《林泉高致》的研究著作有叶朗《宋元书画美学》(《中国美学史大纲》，上海人民出版社，1985年)、敏泽《北宋的美学思想》(《中国美学思想史》第二卷，齐鲁书社，1989年)、张同标等《郭熙〈林泉高致〉研究》(《北派山水画研究》，人民出版社，2006年)等。

慧眼觅诗趣　诗心著妙文
——《蔡旭散文诗五十年选》读后漫议

《蔡旭散文诗五十年选》，是复旦校庆一百一十周年出版的。出版之前，我曾经通读过全书，读后感触良多，我既为他五十年笔耕不辍，诗如泉涌而赞叹，又为他散文诗从青涩到纯熟、从单一到丰富、从状物抒情到写意铸魂而击节叫好，我尤其喜读他闪耀着诗思火花的"心散步""寓言诗"，情不自禁地想为之写点什么。

一

我赞赏诗人有一双于平凡生活中发现诗美的慧眼。

蔡旭说："半个世纪以来，我的散文诗涉及的题材虽然广泛，但实际上只有三个字：'写生活'。写城市，写现实，写身边的人物与事情，阳光与阴影，欢乐与哀伤。"①

---

① 《蔡旭散文诗五十年选·前言》。

柯蓝在为蔡旭的《彩色的明信片》所写的序中就说道："题材的涉及面是很广阔的。几乎所有能写散文诗的素材和生活镜头，他都写出很好的篇章。"

蔡旭的散文诗所写的不是引领时代潮流的弄潮儿，不是壮怀激烈的英雄豪杰，不是被人仰慕的高、富、帅，不是影视里常见的霸道总裁、聪慧才女，而多是平凡生活的平凡人物。

在"人物廊"中，我们看到的是：走上 T 型台的黎妹，头上闪着胶灯的割胶女工，升任爸爸的施工队长，送快餐的小哥，足下生辉的擦鞋妹，晨运老人，刷墙工，卖甘蔗的老汉，天桥上的演奏者，这些普普通通随处可见的寻常人，诗人却发现了人们几乎视而不见的诗意、诗趣。

写割胶女工：

> 头上闪的还是那盏胶灯，手上挥的还是那把胶刀，甚至盛放胶乳的也还是那只胶碗……
>
> 女胶工同她的妈妈，那位三十年前的女胶工，似乎没有什么两样。
>
> ……
>
> 胶灯划过的，是一样的黑夜或月光；头上顶着的，是一样的暑色或雨晨。
>
> 熟能生巧，是一样的刀法与纹路；留给岁月的，是

一样的树痕与心痕。

写在脸庞的,是一样的疲惫与振奋啊。

挑在肩上的,是一样的责任与希望!

写卖甘蔗的老汉:

这条街,拥有最多甜蜜的人,就是他了。

这么多甜蜜,却没有独享。他根本就不享。

……

一根根递送,一截截递送。

只把甜蜜的后遗症,那些果皮与蔗渣,留给自己。

写卖蛋的母亲:

以下蹲的姿势,她守在市场角落的蛋篮边。

市场里没有她的摊位。因为她租不起市场的摊位。

早逝的丈夫,读小学的女儿,压偏了她命运的天平。

卖蛋的天平却坐得很正。

……

一些熟客,同她互递着关切与温暖。

交换着信任还有被信任。

一日又一日，一年又一年，她就在这一个角落蹲着。

如同一只不知辛劳的母鸡。

以下蹲的姿势，为她那未成年的女儿，孵化希望。

写天桥演奏者：

把一条腿盘坐在天桥的地板上，用两根弦拉响生活的颤音。

正是张灯结彩的日子，所有的曲子也跟着张灯结彩起来。

那些欢乐的音符在空中飘荡，很想和天桥上下的气氛打成一片。

……

他用曲子，展示了别人的生活。

却用场景，展示了自己的人生。

把责任和希望扛在肩上，把甜蜜分给别人，为女儿孵化希望，为人们喜庆节日演奏华彩乐章，诗人抒写的人、事、生活场景，我们那么熟悉、多见，但却司空见惯，从不把他们和诗联系在一起。而在诗人的眼里，这些平凡、琐细的情与景，都有着人们忽略、无视的真、善、美的元素，都有诗趣、诗美的存在。诗意的发现，深意的发掘往往是从细小处入手，从简单生活中发现的。

蔡旭在《不穿白大褂的天使》写到诗的魅力与感染力。一位重症的病者，获赠不能让热血和希望凝固的诗句，从而开启了崭新的人生。是诗：

给那被生活打得焦头烂额的小船，撑起了人生的风帆。

甚至撑起诗的风帆。

他从病床上坐起，从病房中走出。

他想到写诗，面对真、善、美，不得不写诗。

"面对真、善、美，不得不写诗。"正是诗人的内心独白，也是诗人以独特的眼光发现诗，以清新的文字抒写诗的动力源泉所在。

二

我赞赏蔡旭的散文诗充盈着一种超凡脱俗的清气。

浏览"市声录""简生活""心散步""诗寓言"，诗人爽朗的清气跃然纸上。

在《染发》中，诗人警诫自己，不要被环境染黑，要保持自身的清白：

> 黑白斑驳的人生，本无可厚非。
> 或许抵不过潮流，或许顶不住虚荣——
> 把清白涂黑了。
> 同一些人一样，我亦未能免俗。
> 所幸的是，老汉我染的，仅仅是头发。
> 不幸的是，有些人染的，不仅是头发。

面临空气的污染，环境的恶俗，诗人清醒地意识到出淤泥而不染的难度：

《过秤》：

> 其实我也知道，空气正在变质。无论是瓜果还是蔬菜，早已不再纯洁。
> 这些不纯洁的营养，又化身为我的血肉。

但是他还是坚持着让阳光驱走阴影，让内心一尘不染。

《晒被子》：

> 久雨见晴的日子，所有的被子都跑出来晒太阳。
> 我把棉被、垫被、毛毯、床单、枕头巾全搬出来，

与阳光亲密接触。

看见它们郁积的闷气一扫而光，一个个兴高采烈。

一个个，散发着阳光的味道。

其实我也很喜欢晒太阳。

喜欢让太阳晒出我的阴影。

《不算陋室》：

台风与暴雨，刷旧了宿舍大楼的容颜。

……

墙角叠放着一堆旧书。

外皮灰尘满面。

内页一尘不染。

"内页一尘不染"，说的是书吗？当然不是。

诗人是借书言志，唱出自己的心声。

诗人的清气，凝于笔端，便酿成诗文的清气。

诗人的描绘，不是浓墨重彩，花团锦簇，而是水墨丹青，质朴无华；诗人的吟唱，不是引吭高歌，交响宏浑，而是牧歌短笛，浅吟低唱。

蔡旭说："多用平静的口语叙述自然而然地流露生活的诗意，力求用美好的情感与深邃的思索打动人心。我追求语言朴实、简洁，有内在音乐美。"①

记得朱光潜先生在评述丰子恺的画时说过："他的画极家常，造境着笔都不求稀奇古怪，却于平实中寓深永之致。"蔡旭的散文诗也达到同样的意境，给人一种清新隽永，余味深长的感觉。

人们说忧患出诗人，愤怒出诗人，但蔡旭却说诗是清纯的。诗人借碧波荡漾、清澈见底的淇河水，喻示诗心的纯洁，诗河的绵长。

《不被污染的淇河》：

  一条原生态的河。

  从太行山的峰峦叠嶂奔涌而来，在豫北的广袤原野流淌而过。

  "淇水汤汤"，水很大。

  "淇水流碧玉"，水很清。

  "十里淇园佳处，修竹林边"，竹很多。

  碧波荡漾，清澈见底，流出一百六十一公里旖旎好风景。

  ……

  一条诗歌的河。

---

① 《蔡旭散文诗五十年选·前言》。

从《诗经》流出来，在三百零五首中占了三十九首。

　　从许穆夫人，中国第一位女诗人的笔下流过来。

　　从李白、杜甫、陈子昂、王维、高适的心中，带着《全唐诗》中的四十首佳品，流过来。

　　……

　　几千年了，淇河当年有多么清澈，今天还有多么清澈。

　　它不会被污染。

　　千古不变地流淌着美好、纯粹、崇高的诗歌，它总能荡涤——一切的污泥浊水。

在《坐看退潮的大海》中，我们就看到了诗人对顺其自然是何等的崇拜。

　　我又坐在故乡的大海边，读着退潮的大海。

　　不像涨潮时，那么兴高采烈地叫喊，那么汹涌澎湃昂首阔步地跳跃与跨越。

　　尽管也有声色，也有动静，也有一点小小的浪花。

　　……

　　多少年了，我在反复的诵读与默念中，感叹它撤退的平静。

> 我认真想学，却终究还是学不到，大海它顺其自然，收放自如的进退。

大海的顺其自然，是诗人认真想学的品格，所谓终究学不到，是自谦之辞。实际上，蔡旭的散文诗，正体现着其师法自然的所得。

我国唐代《二十四诗品》将诗的境界分为不同的类型，其中有"冲淡""含蓄""自然"等诗品，是与雄浑、纤秾、绮丽相对的。在论述"自然"一品时指出："俯拾即是，不取诸邻。俱道适往，著手成春。"强调诗境的自然而然。

唐代张彦远在《历代名画记》中，将自然评为画品的最高等级："自然者，为上品之上。"

"清水出芙蓉，天然去雕饰。"蔡旭的追求，与我国古代的审美崇尚，是一脉相承的。

三

蔡旭的散文诗所以能有如此成就，是因为他有一颗炽热的诗心——童心。

明代著名思想家李贽在论述艺术创作必须保持童心时说到："夫童心者，真心也。若以童心为不可，是以真心为不可也。夫童心者，绝假纯真，最初一念之本心也。若失却童心，便失却真心；失却真心，便失却真人。人而非真，全不复有初矣。"

李贽还说："童心既障，于是发而为言语，则言语不由衷；见而为政事，则政事无根柢；著而为文辞，则文辞不能达。非内含于章美也，非笃实生辉光也，欲求一句有德之言，卒不可得，所以者何？以童心既障，而以从外入者闻见道理为之心也。"[①]

何谓"童心"？"童心者，心之初也。"纯真、不被外界干扰的本初之心是也。屏弃外在尘世名利之侵扰，永葆"心之初"，就能慧眼常开，诗心永驻。

诗人很重视童心的保持。他的一本散文诗集就取名为《童心与父心》。

诗心有爱，有真诚，有人生本色，自然、从简。

他在"诗寓言"中唱出"只要有了爱"，"没有说假话"，"本分的活着"，正是诗人心迹的披露。

《岩石上长出了新绿》：

>一块巨大的石头，一年到头总板着脸。
>突然有一天，它竟然笑了。

[①] 李贽：《童心说》，《中国历代文论选》，上海古籍出版社1980年版，第三册，第117页。

> 在它光洁的岩壁上，伸出了一片绿叶。
>
> ……
>
> 这是真的，只要有了爱，石头也能开花。

《同假山合影》：

> 虽然山是假的，但它却没有说假话。

假山自然没有真性请，但它并不标榜自己是真的，没有说假话，还是可取的。

《不需要走红的青椒》：

> 菜椒一直青着，从来没有走红。它被人叫作青椒。
>
> 好在它明白，并不是所有椒类都能走红。
>
> 世界上，并不是只有一条路。
>
> 它本分地青着。青得坦然，自足，心安理得。
>
> 它又努力着。以生命的颜色，青春的姿态，做最好的自己。

面对着金钱的欲壑，名誉的陷阱，人世的纷烦扰攘，权势的羡慕与追逐，走红与不走红的攀比，诗人赞赏的是本色地活着，像青椒一样，"青得自然，自足，心安理得"。

这使我们看到了诗人诗心永在的秘密。

四

蔡旭的散文诗尽写生活中的真、善、美，然而我们眼见的现实，往往是贪腐、奢靡、虚假、伪劣、恶俗、欺瞒、不公，无道与之共存，是否诗人把现实写得过于美好，有粉饰太平之嫌，抑或是诗人远离社会，过着田园隐居式的生活，才显得与众不同？

绝对不是。

诗人对所见的假、恶、丑绝没有姑息，而是坚决予以挞伐，其对环境的忧虑，对虚伪的批评是随处可见的。

诗有六艺，曰：风、雅、颂、赋、比、兴。蔡旭的散文诗没有雅、颂的奢华与铺陈，在风的美刺方面，一点也不逊色于风。

请看，《一个小区的诞生》：

> 这里原本是农村。
> 有成片苍翠的树林，还有梳妆的风。
> 有讲解历史的山，和会唱歌的溪水。
> 城里人用一些许诺，让它也有了城市户口。
> 一片片灰色森林，刷刷地拔地而起。只不过借道的

风，只能艰难地侧身而过。
　　有了山，假的。
　　也有了树，小的。
　　有了一池没有浪花的水，只能照镜，不会歌唱。
　　一切喜欢用一个新字包揽。不过空气变旧了。

　　诗人目睹了乡村变城市的演变，水泥森林遮挡了清新山风，假山假水代替了自然山水，当人们忙忙碌碌，红绸剪彩，欢庆新区的诞生时，诗人却清醒地感到自然环境的改变，令人窒息的旧的城市病的将会重现，于喜庆的喧闹中，别有一番远离自然的忧虑。浓浓的乡愁，淡淡的惆怅，犹如一股清流，流向人们的心田。
　　《这片被囚禁的土地》则直指权力与商业资本的联手，贪婪地巧取豪夺：

　　这片土地被囚禁多年了。
　　每一双眼睛都见到它的荒芜，但都看不到捆绑它的那些绳索。
　　……
　　自从一个大红印章盖住一个大圈之后，这一片土地便停止种植了。
　　不种粮食，不种蔬菜，甚至也不种房子，

>只种着荒草、污水,还有垃圾。
>……
>不是有红头文件管着吗?
>有呀,不过有些管文件的人在耳热酒酣中心照不宣了。
>那些从腐草丛间流出的肥水,正在月黑风高夜被分享。

犹如捆上了沉重的锁链,被囚禁的土地不稼不穑,地利尽失,然而圈地商与土地管理者却觥筹交错,耳热酒酣,庆贺圈地价值的飙升,在这大红印章的背后,有着多少利益交割、利益输送,诗人看在眼里,血脉偾张,怒怼贪腐者的权钱交易,使诗人清风朗月的诗风,也有着金刚怒目的诗句。

《不再轻信》,写作者坐在电视演播大厅里的经历,如何醒悟到从轻信到不再轻信的心理转折。

>舞台两侧,各有一个呼风唤雨的人他们手臂一次次高高地举起,一次次扇起风浪。

>全场便一波波地卷起汹涌的涛声。

> 我坐在台下，忽然发现自己改变了身份。
> 不再是观众，也成了演员。

为何不再轻信，是因为看到了作假。从电视演出的作假，联想到食品、药品、学历、清廉的假，因而强烈呼吁《借我一双慧眼吧》。

> 都说他有一双慧眼。
> 一双鉴别真假的眼，一双识别伪劣的眼，一双不为疑云迷雾所惑，不容砂子尘埃所侵的眼。
> 就像刀子，那样锐利，那样准确，那样一针见血，那样由内到外由表及里透过现象直取本质。
> 令消费者拍手称快，让假冒伪劣产品原形毕露，使制假者售假者望风而逃胆颤心惊。
> 他是质量监督局的工程师，他是远近闻名的"打假专家"。

然而，就是这样一位打假专家，却被新来的局长下岗了。据说是因了某些人的投诉。至此，诗人笔锋一转，写到：

> 也许，该借给那位局长一双明辨是非的眼。

> 也许，根子在这位专家有一双洞察一切的眼……

为什么打假专家被解聘？为什么不明辨是非的局长得以上位？诗人的这些问题，引人思索。

假、恶、丑的存在，都是人性迷失的表现。人性的光辉，乃是诗人的诗魂。他在狗年写下的《狗在本命年与成语咬架》，正是呼唤人性的回归。

> 都说狗是人类的好朋友。/狗年到了，却找不到一个好的成语。/狼心狗肺是指品质不好；/偷鸡摸狗是指行为不端；/狗眼看人是指眼光势利；/狗皮膏药是指骗人货色；/心胸狭窄就说鸡肠狗肚；/不择手段就说蝇营狗苟；/……

> 都说狗是人最好的朋友。/那个忠心耿耿的狗到哪去了？/那个聪明、勇敢、机灵的狗到哪去了？/那个不嫌家贫不嫌母丑，只知金窝银窝不如自家窝的狗到哪去了？/忍辱负重的狗，在本命年与成语咬成一团，只要一个说法。/身不由己的成语只能坦白：关我什么事呀，这都是人说的呀。

> 啊，狗啊狗，不管好评差评，它一直是狗。/啊，

人啊人，有的时候，真的不是人。

"真的不是人"！这是诗人对那些灭绝人性、践踏人权、违背人道行为的深恶痛绝与无情鞭挞。

人啊人，诗人正是以仁心、仁者爱人，要求自己，诗人身上，有着深厚的人道主义情怀。他为什么那么热衷于为平凡的小人物唱赞歌，为什么睥睨权贵，为什么对弱势者始终关注，充满着爱，答案全在这里啊！

2018 年 7 月 27 日

稚拙老辣，率性自然
——雨湖张家厚的书画艺术

提起雨湖的书艺，湖北的书法界无不给予极高的评价。

有的人说，他真、草、隶、篆、行书、碑体，无一不通。有的说他供职新闻媒体，尤好书艺，余事成家。他的书画作品曾多次参加中国书协和全国新闻出版界主办的展览，多幅作品曾在中国美术馆展出，在一些大展中获奖并被中国书协等机构收藏。现为省书画研究会常务副主席，楚天书画院院长，《中国书画印》总编辑。

雨湖者谁？张家厚是也。何以以"雨湖"名之？因为他居住在武汉东湖之滨，喜好在湖边漫步，尤爱于细雨濛濛之中看云舒云卷、湖水涟漪，在充满诗意的环境中寻章觅句，体味人生，别有一番兴味，故而以雨湖为斋号，以致雨湖之名渐渐被人们熟识，书友相见，常以"雨湖"称之。

家厚亦是复旦大学新闻系的学生，因此我们有系友之谊。他少时喜好书画，入大学后，参加学校的美工队。复旦大学是个书法大家的汇聚之地。书法的研习、讲座活动甚多，张家厚如鱼得水，每每积极参加。听朱东润教授的讲座，他早早到场，坐在前排，先生一边讲一边板书的神采，他至今记忆犹新。在美工队，喻蘅教授欣赏他的天赋，细心指导，喻先生书宗二王，有书卷气，影响到张家厚对二王的崇敬。后来，他看到沈尹默大师书写的《二王书法管窥》，如获至宝，细细揣摩。有一次，喻蘅先生谈到，时人颇崇米芾。言者或许无意，岂知听者有心，张家厚关注起米芾的"抒胸写意""意足我自足"的主张和"风樯阵马""沉着痛快"的书风，并影响其一生。

家厚毕业后留校，其夫人武汉大学毕业后留鄂。他舍弃上海的繁华，调到湖北省委宣传部工作。20世纪80年代初，全国"书法热"开始萌动，省委宣传部成立书法小组，家厚成了小组的骨干，参与了全国第一家书法报和中国书协湖北分会的筹备工作，与张昕若、孙方、吴丈蜀、黄亮、周华琴、邓少峰、黄松涛等长辈过从甚密，可以时时问学于这些耆宿。在这样的环境中工作，家厚的书艺精进，实乃天赐机缘。

家厚学书，据他称："初从唐碑入，楷法颜柳，溯二王，复取宋四家，并及王铎、吴昌硕、谢无量、沈曾植、于右任、龚有融等。近年倾心汉魏碑版，吸取张黑女、张迁、好大王等碑版营养。"他潜心临写古帖，心追手摹，不间寒暑，在伏案临池中与古人对话，在笔墨运化中享受着快乐。

王国维先生曾言："古之成大事业大学问者，必经过三种境界：昨夜西风凋碧树，独上高楼望尽天涯路，此其一境也；衣带渐宽终不悔，为伊消得人憔悴，此第二境也；众里寻他千百度，蓦然回首，那人却在灯火阑珊处，此第三境也。"雨湖有幅行书中堂抄此语录，并在左侧以小草感言："此语诚为治学名言，用之书艺亦可验也。余操翰墨数十年，虽小有所获，然学海无涯，虽胼手胝足，终不悔矣。"

功夫不负苦心人，用心血临帖，使家厚有了深厚的书法功底，为其创新积累了深厚基础。

家厚追求的是熔冶碑帖于一炉，在广泛继承的基础上创自家风格。此时的雨湖，已从宗二王，到真、草、隶、篆、行书、碑体皆备。他写的毛主席词"不管风吹浪打，胜似闲庭信步"（见彩版），以行书入碑版，既有碑的古朴肃穆，又破其整齐划一，显示着苍健与雄奇。他以墨的浓淡、枯润，在"风、浪"二字中自然形成水波、风势，预示着风浪骤起，黑云压顶，但沉稳的"闲庭"二字，则表示着何惧风浪，悠然自得之态。最出奇的是结句的"步"字，大而呈动势，那最后一笔斜出远远，可见豪情信步之健。

老书法家谷有荃评论雨湖的作品："他的行书作品，许多是信手而为，写时放得开，看上去很轻松，但飘逸而不飘浮，沉着而不凝滞，结体时出新姿，用笔颇有内涵。这种追求，与时下那些为上国展而大张旗鼓的'备战'之作，与为

'孔方兄'而四处奔波的应酬之作，大异其趣。"

雨湖行草精品，取法米芾，又参有众家笔韵。他书写的曹丕《典论·论文》"文以气为主，气之清浊有体，不可力强而致"，下笔迅疾，一气呵成，其字以气灌注，如长河奔流，汪洋恣肆，顺势而下，不可遏止。字与字既笔画相连，又彼此照应，左抑右扬，势斜成体，自成一家。他写的楚文字书法作品"荆溪白石出，花逐水流红"，参以甲骨、金文的风韵，又多荆溪、白石、落花、流水的形象，给人以风景怡心的感受。家厚写的金文"宁静致远"，严守金文规矩，又多

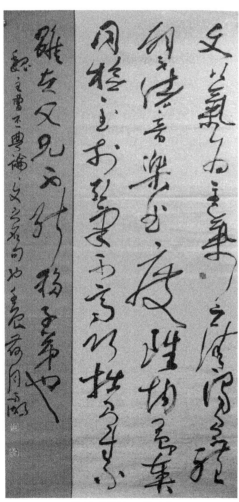

曹丕《典论·论文》

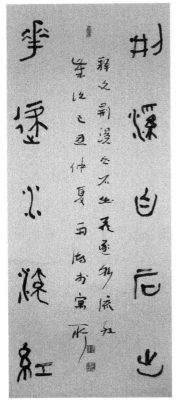

楚文字书法作品　　　　　　　　金文"宁静致远"
（荆溪白石出　花逐水流红）

变化，遒劲圆润，字字生华，有金石气、书卷气。

　　雨湖的画继承宋元以来文人画的传统，追求潇洒、豪放、自由的风格。宋代黄休复将画中的逸品提为神、妙、能品之上，论曰："画之逸格，最难其俦"，"得之自然，莫可楷模"。元倪云林亦曰："逸笔草草，不求形似，聊以自愉耳。"雨湖的《紫藤八哥》，在疏斜的紫藤衬托下，一双八哥呢喃对语，顾盼生辉。他的《鹤鸣在天》，只见白鹤纵身跃起，引颈长鸣，动感十足，灵气活现。雨湖的画，多写梅、兰、松、竹，均为文人写意的常用景物，其《苍松凌空》《空谷幽兰》，有着高古风韵（见彩版），可见雨湖对这些象征着文人美好品格的"君子"的挚爱，实乃其胸臆的直抒。

2006年记者节之际，家厚在湖北报业集团文化中心举办了个人书画展。从一楼到三楼，布展八十六幅书画印作品。其中书法有真草隶篆、甲骨金文、楚简魏碑，画则有山水、花鸟、水墨、重彩，还有篆刻，形制则中堂条幅、扇面斗方。

此次展览，成为湖北书法界的一次盛会。据报道，书坛享有盛誉的陈方既、徐本一、谷有荃等先生亲临观展，省内书法泰斗陈义经先生，不顾九十三岁高龄，从一楼到三楼，在每幅作品前面，一边用手杖指指点点，一边评论每幅字的得与失，雨湖一面点头，一面若有所思，似乎有了新的领悟。他当场给家厚送上一幅贺字："笼天地于形内，挫万物于毫端"，引来一片叫好之声。在座谈会上，陈义经等老先生对展览给予很高的评价，并对家厚耳提面命。陈方既先生说："家厚能写字。坦率地讲，有些书法家写了一辈子的字，不知道字怎么写。能把字写得好的人不多。不懂中国文化，不懂中国文化的基本精神，不懂书法的内涵，不要谈写字。把书法不当技术不行，把书法只当技术也不行。宋人尚意,真正把书法的内涵发掘出来了。""家厚有天分,要充分发挥这个文化优势。"徐本一先生在展览会上对记者说:"张家厚的展览,真草隶篆四体皆备,突出的是重视书艺的发挥,无论是雄强的碑体书法,还是飘逸的行草作品,都充分地表现了自己的性情,表现出中国传统文人对书法精髓的理解,这一点难能可贵。"而作为老朋友的著名书法家金伯兴则多次称誉家厚的书法"格调高古"。

2007年雨湖将书画精品编成《张家厚书画集》,由复旦大学出版社出版。

此后,家厚遵照老书法家的教诲,从两个方面提高自己。一是形成自己的书艺风格,向着成熟、老到发展演变;一是从文化上广泛吸取中国文化的丰富内涵,借以充实自己。他在前不久给我

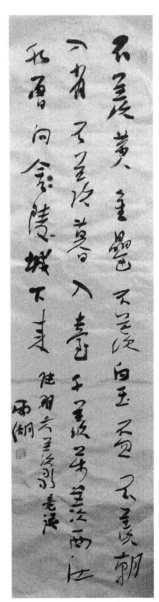

陆羽《六羡歌》

的一封信中说：

> 这里发的是最近创作的几张作品。可以看出我现在的艺术追求：平淡天真，保留一点稚拙的趣味。
>
> 这大约是与我近年来吸取佛家和道家的营养有关。我觉得中国传统的天人合一、道法自然、清静无为和佛家的入定、即心是佛等理论与书画创作是相通的。书画就是写心，而这个心应该是"赤子之心"，即抛却功利和尘世的纷扰，写出自己的真性情。书法的最高境界应该是"无意于佳乃佳"。

"无意于佳乃佳"，与清代大画家石涛所说的"'至人无法'，非无法也，无法而法，乃为至法"是完全相通的。

纵观雨湖的近作，正是体现着他的艺术追求。他写的条幅："渊明不闻车马，子美常忧庙堂"（见彩版六），就不那么循规蹈矩，而是率性自然，有稚拙之趣。但这种稚拙，绝不是幼弱、青涩、稚嫩，而是在达到老练之后的返朴归真，是由绚烂之极到复归平淡。

雨湖喜写唐代茶圣陆羽的《六羡歌》："不羡黄金罍，不羡白玉杯，不羡朝入省，不羡暮入台，千羡万羡西江水，曾向竟陵城下来。"此幅中的字，家厚已经完全超脱了书法技法的樊篱，而是性之所至，信手写来，六个"羡"字，无一相同，却又恰到好处，充分显示所达自由之境。黄金垒、白玉杯，象征着物质生活的奢华，朝入省，暮入台，则是为官的象征，陆羽对这些不屑一顾，并以此为歌，深为家厚所景仰。家厚所写，正是他自我追求的写照。

现在的家厚，不仅在书画上日渐精进，而且在研习书论、画论。他对我说：

> 十多年来我主编一本《书画印》季刊，每期的卷首语都是我写，对湖北省内书画名家都有点评，很得他们的认可。这就促使我学习书画理论。此外，我发表的书画家评论文章也有多篇，特别是对我的老师谷有荃和老领导老书法家孙方的评论，深得他们的认可。我的一些粗浅的认识都只是些片断，没有形成系统的文章和著作，这也是我一直想做而未做的。

知不足，方能有前进。

企盼家厚在书画艺术和书论、画论两个方面，都获得更丰硕的成果。

改定于 2018 年 12 月 4 日

毛泽东主席词句

苍松凌霄

空谷幽兰

鹤鸣在天

紫藤八哥

对　联

渊明不闻车马　子美长忧庙堂

好雨知时节，当春乃发生。随风潜入夜，润物细无声。野径云俱黑，江船火独明。晓看红湿处，花重锦官城。

录王杜工部春夜喜雨诗 湖云
杜甫诗《春夜喜雨》

羲和策驭巡行于年韶序更始,神州大地飞龙腾踔,欢情无际,九域风雷,百年桑海,那堪重忆。幸邦基重建,荆荷吐艳,金瓯补,真多丽。

回首前尘,慷慨凭裹赢,列强伺兵戈相与。分疆裂地,汗青耻,莘夏之征,炎黄之魄,传人奋起。看今朝峥嵘头角,寰宇高举。

录吾师海上喻蘅老教授词水龙吟·庚辰龙年迎岁之作,青下脘蒙字应湖北省庆祝改革开放三十周年书法大展戊子春月 甫湖斋主

喻蘅词《水龙吟》

笔性墨情，本于人之性情
——序陶上谷《中国名诗百首行楷字帖》*

艺海百态，各尽其妍。书艺也是如此。人们喜爱篆书的诡奇柔婉，也喜爱楷体的气象浑穆；人们欣赏行书的流畅飘逸，也赞叹狂草的飞动神扬。而陶上谷先生的行楷，则给人一种别样的感受。

展现在我们面前的《中国名诗百首行楷字帖》，集中体现着上谷的艺术风格。百首诗全用同体书写，气象浑然。疏密得当的布局，遒劲峭拔的书法，流动明快的节奏，以及字里行间散发出的古朴意味，使整部作品集显得极有气派。有境界自成高格，有个性尽得风流。上谷的新作比起他的第一部书法作品集来，无疑更臻成熟，在行成自家的风貌上，又迈出惊喜的一步。

上谷精于各种书体，尤擅行楷和草书。他的行楷，以楷法为主，结构严谨，但却无呆板、僵枯之态，而是条理见于

---

* 本文为笔者所写的一篇序言，标题为收入本集时所加。

字中，气势磅于字外。又由于融进了流畅自然、清新活泼的行法，工整中有着奇变，稳健中有着峻巧，粗犷中有着游丝之细。这种刚中寓柔的劲健风格，正是上谷书艺的鲜明个性。书如其人。人们从他冲破纸面阻力落笔的沉雄之气，不是可以窥见其顽强奋进的个人品格吗？而楷书中杂以流云动态，不正是显示着他的洒脱与超俗吗？刘熙载说得好："写字者，写志也。""笔性墨情，皆以其人之性情为本。"[①]上谷的书作，显示着他的自我；而上谷的神思风貌，又成了他书艺的灵魂所在。

创新源自苦学，无法实为至法。书法作为一门艺术，当然崇尚法度。诸如"篆尚婉而通，隶欲精而密，草贵流而畅，章务检而便"[②]，都说明法之不可不遵。上谷学书，肯于旷日持久地临写古代法帖，正是深知其要的。但是，一味临写古人，终归难成大器。"随人学人成旧人，自成一家始逼真。"正是因为上谷敢于变革古法，孜孜不倦地寻求适于表现自我的途径，才能步入更高的境界。他的行楷，挺拔中寓着秀丽，奇谲中透出潇洒，既有汉隶的风韵，北体的苍劲，九成宫的峻严，又不同于旧书；既刻意求新，又不违于法度，从而形成其书艺的不同凡响之处。

需要一提的是，卞玉清先生为此帖精选了百首名诗，这

---

① 刘熙载：《艺概·书概》，上海古籍出版社1978年版，第169页。
② 孙过庭：《书谱》，《古画品录》，上海古籍出版社1991年版，第32页。

些诗作都是我国诗歌艺术中的精品，世代为人们传诵。吟咏这百首名诗，体味我国古诗的艺术魅力，实在是一种妙不可言的享受。而陶上谷先生把这些名诗书写成可供人观赏的艺术品，又使古诗的境界美、韵味美、节奏美与书艺的线条美、结构美、神韵美交相辉映，堪称诗、书双璧，相得益彰。感谢二位的合作，为我们遨游艺海拓宽了一块新天地。徜徉其中，便倍受至真至美的中国古老文化的熏蒸，容不得你心中不生出一种不散的自信、自醉与自得。相信本书对广大书艺爱好者会有实实在在的帮助，而广大文学爱好者亦能从中汲取丰富神妙的灵感；想必这也是陶、卞二君此作的初衷。

（撰于 1992 年春节期间）

行摄山水间

——张发懋摄影作品赏析

今年金秋十月，我应学友张发懋的邀请到湖北观光游览。我们逛东湖，游丹江，登武当，沿途观赏到宜人的湖光山色和悦眼秋景，然而我也意外欣赏到张发懋的许多精美的摄影艺术作品。

我与发懋有五十年未见了，从不知他喜欢上了摄影。在去武当前，他拿了本书让我浏览。那是他主编的湖北建筑艺术丛书的一种：《世界文化遗产——武当山古建筑群》，他告诉我其中一些照片是他拍摄的。我以为这不过是一般的建筑照片，并没有多少在意。

后来，我们从十堰返汉，在他家小憩，看到他书房的墙上，挂着十幅艺术摄影照片，吸引我驻足观赏。我有个装饰新家必到画店买画的习惯，便随口问道："这些照片是买来的吗？"谁知他竟回答："不是。是我从自己拍的照片里面，随便选了几张。"我惊奇地说："这些都是很有摄影艺术水准的照片，可以发表呀。"

第二天,发懋拿了三本摄影集到我的住所。我一看,竟都是正式出版物。一本是中国摄影出版社出版的《天界诗影——张发懋摄影作品集》,一本是中国文化出版社出版的《行摄山水间》,一本是建设音像出版社出版的《彝乡纪事》。

打开《天界诗影》,我看到扉页竟有陈复礼先生题写的书名:"张发懋摄影作品集　陈复礼　年八十六"。

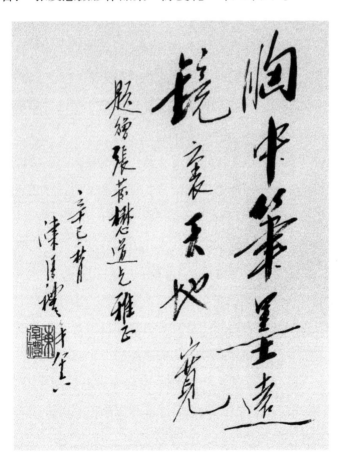

艺林采撷

陈复礼（左）与张发懋一起取景

在《行摄山水间》的扉页上，我看到了陈复礼先生题写的"胸中笔墨远，镜里天地宽——题赠张发懋道兄雅正 辛巳秋月"。我震惊了。我虽然对摄影界的名人知之不多，但陈复礼是香港著名的国际摄影大师还是知晓的，能请他题写扉页，可见大师对其作品的认可。

辛巳年是 2001 年，据发懋回忆，那年陈大师来湖北摄影创作，是他陪同的。他们一同选点，一同取景，发懋拍摄的作品，陈大师细细指点，他对发懋的恭敬好学很满意，高兴地把他收为自己的弟子。发懋在《天界诗影》的"后记"中写道：

我还要特别鸣谢香港著名摄影大师陈复礼先生和著名摄影评论家丁遵新老师,多年来,他们热情教我摄影,对我每一次拍摄的照片认真审视,细评得失,精心指导。

陈复礼(右)审视张发懋发表的摄影作品

在《天界诗影》的封面上,选取了发懋拍摄的《圣湖晨曦》这张照片(见彩版)。乍观此照片,颇令我惊叹。整个画面呈现一种特殊的橙黄色,流光溢彩,美轮美奂,既非金日冉冉升起,又非红霞满天,而是红日未出时的神异色彩。宁静的圣湖玛旁雍错,远处的神山冈仁波奇,都被染上了一片橙黄色,山上的皑皑白雪,空中的朵朵祥云,由于呈白色,使橙黄色略淡而格外明亮,好一个令人神往的神奇世界。近景，则有两位背着行囊、牵着牲畜的朝圣者。作者突破近大远小的透视法则，画面以瑞云、冰山、圣湖为主，而近处的朝圣者，不过是山、湖的点缀，反而显得很小。这一下使我想起马远的《踏歌图》，那图主要画山，而踏歌者，也是小小的。

在拍摄的前一天晚上，作者曾在圣湖边上漫步。他写道：

> 当天晚上，我们就住在湖边的一个小村庄里，准备第二天一早拍圣湖日出。吃过晚饭，我独自在湖边漫步。此时，繁华落尽，四周一片寂静，湖水呈现出神秘的幽蓝色在夜幕下荡漾，微风拂过，水面泛着星星点点的光，像钻石在翡翠上跳跃。我凝望着圣湖，遐思万千……我想说些什么，却难以言语，只能将一颗心融进那一片亘古岑寂的湖水，那一片神秘深邃的幽蓝。

他告诉我，那天他们很早就来到湖边，太阳尚未升起，但蔚蓝的天空与湛蓝的湖水均被染成画面的橙黄颜色，他们激动极了，赶忙拿起相机"咔嚓咔嚓"拍个不停。这不是虚拟的幻境，也不是滤镜拼凑的影像，而是真真实实的景致。后来这张作品发表在2006年《中国摄影》杂志上。文化部指定选送这张照片到联合国总部展览。

他曾经六上西藏，其中两次赴阿里地区摄影创作，尤其是最初的一次最为艰苦，收获最大，也是永生难忘的一次。那是2002年6月21日，那时从拉萨到阿里还没有通公路。他们从泽当经日喀则往西，沿途人烟稀少，满目砂砾，越野车只能凭着地上略隐略现的车辙一股劲儿地朝前奔去。晚九时许，才到达阿里东部的桑桑镇，据说只有这里才有住宿。镇招待所只有四个房间，每间三个铺位，室内既无冷水，更无热水。他写道：

> 此时，夕阳高照，满眼金光璀璨，天空、山梁、村庄、草地，到处都是黄金一样的色彩，天地间熔铸着一派灿烂与辉煌。对于摄影人来说，这的确是难得的好机会，大家不顾旅途劳顿和高山反应，拿起相机就往外跑，生怕错过了这宝贵的瞬间。

经过整整八天的艰苦跋涉，他们在平均海拔四千五百米的"世界屋脊"上停停拍拍，拍拍停停，行程两千多公里，终于到达阿里地区行署所在地狮泉河镇。一路上，因为缺水，没洗过澡，有几天连脸也没洗过。当阿里的接待者问他们有何要求时，他们的回答很简单："最大的要求就是洗个澡。"

翻阅《天界诗影》，作品尽显阿里地区雄奇、神秘、壮丽的风光。

《大漠金沙》。照片上的土墙、山坡、沙砾均为金黄色。他写道：

荒凉的高原，沙砾遍地，寸草不生，但是在阳光的照射下，却呈现出一片金黄，熠熠生辉。

《霞染荒原》。荒漠的古原，在晨光下变成一片蔚蓝。

原本荒漠的土林，除了黄色还是黄色，朝霞注入了生命，才变得如此生机盎然。

《古格遗韵》。这是古格王朝的遗址，相传是西藏古象雄王国的王宫。他写道：

谁说你相距五个多世纪，谁说你一时间灰飞烟灭，你高高耸立在土林之上，骄傲地诉说着昔日的辉煌。

还有许多照片记载着人对自然、神、佛的崇拜。在照片《湖畔奠祭》《心愿》《桑烟袅袅》《五色虔诚》中，我们看到纳木错湖边叠起的牛头、经石，在树枝上随风飘荡的经幡，佛塔四周的桑烟缭绕。发懋看着那些朝圣者的身影，感叹：

我们站在神山脚下，仰望高耸入云的顶峰，眼观变化莫测的风云，心中不免生出许多感慨。它与寂静的旷野、幽深浩渺的湖泊、纯洁如洗的蓝天相依相存，融为一体，人与自然和谐达到一种极其完美的境界。这是一种庄严情愫的升华，是对山水神灵的领悟，是智慧哲理的启迪。

作者力图反映人与自然的和谐。在《故园暮归》《绿野仙踪》中，照片表现了暮归的人群，他写道：

> 曙色氤氲，驴车缓缓，若不是远山的缱绻，定以为是轻烟弥漫的江南。

在《佛门深深》《转经回廊》《佛前身省》《佛心童颜》《古庵笑靥》中，我们又看到了佛门僧尼的日常生活。

古庵笑靥

发戇出版的另一部书《行摄山水间》,则是他摄影与旅游散文的组合。他拍的《畅游九曲溪》《画里宏村》《梦里周庄》《岁月如歌 大九湖》《冬天里的童话 雪乡即景》《胡杨礼赞》《长白山雾凇奇观》,均是以一组组优美的画面为主,配以观赏解说的文字。我完全想象不到,经济学系出身的他,一位曾经写过股票、证券、期货交易培训教材的作者,竟然写起观赏游记类的文字,而且写得那么流畅,那么有兴味。

在游九曲溪时,他生动记述乘竹筏游溪的心曲。他写道:

> 游九曲溪是一项舒适而惬意的旅行,游人不费登山之劳,凭着形制古朴的竹筏,随波逐浪,顺水泛舟,就可尽览千峰秀色。一路上,舟移景换,一曲一番景致,一番韵味。有时水平如镜,筏行悠悠,仰观奇峰秀色,俯览碧水鱼翔;有时浪花飞溅,水声轰轰,心悬喉结,却有惊无险……

在《胡杨礼赞》的开始,他讲述了喜好胡杨的内在心理:

> 也许是身上感性因子在作祟,大凡我对那些出身贫寒,而又不屈不挠,顽强拼搏的人和事,总是怀着一番深深的敬意……我到新疆、内蒙拍摄胡杨,就不知多少

次为胡杨所感动,禁不住热泪盈眶……

而在《方壶胜境,漫话中国园林》《古今亭话》《中华古塔纵横谈》《访棠樾牌坊群》,我们看到了他对亭、塔、园林、牌坊等古建筑的分门别类的观赏介绍。在这组散文中,他展现了亭、塔、园林的优美画面,又娓娓动听地讲述它们的可游、可观、可憩之处,同时又向人们介绍了它们的类型与建造知识。比如亭,他就告诉我们有路亭、桥亭、井亭、乐亭、祭祀亭、碑亭、纪念亭、流杯亭的不同用途与特点,使人们既欣赏到景致,又增加了知识。

霞染山亭

发懋把国画的水墨风韵运用到照片中去。在他拍摄的《黛山含春》中，薄雾中影影绰绰的远山重重，黛色深浅有致，犹如"三山半落青天外"，近处的绿莹莹的油菜预示着春的来临（见彩版）。此照片获得中国国际摄影展铜奖。另一幅《武当冬晓》，作者登高俯摄，表现了山云缭绕、群山寂静、冬雪铺檐、树结冰花的意境，但殿堂内红色的灯光，显示着早起的人们已经迎接新一天的来临。此照片获得湖北省摄影金奖（见彩版）。

自2006年起，发懋曾连续三次利用春节假期前往四川大凉山采风，在布托、普格、昭觉、美姑等县、乡、村寨摄影，他把这些照片编成《彝乡记事》。他在《自序》中说：

> 凉山是一幅美妙绝伦而又无始无终的画卷。凝视这方华野天地，沉浸在历史与现实、神秘与庄严、永恒与瞬间的辉煌之中，我仿佛觉得这里的每一座山都在述说着一部厚重的历史，每一个村寨都在追忆着昔日的沧桑与坎坷，每一条河流都在展示其蕴含的文化意蕴。

影集记录了彝族人们的祭祀盛典、婚丧嫁娶等民俗民风，以及服饰、居所、劳作等日常生活。

《盛装》，从背面展示一队参加重要活动的彝族女人，她们头戴缀满银饰的圆帽，肩佩如络缨一般的银星银心，华丽高贵。《长群及地》，则从正面表现彝族妇女繁华、靓丽的头饰、胸饰、裙饰,《参加选美比赛的尕曲布媖》,以特写显示头部的二十余串珠饰,《小靓女》虽然不参加选美,却身穿一身民族服饰,美轮美奂。《火把节的路上》《迎亲》《新娘》《迎宾拉拉队》《宰牛》《赶集》《巫师》《卜挂》《奔丧》《火葬》则把彝人生活的方方面面都拍摄到了。

影集也有不少照片反映了高山之上的彝人简陋而艰苦的生活,居所破旧,水源匮乏,交通不便,生活艰辛。特别是数九寒天来临之际,山上的居民取暖不便,披毡成为最好的御寒衣物。照片显示了哥哥用披毡裹着弟弟在雪天行走的情景,提着小火盆四处玩耍的孩子,冒着风寒在雪地里背着弟弟的哥哥。在《兄弟俩》这张照片上,可以看到,风雪已停,两兄弟帽子、衣服上还残留着雪花,大孩子担当起成人的责任,尽管脸上黝黑,满地污雪,衰草枯干,但其内心的坚韧和对美好生活

提火盆的孩子

的向往，却使他的脸上露出甜蜜的微笑（见彩版）。

影集在2010年出版时，他在《后记》中说，编完这本小册子——

> 我的心却又沉重起来。彝族是一个古老而又伟大的民族……然而我又不得不说，他们确实太贫困太艰辛了，尽管各级政府各有关部门对改变大凉山贫穷落后面貌倾注了大量心血。
> 我无意去暴露大凉山深处的苦痛，我的所见所闻也难免有不全之处，但是，作为一个摄影人，我尊重影像的真实与客观，我更尊重摄影对象的生活本体。我尽可能避免个人经验赋予我的判断和选择，根据我之所见，用一个普通人平和的心态和视觉，客观地观察和记录彝人的生活。

> 我十分尊重彝人，他们在那样贫瘠恶劣的自然环境下，能够艰难而平和地生活、延续着，本身就是一种了不起的生命力量。无论我们怎样去歌颂赞美，都不过分。目前的贫困落后，只是历史发展中的暂时现象，逐渐逝去的传统文化在当今强劲的现代潮流中也在所难免，但我希望能得到更多的保留和延续。
> 我衷心祝愿大凉山的山更美，水更清，大凉山彝族

优秀文化更加发扬光大,彝乡儿女幸福安康!

读了这篇后记,我感叹:作者的赤子之心,跃然纸上。
改定于2018年12月4日

圣湖晨曦

2006年发表于《中国摄影》杂志,被文化部选送联合国总部参展

黛山含春
第十一届中国国际摄影展铜奖

武当冬晓
第二十一届湖北省摄影展金奖

徽居秋韵

人勤春早

兄弟俩
2014年塞尔维亚数码摄影冬季国际大赛 FIAP 银奖

凉山小子
2015 年第二届爱尔兰—黑山—塞尔维亚三国国际摄影巡回展 salon 银奖

哭 丧
2017 年新西兰国际摄影展银奖

生活之美

自由之美
——庖丁解牛之道赏析

"庖丁解牛"展示的自由境界，令人赞叹。

庄子对这一境界的呈现，是通过叙与论两个层次来完成的。

开始是一段惟妙惟肖的"解牛"描写。作者以浓重的笔墨，文采斐然地表现出解牛者神情之悠闲，动作之和谐。全身手、肩、足、膝并用，触、倚、踩、抵相互配合，一切都显得那么协调潇洒。"砉然响然，奏刀𬹼然"，声、形逼真。牛的骨肉分离的声音、砍牛骨的声音，轻重有致，起伏相间，"莫不中音。合于《桑林》之舞，乃中《经首》之会"。难怪观赏解牛的文惠君要赞叹："嘻！善哉。技盖至此乎！"解牛之技已经到了"神"的地步，这就为下文由叙转入论做好铺垫。

妙在庖丁的回答并不囿于"技"，而是将"技盖至此"的原因归之于"道"。"臣之所好者，道也，进乎技矣。"并由此讲述了一番求于"道"而精于"技"的道理。此段论说，为全文精华所在。为了说明"道"如何高于"技"，文章先后用了两种反差鲜明的对比,一为庖丁解牛之初与三年后的对比,一为庖丁与普通厨工的对比。庖丁解牛之初,所见为浑然一牛;三年之后,就未尝见全牛了,而是对牛的生理上的天然结构、筋骨相连的间隙、骨节之间的窍穴,皆了如指掌。普通厨工不了解牛的内在组织,盲目用刀砍骨头;好的厨工虽可避开骨头,却免不了用刀去割筋肉;而庖丁则不然,他不是以自己的感官去感觉牛,而是"以神遇而不以目视,官知止而神欲行",凭内在的精神去体验牛的身体,顺应其身,择隙而进,劈开筋肉间隙,导向骨节深处,按照牛的自然结构进行。顺应自然,物我合一,本是道家的追求。庖丁以此为解牛之法,才使他由"技"进于"道",达到炉火纯青、技艺超群的地步。不但牛解得快,"动刀甚微,謋然已解,如土委地"。刀子也不受损坏,十九年来,解牛数千头,竟未更换过一把刀,刀刃还是锋利如初。这当然是每月换一把刀的低级厨工不可思议的。差别就在于他们求于"技",而庖丁志于"道"。

在"技"与"道"的关系上,庄子学派认为,"技"与"道"通,"道"高于"技","技"从属于"道";只有"技"合于"道",技艺才可以纯精。"道"的本质在于自然无为,"技"的至善亦在于自然无为。只有"以天合天"[①],以人的

---

① 《庄子·达生》,《庄子集释》,中华书局 1981 年版,第 659 页。

内在自然去合外在自然，才可以达到"技"的最高境界。庖丁正因为深味个中三昧，"依乎天理"，"因其固然"，所以才能成为解牛中的佼佼者。反过来，"技"中又有"道"，从"技"中可以观"道"、悟"道"，"技兼于事，事兼于义，德兼于道，道兼于天"①。文惠君正是通过庖丁之"技"，悟得养生之"道"。

庄子所说的"依乎天理"，"因其固然"，揭示了人们在实际中如何达于自由的问题。文中所说的"天理""固然"，若引申开来看，亦可理解为人们面对的客观外界事物。它虽然会给企求自由的人们带来种种限制与妨碍，但睿智的人们绝不会在它面前束手无策，只要认识它，顺应它，就能够如庖丁那样自由洒脱。正如庖丁所分析的："彼节者有间，而刀刃者无厚，以无厚入有间，恢恢乎其于游刃必有余地矣。"作为"固然"的"节"虽不可逾越，但毕竟有间隙，这就为人们"游刃"提供了天地。只要善于在这一天地里施展本领，就可以达到合于自然又超于自然的神化境界。当然，对"固然"的认识并非是一劳永逸的，即使庖丁这样的技艺超群者，每逢筋骨盘结处，总是谨慎从事，"怵然为戒，视为止，行为迟"，来不得半点麻痹大意，只有孜孜不倦地追求，毫不懈怠，才能享受"游刃有余"之乐。

---

① 《庄子·天地》，《庄子集释》，中华书局1981年版，第404页。

此则寓言立意为养生，实则阐明了一个深刻的美学命题，即艺术创造是一种自由的创造。庄子认为，"技"中有"艺"。庖丁解牛的动作，就颇具有观赏性。他的表演，犹如一场美轮美奂的音乐舞蹈，其舞步合于典雅的《桑林》舞曲，其韵律合于辉煌的《咸池》乐章。作为一种具有美的意味的创造活动，是令观赏者心醉神迷的。而庖丁解牛后"提刀而立，为之四顾，为之踌躇满志"的神情，又使人看到创造者在作品完成后内心满足的喜悦。

庄子正是通过庖丁其言其艺，揭示出美是一种自由的创造。这种美的创造，必须实现合规律（"因其固然"）与合目的（"切中肯綮"）的统一，以达到自由自在（"游刃有余"）的境界。"以神遇而不以目视，官能止而神遇行"，则是创作的必备心境，强调要排除一切感官干扰，全神贯注。这与《达生》篇"梓庆削鐻"时所说的"斋以净心"，"忘吾有四枝形体"，是一致的。此种"心斋""坐忘"境界，与近现代西方美学注重的"静观""观照"殊途而同归，不过却早于叔本华、尼采两千一百多年。

（撰于1996年，载于上海辞书出版社《古文鉴赏辞典》，1997年1月出版）

辞辩之美
——晏子舌战赏析

晏子使楚，不辱使命，则向人们展示了理性的逻辑、论辩之美。

晏子何时使楚，史无记载。他历事齐灵公、庄公、景公三朝，其后为齐相，使楚当在早年。此时，齐桓去世已近百年，齐国称霸的盛世已过，但作为大国，雄风犹存，在诸侯逐鹿中，仍处于举足轻重的地位。楚国自庄王一鸣惊人之后，迅速跃居五霸之列，国力日强，骄横日甚。在楚强齐弱的态势下，晏子代表齐国使楚，受到楚王冷落、戏弄，是不足为怪的。

楚王恃强凌弱，在晏子还未入城之际，就蓄意侮辱；入城后，又全然不顾外交礼节，接二连三地对晏子予以捉弄和嘲笑。此文生动传神地描述了楚王对晏子的"三辱"过程。一是戏弄他长得矮，故意设狗洞让他钻，不把他当人看；二是嘲笑晏子不配为使，讥讽齐王任人不当，显得"无人"；三是污蔑"齐人善盗"。这些贬损与侮辱，当然不是冲着晏子个人，而是矛头指向晏子所代表的齐国。以图在齐楚争锋中，保持自己的威慑力量，稳操外交上的胜券。倘若晏子仅从个人得失考虑，拒不入门，牙眼相对就是了。这样，个人和齐国的尊严是维护了，但出使的任务却要化为泡影。如何选一个两全之策，既坚持原则，不受人辱；又要策略灵活，实现两国和好，不能不是坚持气节与完成使命的双重考量。

面对楚王的挑衅，晏子临阵不乱，谈笑自若，巧施辩词，应付裕如。其对楚王的"三辱"，机智予以反击，轻松地一一驳回，展现了外交家、政治家辩词之风采。

接过对方的逻辑，以其人之道，还治其人之身，此其一也。楚王让晏子从狗门入，意在给他一个下马威，晏子则毫不畏惧，据理反击。答曰："使狗国者，从狗门入。"其暗含的一个逻辑三段论是：你让我从狗门入，你就是狗国。不费吹灰之力，把拟狗之辱，还给了楚王。楚王讥笑晏子"不肖"，不堪使命，晏子则回答："贤者使使贤主，不肖者使使不肖主，婴最不肖，故直使楚矣。"接过楚王的话题，又将"不肖"之诬回敬给楚王。若细加体味，前后两驳，又有些许不同。前者是义正言辞地指出对方逻辑之谬。凡讲究礼仪的君子之邦，必以礼待人，是不会让使臣从狗门入的，让人从狗门入的，绝非君子之邦，必为狗国。分明骂了对方，又不让对方难堪到无法容忍的地步。接着又补了一句："今臣使楚，不当从此门入。"一下子又巧妙地把楚国从"狗国"

的尴尬地位拉了回来，使对方既挨了骂，又无法还嘴，只落得个自知理亏、自讨没趣的下场。后一驳则是以退为进，反将一军。你认为我"不肖"，我就自认为"不肖"，正因为我"不肖"，才不得使贤主，只好派到你这"不肖"的楚国，见你这个"不肖"之主来。

罗列事实，指出对方论据的虚妄，此其二也。楚王讥刺齐王委派晏子，属于用人不当，嘲笑道："齐无人耶？"难道齐国无人可派吗？晏子则将本意上齐国的"有无人材"，巧妙地转换成齐国"有无人"之辩。他回应说，齐国都成临淄的人口众多，"张袂"可以"成阴"，"挥汗"可以"成雨"，行人"比肩继踵"，何谓"无人"？楚王关于齐国"无人"之诬，一攻即破了。

取类引譬，指出对方论题的荒谬，此其三也。针对楚王诬蔑"齐人善盗"，晏子引用"化橘为枳"的故事，说明橘生淮南为橘，生于淮北为枳，"叶徒相似，其实味不同"，原因在于淮南、淮北水土、地气不同。然后采用类比推理，指出齐人在齐不盗，在楚则盗，正是楚之水土、地气，即社会生态环境使然。

刘勰曾称《晏子》一书"事核而言练"[①]。此则短文鲜明体现了这一特点。全文描写楚王与晏子的问答，用墨不多，

---

① 《文心雕龙·诸子》，《文心雕龙注》，人民文学出版社1978年版，第309页。

文字精练，论辩双方的神态、辩词的锋芒，皆表现得准确而生动，人物语言运用，颇符合人物身份。楚王的话并不多，且多为设问口气"齐无人耶？""然子何为使楚？""齐人固善盗乎？"高高在上，目空一切，傲慢无礼。而晏子的反诘，使得楚王无言以对，一副尴尬相。不得不自嘲："寡人反取病焉。"

论辩的胜方自然是晏子。晏子之辩，胜在智慧，胜在逻辑的力量。而这，无疑是生活美的一种体现。

（撰于1996年，载于《古文鉴赏辞典》，
上海辞书出版社1997年1月出版）

比喻之美
——宋玉论乐赏析

《对楚王问》是用辞赋体写的散文。刘勰称："宋玉含才，颇亦负俗，始造对问，以申其志，放怀寥廓，气实指之。"(《文心雕龙·杂文》)"对问"，即指此文。在文体上，刘勰将其与枚乘《七发》、扬雄《连珠》等不便归类的，合在一起，"总括其名，并归杂文之区"。并称此类杂文虽然为"文章之枝派，暇豫之末造也"，属于消闲遣兴的东西，"然讽一劝百"，亦不无寓托在其间，"负文余力，飞靡弄巧"，文辞亦有可观者。

此文为宋玉明志之作，却不是直言其志，而是借喻晓理，起到自我剖白的作用。文中首先虚设了楚襄王之问："先生其有遗行与？何士民众庶不誉之甚也？"宋玉面对此问，不是急于申诉自己的清白无辜，而是虚与委蛇，先退一步："唯，然，有之。"然后再从容地讲出自己的道理，颇显出受谤者豁达大度，以及自辩时的儒雅潇洒。

宋玉自辩是通过两组比喻来说理的。

第一组是歌曲《阳春》《白雪》与《下里》《巴人》之比

较。他说，楚人擅楚曲，往往一人唱而多人和，唱和者的多寡，并不能说明所唱曲子的佳与不佳，因为歌曲本身有着文野、深浅、高下、雅俗的区分，和者的多寡，正是由这些决定的。《下里》《巴人》为俗曲，属而和者有数千人；《阳春》《白雪》为雅曲，属而和者，不过数十人。故得出结论："其曲弥高，其和弥寡"，"曲高和寡"，错不在"曲高"，只怪和者水平太低，欣赏能力太差。所以，并不能以为"和寡"就是"曲高"的不当，恰恰相反，反映了超凡脱俗容易不被人们理解的道理。显然，宋玉是以"阳春白雪"自喻，标榜自己志趣绝俗，行为超群，自然不被芸芸众生所点赞。

这里，宋玉的本意并不是在说音乐，但却触及艺术欣赏的"知音"问题。高雅的艺术精品，需要趣味高尚的"和者"，刘勰认为这样的"和者"，就属于"知音"。然而现实却往往相反："俗鉴之迷者，深废浅售，此庄周所以笑《折杨》，宋玉所以伤《白雪》也。"由此发出了"知音其难哉"的感叹[①]。陆机也从宋玉此论出发，提出了以俗济雅、雅俗共济的美学命题："缀《下里》于《白雪》，吾亦济夫所伟。"[②] 此后，"阳春白雪""下里巴人"遂成为文艺作品中雅与俗两种类型作品的代名词，引起历代文学家诸多争论，其

---

① 《文心雕龙·知音》，《文心雕龙注》，人民文学出版社1978年版，第713页。
② 陆机：《文赋》，上海古籍出版社1979年版，第一册，第173页。

源盖出于此。

接下去是凤与鷃、鲲与鲵的比喻。宋玉借用庄子《逍遥游》中鲲鹏远翔南冥的意象，极力表现鸟中之凤与樊篱之鷃、鱼中之鲲与尺泽之鲵的不同志向。凤凰上击九千里，翱翔于杳冥之上；鲲鱼朝发昆仑，午游东海，暮宿孟渚，它们搏击之高，漫游之远，是目光短浅的鷃与鲵不可思议的。鷃与鲵，跳跃于篱间，浮游于尺泽，"岂能与之料天地之高"，"量江海之大哉"。"岂能与之"，以一种极大的蔑视，嘲笑了篱鷃与泽鲵的浅薄，表现出君子不可与小人同日而语的傲岸气概。刘勰称宋玉"放怀寥廓，气实使之"，就其在"对问"中表现出的傲然之气来说，确实如此。

"故非鸟有凤而鱼有鲲，士亦有之"，这句话是全文的点睛之笔。是用比喻说出士亦有圣贤、卑下之分，正如凤与鷃、鲲与鲵一样。举凡士中杰出之辈，必有"瑰意琦行"，必然"超然独处"，因此也必然有不为世俗所解之处。宋玉强调自己就是这样的人。那些世俗之民，"安知臣之所为哉"！结尾这句，既是作者对谤者的有力一击，又充分显示其自我欣赏、自命不凡的孤高情怀。

刘熙载曾说："用辞赋之骈丽以为文者，起于宋玉《对楚王问》。"[①] "对问"中，富于感情色彩的铺陈夸

---

① 刘熙载：《艺概·文概》，上海古籍出版社1978年版，第14页。

饰，排偶句法的运用，使文辞华丽，文势跌宕，文气委婉。用"绝云霓""负苍天"，极赞凤凰翱翔之高，用"朝发""暮宿"，西起昆仑，东游碣石，极叹鲲鱼遨游之远，这种以譬喻表明己见，展开说理的方法，已见杂文笔法之端倪。

（撰于1996年，载于《古文鉴赏辞典》，
上海辞书出版社1997年1月出版）

编后记

当校对完最后一篇文章的引文后,长长地舒了一口气。这本小册子的编辑工作总算告一段落了。

编辑工作并不是很费心的事,因为新写的只有三篇,均为有感而发。读了学友《蔡旭散文诗五十年选》,感叹不已,在喧嚣浮华文风盛行的当下,能坚守清新、朴实的诗风,实属不易,总觉得应当为之点赞,遂写下自己一点阅读的感受。今年武汉之行,欣赏到雨湖张家厚的书画作品、张发懋的摄影作品,深为感佩,遂写下两篇观赏心得。其余的文章都属旧文,有的是已经发表过的文章的复印件,有的是尚未发表的讲稿的手写稿。这些文章在书橱里已经足足睡了三十年,即使最晚写于1996年的,也已经过了二十几个春秋。

由于文章数量不多,范围不广,搜集整理起来倒还算顺利,这些文章大都未做改动。有的问题,研究者后来发表的文章较多,如《周易》美学,如果现在重写,当然可以更深入一些。有的问题,研究者较少,后来发表的文章并不多,如《考工记》。但无论哪一种,自己均无精力再写,一律保持原样，以反映自己当时的认知水平。只有节奏一文，加了几句 Rap、摇滚的话。

然而引文的核对、出处的补注，却成为颇费心思的一件事。何故？早先 1980 年代发表文章，一般只注出引文所在的书名，那时摘引的文章资料，没有电脑可储存，都是读书时随手记下，做成资料卡片，卡片上只记作者名与书名，至于从其他文章中中转引来的二手材料，就更只有个书名了。加之文章是陆陆续续发表的，其间又经历几次搬迁，那些资料卡片早已零落不存，就是藏书也有遗失散落。如今要按照现行规范，把当时所依据的图书，以及出版社、版次、页码，一一补齐，着实要花一番功夫。

有的朋友问：为何不依靠网上文本来校对？我此时尚不知道有中华经典古籍库这样正规的网，只是感觉有些网做得十分粗糙，文章录入时差错甚多，绝没有出版社那样审校严格。用它作原本，是靠不住的。

我有体会，我的文章有的也曾被某些网站收入，凡是文中引用的古文，多有被录错之字，以致文理不通，难以卒读。有的错谬之荒唐，竟然到了令人难以置信的地步。我因为文中引用《庄子·大宗师》中的一段话："吾师乎！吾师乎！鳖万物而不为义，泽及万世而不为仁，长于上古而不为老，覆载天地、刻雕众形而不为巧。"由于鳖字打不出，就想从有关古文网上庄子的原文复制一字，谁知查了几个古文网，在《大宗师》的原文中，"鳌万物而不为义"，竟然被录入者自行删掉了，是否依据的版本不同呢？非也。在下面相关的译文中，这句话的现代语译又明明在那里，看来是因为有字无法录入，这一句就省略掉了。这种对待原著的态度，实在令人吃惊。我心想但愿这是个别现象。我又查了另一个网，标题清清楚楚写着"庄子《天道》原文及译文"，因为"天道"篇中也有"吾师乎！吾师乎"一段话啊，结果令我大失所望，庄子原文中"鳌万物而不为义"，同样被删掉了，而译文却同样在，既然标名为原文，岂可擅自删改，改了还自称原文？这种糟蹋原著，以致谬种流传、贻误读者的做法，实在令人难以想象。

所以，网上的文本只能起检索的作用，作为校对用的原著底本，应当是靠得住的出版社的纸质书籍。好在当时研读之书，大部分还在我的书架上，只要认真核对就可以了。后来查对起来，才感觉并不轻松。有的书原来读时，有所标记，很快就找到了，那些没作过标记的，就要从头翻到尾了。为了找一句话，花上一两个小时，甚至更长时间，也是常有的事。特别是在直排、无标点、字体小的影印书中寻找，就更觉吃力，常常看得两眼昏花，不辨字迹……

经过一个月的查对，小册子中的引文，绝大多数都核对过了，发现原来手稿与卡片辗转相抄，竟有错讹，可惜当时并未发现，也有录入的错字，当时也未校出，这次校对校样时，都一并予以改正。不过仍有不足：一、引用版本大都选取文章发表时的1980年前后的中华、商务、人民文学、上海古籍、上海译文等出版社的版本，但也有少量用了文章发表后的图书版本；二、还有少数引文原书一时查找不到，版次、页码只好暂付阙如。

有朋友问，既然已经搁置了二三十年，怎么又想到整理成册？促使我萌生这一想法的是贺圣遂先生。他在主持商务印书馆上海分公司的工作后，在一次朋友聚会上对我说："老高，你把你的文章编成集子，我给你出。"这一豪气的承诺，使我萌生整理旧文的念想，2018年春节过后，感觉精神尚可，就动起手来。其间复旦出版社宋文涛先生向我建议，可把美学的和编辑出版的文章分开来编。这一建议，正合我意。"文革"之后，我无非做了两件事，一是研习美学，一是当了三十余年编辑，编两本小册子，正是对这两份工作的总结与回忆。忙碌了三个多月，这本美学的小册子，就这样编成了。

照惯例，应当请一位资深学者为此书写序，当责任编辑邵丹女士说起此事时，我很纠结。顾虑是很自然的，自知水平有限，不希望有人以为我想借名人宣传自己，更怕给名家添麻烦。犹豫不决之时，邵丹与吴中杰先生说起此事，吴先生一口应允，实在令我感激。吴先生是我的老师，我学习

编后记

《文学概论》，就是吴先生所授。吴先生的文艺理论研究、鲁迅研究、现代文艺思潮研究，卓有建树。我曾做过他评点鲁迅杂文、小说、书信等著作的编辑，每次读他的著作，都获益匪浅。

这本小册子得以出版，必须感谢予我有帮助的所有人，除了卷首谈到的章培恒先生、蒋孔阳先生、骆玉明先生、樊莘森先生，还有吴中杰先生、邱明正先生、朱立元先生、王振复先生、倪大齐先生，他们对我的编辑工作多给予支持，他们的著作都使我获得教益。还要感谢我的学友郑伟宏、蔡旭先生，他们对小册子的编撰直接提出过宝贵意见。

当然还应当感谢贺圣遂先生，感谢复旦大学出版社严峰董事长、王卫东总编辑、邵丹女士、宋文涛先生。后来，我考虑编、校的方便，还是想把美学的小册子交给复旦大学出版社，一经提出，出版社两位领导欣然同意，通过了选题。宋文涛先生帮助我在《中国学术名著提要》校样中，搜寻我撰写稿件的电子文本，邵丹女士作为此书的责任编辑，审读把关，设计版式，发排稿件，忙前忙后，诸多辛劳。没有他们的鼎力相助，此书是不可能问世的。

最后，还要感谢我的家人，特别是夫人叶宝丽女士。我一生坎坷多艰，常有病魔光顾，在我大病期间，她寻医问药，细心照料，使我摆脱疾病的折磨与困扰。孔子曰："行有余力，则以学文。"如果没有精力的恢复，没有余力，这些旧稿恐怕还会躺在书橱中。

  我是幸运的,希望上天继续眷顾。

2018 年 12 月 20 日